CONTES D'UNE GRAND'MERE

LE CHATEAU
DE
PICTORDU

LA REINE COAX
LE NUAGE ROSE — LES AILES DE COURAGE
LE GÉANT YÉOUS

PAR

GEORGE SAND

PARIS
CALMANN LÉVY, ÉDITEUR
ANCIENNE MAISON MICHEL LÉVY FRÈRES
3, RUE AUBER, 3

—

1886
Droits de reproduction et de traduction réservés.

ŒUVRES

DE

GEORGE SAND

—

CONTES D'UNE GRAND'MÈRE

CALMANN LÉVY, ÉDITEUR

ŒUVRES COMPLÈTES DE GEORGE SAND
Format grand in-18.

	Vol.
LES AMOURS DE L'AGE D'OR	1
ADRIANI	1
ANDRÉ	1
ANTONIA	1
AUTOUR DE LA TABLE	1
LE BEAU LAURENCE	1
LES BEAUX MESSIEURS DE BOIS-DORÉ	2
CADIO	1
CÉSARINE DIETRICH	1
LE CHATEAU DE PICTORDU	1
LE CHATEAU DES DÉSERTES	1
LE CHÊNE PARLANT	1
LE COMPAGNON DU TOUR DE FRANCE	2
LA COMTESSE DE RUDOLSTADT	2
LA CONFESSION D'UNE JEUNE FILLE	2
CONSTANCE VERRIER	1
CONSUELO	3
CORRESPONDANCE	5
LA COUPE	1
LES DAMES VERTES	1
LA DANIELLA	2
LA DERNIÈRE ALDINI	1
LE DERNIER AMOUR	1
DERNIÈRES PAGES	1
LES DEUX FRÈRES	1
LE DIABLE AUX CHAMPS	1
ELLE ET LUI	1
LA FAMILLE DE GERMANDRE	1
LA FILLEULE	1
FLAMARANDE	1
FLAVIE	1
FRANCIA	1
FRANÇOIS LE CHAMPI	1
HISTOIRE DE MA VIE	4
UN HIVER A MAJORQUE. — SPIRIDION	1
L'HOMME DE NEIGE	3
HORACE	1
IMPRESSIONS ET SOUVENIRS	1
INDIANA	1
ISIDORA	1
JACQUES	1
JEAN DE LA ROCHE	1
JEAN ZISKA. — GABRIEL	1
JEANNE	1

	Vol
JOURNAL D'UN VOYAGEUR PENDANT LA GUERRE	1
LAURA	1
LÉGENDES RUSTIQUES	1
LÉLIA. — MÉTELLA. — CORA	2
LETTRES D'UN VOYAGEUR	1
LUCREZIA FLORIANI. — LAVINIA	1
MADEMOISELLE LA QUINTINIE	1
MADEMOISELLE MERQUEM	1
LES MAITRES SONNEURS	1
LES MAITRES MOSAISTES	1
MALGRÉ TOUT	1
LA MARE AU DIABLE	1
LE MARQUIS DE VILLEMER	1
LA MARQUISE	1
MA SŒUR JEANNE	1
MAUPRAT	1
LE MEUNIER D'ANGIBAUT	1
MONSIEUR SYLVESTRE	1
MONT-REVÊCHE	1
NANON	1
NARCISSE	1
NOUVELLES LETTRES D'UN VOYAGEUR	1
PAULINE	1
LA PETITE FADETTE	1
LE PÉCHÉ DE M. ANTOINE	1
LE PICCININO	2
PIERRE QUI ROULE	1
PROMENADE AUTOUR D'UN VILLAGE	1
QUESTIONS D'ART ET DE LITTÉRATURE	1
QUESTIONS POLITIQUES ET SOCIALES	1
LE SECRÉTAIRE INTIME	1
LES SEPT CORDES DE LA LYRE	1
SIMON	1
SOUVENIRS DE 1848	1
TAMARIS	1
TEVERINO. — LÉONE LÉONI	1
THÉATRE COMPLET	4
THÉATRE DE NOHANT	1
LA TOUR DE PERCEMONT. — MARIANNE	1
L'USCOQUE	1
VALENTINE	1
VALVÈDRE	1
LA VILLE NOIRE	1

LE
CHATEAU DE PICTORDU

A MA PETITE-FILLE

AURORE SAND

La question est de savoir s'il y a des fées, ou s'il n'y en a pas. Tu es dans l'âge où l'on aime le merveilleux et je voudrais bien que le merveilleux fût dans la nature, que tu n'aimes pas moins.

Moi, je pense qu'il y est; sans cela je ne pourrais pas t'en donner.

Reste à savoir où sont ces êtres, dits surnaturels, les génies et les fées; d'où ils viennent et où ils vont, quel empire ils exercent sur nous et où ils nous conduisent. Beaucoup de grandes personnes ne le savent pas bien, et c'est pourquoi je veux leur faire lire les histoires que je te raconte en t'endormant.

I

LA STATUE PARLANTE

C'était au fin fond d'un pays sauvage appelé, dans ce temps-là, province du Gévaudan. Il était là tout seul, dans son désert de forêts et de montagnes, le château abandonné de Pictordu. Il était triste, triste; il avait l'air de s'ennuyer comme une personne qui, après avoir reçu grande compagnie et donné de belles fêtes, se voit mourir pauvre, infirme et délaissée.

Le recommandable M. Flochardet, peintre renommé dans le midi de la France, passait en chaise de poste sur le chemin qui côtoie la petite rivière. Il avait avec lui sa fille unique, Diane, âgée de huit ans, qu'il avait été chercher au couvent des Visitandines de Mende et qu'il ramenait à la maison, à cause d'une fièvre de croissance qui prenait l'enfant, de deux jours l'un, depuis environ trois mois. Le médecin avait conseillé l'air natal. Flochardet la conduisait à une jolie villa qu'il possédait aux environs d'Arles.

Partis de Mende, la veille, le père et la fille avaient fait un détour pour aller voir une parente, et ils devaient coucher le soir à Saint-Jean-Gardonenque qu'on appelle aujourd'hui Saint-Jean-du-Gard.

C'était longtemps avant qu'il y eût des chemins de fer. En toutes choses on allait moins vite qu'à présent. Ils ne devaient donc arriver chez eux que le surlendemain. Ils avançaient d'autant moins que le chemin était détestable. M. Flochardet avait mis pied à terre et marchait à côté du postillon.

— Qu'est-ce que c'est donc qu'il y a là devant nous? lui dit-il; est-ce une ruine, ou un banc de roches blanchâtres?

— Comment, monsieur, dit le postillon, vous ne reconnaissez pas le château de Pictordu?

— Je ne peux pas le reconnaître, je le vois pour la première fois. Je n'ai jamais pris cette route et je ne la prendrai plus jamais; elle est affreuse et nous n'avançons point.

— Patience, monsieur. Cette vieille route est plus droite que la nouvelle; vous auriez encore sept lieues à faire avant la couchée, si vous l'eussiez prise; par ici, vous n'en avez plus que deux.

— Mais si nous mettons cinq heures à faire ce bout de chemin, je ne vois pas ce que j'y gagnerai.

— Monsieur plaisante. Dans deux petites heures nous serons à Saint-Jean-Gardonenque.

M. Flochardet soupira en pensant à sa petite Diane. C'était le jour de son accès de fièvre. Il avait espéré être rendu à l'auberge avant l'heure et la mettre au lit pour la reposer et la réchauffer. L'air du ravin était humide, le soleil était couché; il craignait qu'elle ne fût sérieusement malade s'il lui fallait grelotter la fièvre en voiture, avec le frais de la nuit et les cahots du vieux chemin.

— Ah çà, dit-il au postillon, c'est donc une route abandonnée?

— Oui, monsieur, c'est une route qui a été faite pour le château, et le château étant abandonné aussi...

— Il me paraît encore très-riche et très-vaste : pourquoi ne l'habite-t-on plus ?

— Parce que le propriétaire qui en a hérité lorsqu'il commençait à tomber en ruines, n'a pas le moyen de le faire réparer. Ça a appartenu dans le temps à un riche seigneur qui y faisait ses folies, les bals, les comédies, les jeux, les festins, que sais-je ? Il s'y est ruiné, ses descendants ne se sont pas relevés, non plus que le château qui a encore une grande mine, mais qui, un de ces jours, croulera de là haut dans la rivière, par conséquent sur le chemin que nous suivons.

— Pourvu qu'il nous permette de passer ce soir, qu'il s'écroule ensuite si bon lui semble ! Mais pourquoi ce nom bizarre de Pictordu ?

— A cause de cette roche que vous voyez sortir du bois au-dessus du château, et qui est comme tordue par le feu. On dit que, dans les temps anciens, tout le pays a brûlé. On appelle ça des pays de volcan. Vous n'en aviez jamais vu de pareils, je gage ?

— Si fait. J'en ai vu beaucoup, mais cela ne m'intéresse pas pour le moment. Je te prie, mon ami, de remonter sur ta bête et d'aller le plus vite que tu pourras.

— Pardon, monsieur, pas encore. Nous avons à passer le réservoir des cascades du parc. Il n'y a presque plus d'eau, mais il y a beaucoup de décombres, et il faudra que je conduise mes chevaux prudemment. Ne craignez rien pour la petite demoiselle, il n'y a pas de danger.

— C'est possible, répondit Flochardet, mais j'aime autant la prendre dans mes bras; tu m'avertiras.

— Nous y sommes, monsieur, faites comme vous voudrez.

Le peintre fit arrêter la voiture, et en retira sa petite Diane, qui s'était assoupie et commençait à sentir le malaise de la fièvre.

— Montez cet escalier, dit le postillon; vous traverserez la terrasse et vous vous trouverez en même temps que moi au tournant du chemin.

Flochardet monta l'escalier, portant toujours sa fille. C'était, malgré son état de délabrement, un escalier vraiment seigneurial, avec une balustrade qui avait été très-belle et d'élégantes statues dressées encore de distance en distance. La terrasse, autrefois dallée, était devenue comme un jardin de plantes sauvages qui avaient poussé dans les pierres disjointes et qui s'étaient mêlées à quelques arbustes plus précieux, autrefois plantés en corbeille. Des chèvrefeuilles couleur de pourpre se mariaient à d'énormes touffes d'églantier; des jasmins fleurissaient parmi les ronces; les cèdres du Liban se dressaient au-dessus des sapins indigènes et des yeuses rustiques. Le lierre s'était étendu en tapis ou suspendu en guirlandes; des fraisiers, installés sur les marches, traçaient des arabesques jusque sur le piédestal des statues. Cette terrasse envahie par la végétation libre, n'avait peut-être jamais été si belle, mais Flochardet était un peintre de salon et il n'aimait pas beaucoup la nature. D'ailleurs, tout ce luxe de plantes folles rendait la marche difficile dans le crépuscule. Il craignait les épines pour le joli visage de sa fille, et il avançait en la garantissant de son mieux, lorsqu'il entendit au-dessous de lui un bruit de fers de chevaux résonnant sur les pierres, et la voix du postillon qui se lamentait, tantôt gémissant, tantôt jurant, comme si quelque malheur lui fût arrivé.

Que faire? Comment voler à son secours avec un enfant malade dans les bras? La petite Diane le tira d'embarras par sa douceur et sa raison. Les cris du postillon l'avaient tout à fait réveillée, et elle comprenait qu'il fallait tirer ce pauvre homme de quelque danger.

— Va, mon papa, cours, dit-elle à son père. Je suis très-bien là. Ce jardin est très-joli, je l'aime beaucoup. Laisse-moi ton manteau, je t'attendrai sans bouger. Tu me retrouveras ici, au pied de ce grand vase. Sois tranquille.

Flochardet l'enveloppa avec son manteau et courut voir ce qui était arrivé. Le postillon n'avait aucun mal, mais, en voulant escalader les décombres, il avait versé la voiture, dont les deux roues étaient absolument brisées. Un des chevaux s'était abattu et avait les genoux blessés. Le postillon était désespéré ; on ne devait que le plaindre ; mais Flochardet ne put se défendre d'une colère inutile. Qu'allait-il devenir à l'entrée de la nuit avec une fillette trop lourde à porter pendant deux lieues de pays, c'est-à-dire pendant trois heures de marche? Il n'y avait pourtant pas d'autre parti à prendre. Il laissa le postillon se débrouiller tout seul et retourna chercher Diane.

Mais, au lieu de la trouver endormie au pied du grand vase comme il s'y attendait, il la vit venir à sa rencontre, bien éveillée et presque gaie.

— Mon papa, lui dit-elle, j'ai tout entendu, du bord de la terrasse. Le cocher n'a pas de mal, mais les chevaux sont blessés et la voiture est cassée. Nous ne pourrons pas aller plus loin ce soir, et je me tourmentais de ton inquiétude, quand la dame m'a appelée par mon nom. J'ai levé la tête et j'ai vu qu'elle avait le bras étendu vers le château ; c'était pour me dire d'y entrer. Allons-y, je suis sûre qu'elle en sera contente et que nous serons très-bien chez elle.

— De quelle dame parles-tu, mon enfant? Ce château est désert, et je ne vois ici personne.

— Tu ne vois pas la dame? C'est qu'il commence à faire nuit ; mais moi je la vois encore très-bien. Tiens ! elle nous montre toujours la porte par où il faut entrer chez elle.

Flochardet regarda ce que Diane lui montrait. C'était une statue grande comme nature, qui représentait une figure allégorique, l'*Hospitalité* peut-être, et qui, d'un geste élégant et gracieux, semblait en effet désigner aux arrivants l'entrée du château.

— Ce que tu prends pour une dame est une statue, dit-il à sa fille, et tu as rêvé qu'elle te parlait.

— Non, mon père, je n'ai pas rêvé ; il faut faire comme elle veut.

Flochardet ne voulut pas contrarier l'enfant malade. Il jeta un regard sur la riche façade du château qui, avec sa parure de plantes grimpantes accrochées aux balcons et aux découpures de la pierre sculptée, paraissait magnifique et solide encore.

— Au fait, se dit-il, c'est un abri en attendant mieux, et je trouverai bien un coin où la petite pourra se reposer pendant que j'aviserai.

Il entra avec Diane, qui le tirait résolûment par la main, sous un superbe péristyle, et, allant droit devant eux, ils pénétrèrent dans une vaste pièce qui n'était plus, à vrai dire, qu'un parterre de menthes sauvages et de marrubes aux feuilles blanchâtres, entouré de colonnes dont plus d'une gisait par terre. Les autres soutenaient un reste de coupole percée à jour en mille endroits. Cette ruine ne parut pas fort avenante à Flochardet, et il allait revenir sur ses pas, quand le postillon vint le rejoindre.

— Suivez-moi, monsieur, dit-il ; il y a par ici un pavillon encore solide, où vous passerez fort bien la nuit.

— Il faut donc que nous y passions la nuit ? Il n'y a pas moyen de gagner, sinon la ville, du moins quelque ferme ou quelque maison de campagne ?

1.

— Impossible, monsieur, à moins de laisser vos effets dans la voiture, qui ne peut plus marcher.

— Il n'est pas difficile d'en retirer mon bagage, qui n'est pas considérable, et d'en charger un de tes chevaux. Je monterai sur l'autre avec ma fille et tu nous montreras le chemin de l'habitation la plus voisine.

— Il n'y a aucune habitation que nous puissions gagner cette nuit. La montagne est trop mauvaise, et mes pauvres chevaux sont abîmés tous deux. Je ne sais pas comment nous sortirons d'ici, même en plein jour. A la grâce de Dieu! Le plus pressé est de faire reposer la petite demoiselle. Je vais vous trouver une chambre où il y a encore des portes et des contrevents et dont le plafond ne s'écroulera pas. J'ai trouvé, moi, une espèce d'écurie pour mes bêtes, et comme j'ai mon petit sac d'avoine pour elles, comme vous avez quelques provisions pour vous, nous ne mourrons pas encore de misère ce soir. Je vais vous apporter toutes vos affaires et les coussins de la voiture pour dormir; une nuit est bientôt passée.

— Allons, dit Flochardet, faisons comme tu l'entends, puisque tu as recouvré tes esprits. Il y a sans doute ici quelque gardien que tu connais et qui nous accordera l'hospitalité?

— Il n'y a pas de gardien. Le château de Pictordu se garde tout seul. D'abord il n'y a rien à y prendre; ensuite... Mais je vous raconterai ça plus tard. Nous voici à la porte de l'ancienne salle des bains. Je sais comment on l'ouvre. Entrez là, monsieur; il n'y a ni rats, ni chouettes, ni serpents. Attendez-moi sans rien craindre.

En effet, ils étaient arrivés, tout en parlant et en traversant plusieurs corps de logis plus ou moins ruinés, à une sorte de pavillon bas et lourd, d'un style sévère. C'était, comme le reste du château, un édifice du temps de la renaissance, mais tandis que la façade offrait un mélange capricieux de divers ordres d'architecture, ce pavillon, situé dans une cour en forme de cloître, était en petit une imitation des thermes antiques, et l'intérieur était assez bien clos et passablement conservé.

Le postillon avait apporté une des lanternes de la voiture avec sa bougie. Il battit le briquet, et Flochardet put s'assurer que le gîte était possible. Il s'assit sur un socle de colonne et voulut prendre Diane sur ses genoux, pendant que le postillon irait chercher les coussins et les effets.

— Non, mon papa, merci, lui dit-elle. Je suis très-contente de passer la nuit dans ce joli château. Je ne m'y sens plus malade. Allons aider le postillon, ce sera plus vite fait. Je suis sûre que tu as faim, et, quant à moi, je crois que je goûterai aussi avec plaisir aux gâteaux et aux fruits que tu as mis pour moi dans un petit panier.

Flochardet, voyant sa petite malade si vaillante, l'emmena, et elle sut se rendre utile. Au bout d'un quart d'heure, les coussins, les manteaux, les coffres, les paniers, en un mot tout ce que contenait la voiture fut transporté dans la salle de bains du vieux manoir. Diane n'oublia pas sa poupée, qui avait eu un bras cassé dans l'aventure. Elle eut envie de pleurer, mais voyant que son papa avait à regretter quelques objets plus précieux qui s'étaient brisés, elle eut le courage de ne pas se plaindre. Le postillon trouvait une consolation à constater que deux bouteilles de bon vin avaient échappé au désastre, et en les apportant il les regardait d'un air tendre.

— Allons, lui dit Flochardet, puisqu'après tout tu nous as trouvé un gîte et que tu te montres dévoué à nous servir... Comment t'appelles-tu ?

— Romanèche, monsieur !

— Eh bien, Romanèche, tu souperas avec nous, et tu dormiras dans cette grande salle, si bon te semble.

— Non, monsieur, j'irai panser et soigner mes chevaux, mais un verre de vin n'est jamais de refus, surtout après un malheur. D'ailleurs je vous servirai. La petite demoiselle voudra peut-être de l'eau ; je sais où est la source. Je lui arrangerai son lit ; je sais soigner les enfants, j'en ai !

En parlant ainsi, le brave Romanèche disposait toutes choses. Le souper se composait d'une volaille froide, d'un pain, d'un jambon et de quelques friandises que Diane grignota avec plaisir. On n'avait ni chaises ni table, mais, au milieu de la salle, une piscine de marbre formait un petit amphithéâtre garni de gradins où l'on put s'asseoir à l'aise. La source qui avait jadis alimenté le bain et qui jaillissait encore dans le cloître, fournit une eau excellente que Diane but dans son petit gobelet d'argent. Flochardet donna une bouteille de vin à Romanèche et se réserva l'autre, ils se passèrent de verres.

Tout en mangeant, le peintre observait sa fille. Elle était gaie et eut volontiers babillé au lieu de dormir ; mais quand elle n'eut plus faim, il l'engagea à se reposer, et on lui fit une couchette très-passable avec les coussins et les manteaux, dans une auge de marbre qui était au bord de la piscine. Il faisait un temps superbe, on était en plein été et la lune commençait à luire. D'ailleurs, il y avait encore une bougie et l'endroit n'était point triste. L'intérieur avait été peint à fresque. On voyait encore des oiseaux voltigeant dans les guirlandes du plafond et cherchant à attraper des papillons plus gros qu'eux. Sur les murailles, des nymphes dansaient en rond en se tenant par la main. Il manquait bien à celle-ci une jambe, à telle autre les mains ou la tête. Étendue sur son lit improvisé, avec sa poupée dans ses bras, Diane se tenant tranquille en attendant le sommeil, regardait ces danseuses éclopées et leur trouvait quand même un grand air de fête.

II

LA DAME VOILÉE

Lorsque M. Flochardet jugea sa fille endormie, pendant que le postillon Romanèche, devenu valet de chambre, rangeait les restes du souper :

— Explique-moi donc, lui dit-il, pourquoi ce château se garde tout seul ; tu m'as fait entendre qu'il y avait à cela une cause particulière.

Romanèche hésita un peu ; mais le bon vin de son honnête voyageur l'avait mis en train de causer et il parla ainsi :

— Vous allez vous moquer de moi, monsieur, j'en suis sûr. Vous autres, gens instruits, vous ne croyez pas à certaines choses.

— Voyons, je t'entends, mon brave homme. Je ne crois pas aux choses surnaturelles, j'en conviens. Mais j'aime beaucoup les histoires merveilleuses. Ce château doit avoir sa légende ; raconte-la moi, je ne me moquerai pas.

— Eh bien, voilà ce que c'est, monsieur. Je vous ai dit que le château de Pictordu se gardait tout seul ; c'était une manière de dire. Il est gardé par la Dame au voile.

— Et la Dame au voile, qui est-ce ?

— Ah ! voilà ce que personne ne sait ! Les uns disent que c'est une personne vivante qui s'habille à l'ancienne mode ; d'autres que c'est l'esprit d'une princesse qui a vécu il y a bien longtemps, et qui revient ici toutes les nuits.

— Nous aurons donc le plaisir de la voir ?

— Non, monsieur, vous ne la verrez pas. C'est une dame très-polie qui souhaite qu'on entre honnêtement chez elle ; même elle invite quelquefois les passants à entrer, et s'ils n'y font pas attention, elle fait verser leurs voitures ou tomber leurs chevaux ; ou, s'ils sont à pied, elle fait rouler tant de pierres sur le chemin, qu'ils ne peuvent plus passer. Il faut qu'elle nous ait crié du haut du donjon ou de la terrasse, quelque parole d'invitation que nous n'avons pas entendue ; car, vous direz ce que vous voudrez, l'accident qui nous est arrivé n'est pas naturel, et si vous vous étiez obstiné à continuer votre chemin, il nous serait arrivé pire.

— Ah ! très-bien. Je comprends à présent pourquoi tu as trouvé impossible de nous conduire ailleurs.

— Ailleurs, et même à la ville, vous eussiez été plus mal, moins proprement ; et sauf que le souper eût pu être meilleur... je l'ai pourtant trouvé diablement bon, moi !

— Il a été très-suffisant et je ne me désole pas d'être ici; mais je veux savoir tout ce qui concerne la dame voilée. Quand on entre chez elle sans être invité, elle doit être mécontente?

— Elle ne se fâche pas et ne se montre pas; on ne la voit jamais, personne ne l'a jamais vue; elle n'est pas méchante et n'a jamais fait de mal aux personnes; mais on entend une voix qui vous crie: *sortez!* et qu'on le veuille ou non, on se sent forcé d'obéir, comme si quelque chose de fort comme quarante paires de chevaux vous traînait.

— Alors, ceci pourra fort bien nous arriver, car elle ne nous a pas invités du tout.

— Pardon, monsieur, je suis sûr qu'elle a dû nous appeler, mais nous n'avons pas fait attention.

Flochardet se souvint alors que la petite Diane avait cru s'entendre appeler par la statue de la terrasse.

— Parle plus bas, dit-il aux postillon; cette enfant a rêvé quelque chose comme cela, et il ne faudrait pas qu'elle crût à de pareilles folies.

— Ah! s'écria Romanèche ingénument, elle a entendu!... C'est bien ça, monsieur! La Dame au voile adore les enfants, et quand elle a vu que vous passiez sans croire à son invitation, elle a fait verser la voiture.

— Et abîmer tes chevaux? C'est un vilain tour pour une personne si hospitalière!

— Pour vous dire la vérité, monsieur, mes chevaux n'ont pas grand mal; un peu de sang et voilà tout. C'est à la voiture qu'elle en voulait; mais si on peut la raccommoder demain ou vous en procurer une autre, vous ne serez retardé que de quelques heures dans votre voyage, puisque vous deviez passer la nuit à Saint-Jean-Gardonenque. Peut-être que vous êtes attendu quelque part et que vous craignez d'inquiéter les personnes en n'arrivant pas au jour dit?

— Certainement, répondit Flochardet, qui craignait un peu l'insouciance philosophique du brave homme ou sa trop grande soumission à quelque nouveau caprice de la femme voilée. Il faudra, de grand matin, nous occuper de réparer le temps perdu.

Le fait est que Flochardet n'était pas attendu chez lui à jour fixe. Sa femme ne savait pas que Diane fût malade au couvent, et elle ne comptait pas sur le plaisir de la revoir avant les vacances.

— Voyons, dit Flochardet à Romanèche, je crois qu'il est temps de dormir. Veux-tu dormir ici? Je ne m'y oppose pas, si tu t'y trouves mieux qu'avec tes chevaux.

— Merci, monsieur, vous êtes trop bon, répondit Romanèche, mais je ne peux dormir qu'avec eux. Chacun a ses habitudes. Vous n'avez pas peur de rester seul avec la petite demoiselle?

— Peur? Non, puisque je ne verrai pas la Dame. A propos, pourrais-tu me dire comment on sait qu'elle est voilée, puisque personne ne l'a jamais vue?

— Je ne sais pas, monsieur; c'est une vieille histoire, je n'en suis pas l'auteur. J'y crois sans m'en tourmenter. Je ne suis pas poltron, et d'ailleurs je n'ai rien fait pour mécontenter l'esprit du château.

— Allons, bonsoir et bonne nuit, dit Flochardet;

sois ici avec le jour, n'y manque pas; sers-nous vite et bien, tu ne t'en repentiras pas.

Flochardet, resté seul avec Diane, s'approcha d'elle et toucha ses joues et ses petites mains. Il fut surpris et content de les trouver fraîches. Il essaya de lui tâter le pouls, bien qu'il ne connût pas grand'chose à la fièvre des enfants. Diane lui donna un baiser en lui disant :

— Sois tranquille, petit père, je suis très-bien; c'est ma poupée qui a la fièvre, ne la dérange pas.

Diane était douce et aimante; elle ne se plaignait jamais. Mais elle avait l'air si calme et si enjoué que son père se réjouit aussi.

« Elle a eu son accès tantôt, pensa-t-il; elle divaguait lorsqu'elle a cru entendre parler une statue; mais l'accès a été très-court et peut-être que le changement d'air a suffi à sa guérison. La vie de couvent ne lui convient peut-être pas. Je la garderai avec nous, et ma femme n'en sera certainement pas fâchée.

Flochardet s'enveloppa du mieux qu'il put, s'étendit sur les marches de la piscine à côté de l'enfant et ne tarda pas à s'y sentir assoupi, comme un homme encore jeune et bien portant qu'il était.

M. Flochardet n'avait pas plus de quarante ans. Il était joli de figure, aimable, riche, bien élevé et fort galant homme. Il avait gagné beaucoup d'argent à faire des portraits bien finis, bien frais, que les dames trouvaient toujours ressemblants parce qu'ils étaient toujours embellis et rajeunis. A vrai dire, tous les portraits de Flochardet se ressemblaient entre eux.

Il avait dans la tête un type très-joli qu'il reproduisait sans cesse en le modifiant très-peu ; il ne s'attachait qu'à rendre fidèlement le vêtement et la coiffure de ses modèles. L'exactitude de ces détails constituait toute la personnalité des figures. Il excellait à imiter la nuance d'une robe, le mouvement d'une boucle de cheveux, la légèreté d'un ruban, et il y avait tel de ses portraits qu'on reconnaissait tout de suite à la ressemblance du coussin ou du perroquet placé à côté du modèle. Il n'était pas sans talent. Il en avait même beaucoup dans son genre ; mais de l'originalité, du génie, le sentiment de la vie vraie, voilà des choses qu'il ne fallait pas lui demander ; aussi avait-il un succès incontesté, et la bourgeoisie élégante le préférait à un grand maître qui aurait eu l'impertinence de reproduire une verrue ou d'accuser une ride.

Après deux ans de mariage, il avait épousé en secondes noces une jeune personne, pauvre, mais de bonne famille, et qui le considérait comme le plus grand artiste de l'univers. Elle n'était point naturellement sotte, mais elle était si jolie, si jolie, qu'elle n'avait jamais trouvé le temps de réfléchir et de s'instruire. Aussi avait-elle reculé devant la tâche d'élever elle-même la fille de son mari. C'est pourquoi elle la lui avait fait mettre au couvent, avec l'idée qu'étant fille unique elle se plairait mieux avec de petites compagnes que seule de son âge au logis. Elle n'eût pas su jouer avec Diane et l'amuser elle-même, ou si elle l'eût su, elle n'en eût pas trouvé le temps. Il lui en fallait beaucoup pour s'habiller dix fois par jour et se faire chaque fois plus belle.

Flochardet était bon père et bon mari. Il trouvait bien que madame Flochardet était un peu frivole, mais c'était pour lui plaire qu'elle s'atiffait toute la journée. C'était aussi, disait-elle, pour lui être utile en le mettant à même d'étudier l'attirail des parures féminines dont il tirait si grand parti dans sa peinture.

Tout en s'endormant dans la piscine du vieux manoir, Flochardet songeait à ces choses, aux toilettes et à la beauté de sa femme, à sa fille malade, peut-être déjà guérie, à sa riche clientèle, aux travaux qu'il lui tardait de reprendre, à l'accident de la voiture, à la coïncidence singulière du récit fantastique du postillon avec l'hallucination de la petite Diane, à la dame voilée et au besoin qu'éprouvent les gens de la campagne de croire aux choses merveilleuses, même sans que la peur soit la cause de ces rêveries : et tout en ruminant ces diverses impressions, il s'endormit profondément et ronfla même un peu.

Diane dormait aussi, n'est-ce pas? Eh bien, j'avoue que je n'en sais rien. Je vous ai parlé de son père et de sa mère et je me suis permis cette digression au risque de vous impatienter, parce qu'il faut que vous sachiez pourquoi Diane était une petite fille habituellement tranquille et rêveuse. Elle avait passé sa première enfance toute seule avec sa nourrice qui l'adorait, mais qui parlait fort peu, et elle avait été obligée d'arranger elle-même, comme elle pouvait, dans sa petite tête, les idées qui lui venaient. Vous ne serez donc pas trop surpris de ce que je vous dirai d'elle par la suite. Pour le moment, je dois vous raconter comment son esprit fut éveillé et travalllé dans le château de Pictordu.

Quand elle entendit ronfler son papa, elle ouvrit les yeux et regarda autour d'elle. Il faisait sombre dans la grande salle ronde, mais comme la voûte n'était pas élevée et qu'une des lanternes de la voiture, accrochée au mur, donnait encore une lumière terne et tremblotante, Diane distinguait encore une ou deux des danseuses imitées de l'antique qui se trouvaient placées devant elle. La mieux conservée et la plus dégradée en même temps, était une grande personne dont la robe verdâtre avait une certaine fraîcheur, dont les bras et les jambes nues ne manquaient pas de dessin, mais dont la figure, envahie par l'humidité, avait entièrement disparu. Diane, tout en sommeillant, avait entendu, d'une manière vague, ce que le postillon avait raconté à M. Flochardet de la Dame voilée, et peu à peu, elle se mit à songer que ce corps sans figure devait avoir quelque rapport avec la légende du château.

Je ne sais pas, pensa-t-elle, pourquoi mon papa traite cela de folie. Je suis bien sûre, moi, que cette dame m'a parlé sur la terrasse et même avec une très-jolie voix bien douce. Je serais contente si elle voulait me parler encore. Et même, si je ne craignais pas de mécontenter papa qui me croit toujours malade, j'irais bien voir si elle est encore là.

A peine avait-elle pensé cela, que la lanterne s'éteignit et qu'elle vit une grande belle clarté bleue, comme celle de la lune, traverser la salle; et dans ce rayon de lumière douce, elle vit que la danseuse antique avait quitté la muraille et venait à elle.

Ne croyez point qu'elle en eut peur, c'était une forme exquise. Sa robe faisait mille plis gracieux sur son beau corps et semblait semée de paillettes d'argent : une ceinture de pierreries retenait les pans de sa tunique légère; un voile de gaze brillante était roulé sur sa chevelure qui s'échappait en tresses blondes sur ses épaules blanches comme neige. On ne pouvait distinguer son visage à travers cette gaze, mais il en sortait comme deux pâles rayons à la place des yeux. Ses jambes nues et ses bras découverts jusqu'à l'épaule étaient d'une beauté parfaite. Enfin la nymphe incertaine et pâlie de la muraille était devenue une personne vivante tout à fait charmante à regarder.

Elle vint tout près de l'enfant et, sans effleurer son père étendu auprès d'elle, elle se pencha sur le front de Diane et y mit un baiser : c'est-à-dire que Diane entendit le doux bruit de ses lèvres et ne sentit rien. La petite jeta ses bras autour du cou de la dame pour lui rendre sa caresse et la retenir, mais elle n'embrassa qu'une ombre.

— Vous êtes donc faite tout en brouillard, lui dit-elle, que je ne vous sens pas? Au moins parlez-moi, pourque je sache si c'est vous qui m'avez déjà parlé.

— C'est moi, répondit la dame; veux-tu venir te promener avec moi?

— Je veux bien, mais ôte-moi la fièvre, pour que mon papa ne soit plus inquiet.

— Sois tranquille, tu n'auras aucun mal avec moi. Donne-moi ta main.

L'enfant tendit sa main avec confiance, et, bien qu'elle ne sentît pas celle de la fée, il lui sembla qu'une fraîcheur agréable passait dans tout son être.

Elles sortirent ensemble de la salle.

— Où veux-tu aller? dit la dame.

— Où tu voudras, répondit la petite fille.

— Veux-tu retourner sur la terrasse?

— La terrasse m'a paru bien jolie avec tous ses buissons et sa grande herbe pleine de petites fleurs.

— N'as-tu pas envie de voir le dedans de mon château, qui est plus beau encore?

— Il est tout à jour et tout démoli!

— C'est ce qui te trompe. Il paraît comme cela à ceux que je n'autorise pas à le voir.

— Me permettras-tu de le voir, moi?

— Certainement. Regarde!

Aussitôt les ruines au milieu desquelles Diane croyait être furent remplacées par une belle galerie aux plafonds dorés en relief. Entre chaque grande croisée, des lustres de cristal s'allumèrent et de grandes belles figures de marbre noir portant des flambeaux se dressèrent dans les embrasures. D'autres statues, les unes de bronze, les autres de marbre blanc ou de jaspe, d'autres toutes dorées, parurent sur leurs socles richement sculptés, et un pavé de mosaïque représentant des fleurs et des oiseaux bizarrement disposés, s'étendit à perte de vue sous les pas de la petite voyageuse. En même temps, les sons d'une musique lointaine se firent entendre, et Diane, qui adorait la musique, se mit à sauter et à courir, impatiente de voir danser, car elle ne doutait point que la fée ne la conduisît au bal.

— Tu aimes donc bien la danse ? lui dit la fée.

— Non, répondit-elle. Je n'ai jamais appris à danser, et je me sens les jambes trop faibles ; mais j'aime à voir tout ce qui est joli et je voudrais vous voir encore danser en rond, comme je vous ai vue en peinture.

Elles arrivèrent dans un grand salon tout rempli de glaces très-éclairées, et la fée disparut ; mais aussitôt Diane vit une quantité de personnes semblables à elle, en robe verte et en voile de gaze, qui bondissaient légèrement par centaines dans tous ces grands miroirs, au son d'un orchestre qu'on ne voyait pas. Elle prit grand amusement à regarder cette ronde, jusqu'à ce qu'elle en eut les yeux fatigués, et il lui sembla qu'elle dormait. Elle se sentit réveiller par la main fraîche de la fée et elle se trouva dans une autre pièce encore plus belle et plus riche, au milieu de laquelle il y avait une table d'or massif de très-belle forme, chargée de friandises, de fruits extraordinaires, de fleurs, de gâteaux et de bonbons qui montaient jusqu'au plafond.

— Prends ce que tu voudras, lui dit la fée.

— Je n'ai envie de rien, répondit-elle, à moins que ce ne soit de l'eau bien froide. J'ai chaud comme si j'avais dansé.

La fée souffla sur elle à travers son voile, et elle se sentit reposée et désaltérée.

— Te voilà bien ; que veux-tu voir à présent ?

— Tout ce que tu voudras que je voie.

— N'as-tu aucune idée ?

— Veux-tu me faire voir des dieux ?

La fée ne parut pas surprise de cette demande. Diane avait eu autrefois dans les mains un vieux livre de mythologie avec des figures bien laides qui lui avaient semblé très-belles d'abord, et qui avaient fini par l'impatienter. Elle rêvait de voir quelque chose de mieux et pensait que la fée devait avoir de belles images. Celle-ci la conduisit dans une salle où il y avait des peintures représentant des personnages mythologiques grands comme nature. Diane les regarda d'abord avec étonnement et puis avec le désir de les voir remuer.

— Fais les donc venir auprès de nous, dit-elle à la fée.

Aussitôt toutes ces divinités sortirent de leurs cadres et se mirent à marcher autour d'elles, puis à s'élever très-haut et à tourbillonner au plafond comme des oiseaux qui se poursuivent. Elles allaient si vite que Diane ne pouvait plus les distinguer. Il lui sembla en reconnaître quelques-unes qu'elle avait aimées dans son livre, la gracieuse Hébé avec sa coupe, la fière Junon avec son paon, le gentil Mercure avec son petit chapeau, Flore avec toutes ses guirlandes ; mais tout ce mouvement la fatigua encore.

— Il fait trop chaud chez toi, dit-elle à la fée, mène-moi dans ton jardin.

Au même instant elle se trouva sur la terrasse ;

mais ce n'était plus l'endroit inculte et sauvage qu'elle avait traversé pour entrer dans le château. C'était un parterre aux sentiers sablés en manière de mosaïque avec des petits cailloux de diverses couleurs, et des corbeilles où mille dessins étaient tracés avec des fleurs, à l'imitation d'un riche tapis. Les statues chantaient un beau cantique en l'honneur de la lune, et Diane souhaita voir la déesse dont on lui avait donné le nom. Elle parut aussitôt en forme de nuage argenté dans le ciel. Elle était grande, grande, et tenait un arc très-brillant. Par moments elle devenait plus petite, et puis si petite qu'on eût dit d'une hirondelle; elle se rapprochait et devenait grande. Diane se lassa de la suivre des yeux et dit à la fée :

— A présent, je voudrais t'embrasser.

— C'est-à-dire que tu veux dormir? dit la fée en la prenant dans ses bras. Eh bien dors; mais quand tu seras éveillée, n'oublie rien de ce que je t'ai fait voir.

Diane s'endormit profondément et, quand elle ouvrit les yeux, elle se retrouva couchée dans l'auge de marbre, tenant dans sa main la petite main de sa poupée. L'aube bleuâtre avait remplacé la lune bleue. M. Flochardet était levé et avait ouvert son nécessaire de voyage. Il se faisait tranquillement la barbe, car, dans ce temps-là, un homme du monde, dans quelque situation qu'il se trouvât, eût rougi de n'être pas rasé de frais dès le matin.

III

MADEMOISELLE DE PICTORDU

Diane se leva, remit ses souliers qu'elle avait ôtés pour dormir, rattacha les agrafes de sa robe et pria son papa de lui prêter le miroir pour qu'elle pût faire aussi un brin de toilette pendant qu'il irait avec Romanèche organiser le départ. Flochardet, la sachant propre et soigneuse, la laissa seule, en lui recommandant, si elle sortait, de ne pas se risquer dans les décombres du château sans bien regarder à ses pieds.

Diane fit sa toilette, rangea très-bien toutes les pièces du nécessaire et, ne voyant pas revenir son père, elle alla errer dans le château, espérant retrouver toutes les belles choses qu'elle avait vues avec la fée pendant la nuit. Mais elle n'en retrouva même pas la place. Les escaliers en spirale étaient rompus, ou leurs marches tournaient sur leurs pivots sans pouvoir s'appuyer aux flancs des tours écroulées.

Les salles superposées s'étaient effondrées les unes sur les autres et on ne pouvait plus rien comprendre à la distribution des corps de logis. On voyait bien que tous ces édifices avaient été richemeent ornés ; certaines parois de murailles conservaient des traces de peinture ; il y avait des restes de dorure sur les marbres brisés ; des cheminées très-belles tenaient encore aux murailles et se dressaient dans le vide ; le sol était jonché de débris de toute sorte ; des vitres de couleur montraient leurs petits fragments comme des étincelles semées sur la verdure des plantes sauvages, de petites mains de marbre qui avaient appartenu à des statues de cupidons, des ailes de zéphire en bronze autrefois doré, détachées de quelque candélabre, des haillons de tapisserie rongés par les rats, mais où l'on voyait encore une pâle figure de reine ou un vase rempli de fleurs, enfin tout un luxe princier en miettes, tout un monde de richesses et de plaisirs tombé en poussière.

Diane ne comprenait pas cet abandon d'un château si grand, dont la façade se dressait encore magnifique au flanc du ravin. Il faut, pensait-elle, que ce que je vois soit un rêve que je fais maintenant. On me dit que quand j'ai la fièvre, je déraisonne un peu. Je ne l'avais pas cette nuit, je voyais les choses telles qu'elles doivent être. Je ne me sens pourtant pas malade, mais la fée me l'a dit, on ne peut voir son château que quand elle le permet, et je dois me contenter de le voir tel qu'elle me le montre en ce moment.

Après avoir vainement cherché les belles chambres,

les grandes galeries, les peintures et les statues, la table d'or chargée de bonbons, toutes les merveilles au milieu desquelles elle avait passé la nuit, Diane s'en alla dans le jardin et n'y trouva que des orties, des ronces, de grands bouillons blancs et des asphodèles. Je ne sais quel instinct lui persuada que ces plantes n'étaient pas plus laides que d'autres, et ces parterres dépouillés de leurs dessins symétriques et de leur cailloutage de couleur dont elle retrouva quelques petits vestiges en cherchant des fraises, lui plurent tels qu'ils étaient. Elle ramassa quelques fragments de ces mosaïques, qu'elle mit dans ses poches, et passant au bord de la terrasse, elle chercha au milieu du fouillis des arbustes la statue qui lui avait parlé la veille. Elle la retrouva debout à côté du grand vase, le bras étendu vers l'entrée du château; mais elle ne parlait plus. Comment eût-elle parlé? elle n'avait pas de bouche, elle n'avait pas de figure. Il ne lui restait que le derrière de la tête avec un bout de draperie roulé dans ses cheveux de pierre. Les autres statues étaient encore plus mutilées par le temps, l'abandon et les cailloux que des enfants stupides s'étaient amusé à leur lancer. Une personne plus avancée que Diane eût compris que ces statues debout dans la solitude faisaient peur aux passants, et que les gens raisonnables, regrettant les dégâts, avaient laissé croire aux ignorants que le château était gardé par une dame sans figure qui accueillait les inoffensifs et punissait les mal appris. Quelques accidents étant arrivés au bas de la terrasse, où il y avait effectivement un passage étroit et difficile entre le grand mur et la petite rivière, la croyance à un esprit gardien des ruines s'était répandue, et personne n'y faisait plus de dommages ; mais le triste état des autres statues témoignait des outrages qu'elles avaient longtemps subis. A toutes, il manquait un ou deux bras, quelques-unes gisaient étendues dans les chardons violets et les linaires jaunes.

En regardant avec attention celle qui lui avait parlé, Diane s'imaginait reconnaître le portrait de son aimable fée, en même temps qu'elle identifiait aussi cette figure avec celle de la danseuse peinte dans la salle où elle avait dormi. Elle pouvait bien s'imaginer à cet égard tout ce qu'elle voulait, toutes ces divinités de la renaissance imitées de l'antique ont dans les formes aussi bien que dans le costume un air de famille, et le hasard ayant voulu que toutes deux eussent la figure emportée, l'idée de la petite Diane était, sinon juste, du moins ingénieuse.

Fatiguée de marcher, elle tâcha de rejoindre son père et le trouva en bas de la terrasse, occupé à activer les réparations de la voiture. Romanèche avait déterré aux environs une espèce de charron, bon paysan pas trop maladroit, mais qui n'allait pas vite et qui n'était pas très-bien outillé.

— Il faut prendre patience, ma petite demoiselle, lui dit Romanèche ; j'ai trouvé pour vous du pain bis qui n'est point mauvais, de la crème bien fraîche et des cerises. J'ai porté tout cela dans votre grande chambre. Si vous voulez y retourner déjeuner, ça vous désennuiera.

— Je ne m'ennuie pas du tout, répondit Diane,

mais j'irai manger un peu. Je vous remercie d'avoir pensé à moi.

— Comment te trouves-tu? lui demanda son père. Comment as-tu dormi?

— Je n'ai pas dormi beaucoup, mon papa, mais je me suis amusé on ne peut mieux.

— Amusé en rêve, tu veux dire? Tu as eu des songes gais? Allons, c'est bon signe; va manger.

Et, en la regardant s'éloigner, Flochardet admirait le bon naturel de cette enfant pâle et menue qui trouvait toujours toutes choses à son gré, ne tourmentait personne de son mal et montrait une petite gaieté tranquille en toute circonstance.

— Je ne comprends pas, pensait-il, que ma femme ait cru devoir l'éloigner de la maison, où elle faisait si peu de bruit et se montrait si facile à contenter. Je sais bien que ma sœur l'abbesse des Visitandines de Mende est très-bonne pour elle, mais ma femme devrait la choyer encore mieux.

Diane retourna dans la salle de bain, et, comme elle savait lire, elle remarqua une inscription à demi effacée, gravée au-dessus de la porte des thermes. Elle réussit à la déchiffrer et à lire : *Bain de Diane.*

Tiens! se dit-elle en riant, je suis donc ici chez moi? J'aimerais bien à m'y baigner, mais l'eau n'y arrive plus, et je dois me contenter d'y déjeuner et d'y dormir.

Elle trouva excellentes les choses que Romanèche avait placées pour elle sur les degrés de la piscine, et ensuite elle eut envie de dessiner.

Vous pensez bien qu'elle ne savait guère; son père

ne lui avait jamais donné de leçons. Il s'était contenté de lui donner du papier et des crayons tant qu'elle en voulait pour faire ses barbouillages d'enfant dans un coin de son atelier, et dans ce temps-là, elle essayait de copier les portraits qu'elle lui voyait faire. Il trouvait ces essais fort drôles et en riait de tout son cœur, mais il ne croyait pas qu'elle eût la moindre disposition pour le dessin, et il était résolu à ne pas la tourmenter pour lui faire suivre sa carrière.

Au couvent où Diane venait de passer un an, on n'apprenait pas à dessiner. Dans ce temps-là, on ne recevait une éducation d'artiste que pour arriver à gagner sa vie, et Flochardet, étant riche, pensait à faire de sa fille une vraie demoiselle, c'est-à-dire une jolie personne sachant s'habiller et babiller, sans se casser la tête pour être autre chose.

Diane aimait pourtant le dessin avec passsion, et jamais elle n'avait rencontré un tableau, une statue ou une image sans l'examiner avec une grande attention. Il y avait dans la chapelle de son couvent quelques statuettes de saintes et quelques peintures qui lui plaisaient plus ou moins. Je ne sais pourquoi, en regardant la fresque des bains de Diane au château de Pictordu, et en se rappelant d'une manière un peu confuse tout ce que la fée lui avait montré durant la nuit, elle se persuada que les images de son couvent ne valaient rien et qu'elle avait maintenant devant les yeux quelque chose de très-beau.

Elle se rappela qu'en mettant deux albums dans sa malle, son père lui avait dit : Ce petit-là sera pour toi, si tu as encore le goût de gâcher du papier.

Elle chercha et prit cet album, tailla le crayon avec son petit couteau de poche et se mit à copier la nymphe à la robe verte que le soleil du matin éclairait d'une fraîche lumière; et alors elle remarqua que cette figure ne dansait point; elle passait majestueusement, marquant peut-être la mesure d'un pas moelleux, mais sans se trémousser, car ses deux pieds posaient sur le nuage qui la portait, et ses mains, enlacées à celles de ses sœurs, ne les tiraient point pour activer le mouvement de la ronde. C'est peut-être une muse, pensa Diane, qui n'avait point oublié sa mythologie, bien que toutes ces fables profanes fussent proscrites du couvent.

Tout en rêvant, Diane dessinait, dessinait; mécontente de sa première copie, elle en fit une seconde, et puis une autre, et une autre, jusqu'à ce que l'album fut à moitié rempli. Et quand elle en fut là, elle n'était pas contente encore; elle allait continuer, lorsqu'une petite main se posa sur son épaule. En se retournant avec vivacité, Diane vit derrière elle une fillette d'environ dix ans, assez pauvrement mise, mais jolie et bien faite, qui regardait son dessin et lui dit d'un air moqueur:

— Vous vous amusez donc à faire des bonnes femmes sur les livres, vous?

— Oui, répondit Diane; et vous?

— Moi, non! jamais. Mon père me le défend. Je ne gâte pas ses livres.

— Mon papa m'a donné celui-ci pour m'amuser, reprit Diane.

— Vraiment? Il est donc bien riche?

— Riche? Mon Dieu, je ne sais pas!

— Vous ne savez pas ce que c'est que d'être riche?

— Pas beaucoup. Je n'ai jamais pensé à cela.

— C'est que vous êtes riche, alors. Moi, je sais très-bien ce que c'est d'être pauvre.

— Si vous êtes pauvre... je n'ai rien, moi, mais je vais demander à mon papa....

— Ah! vous me prenez pour une mendiante? Vous n'êtes pas polie, vous! C'est parce que je n'ai qu'une petite robe d'indienne pendant que vous avez une jupe de soie? Sachez que je suis pourtant très-au-dessus de vous. Vous n'êtes que la fille d'un peintre, et moi je suis mademoiselle Blanche de Pictordu, fille du marquis de Pictordu.

— D'où me connaissez-vous donc? dit Diane fort peu éblouie de ces distinctions auxquelles elle ne comprenait goutte.

— Je viens de voir votre papa dans la cour de mon château, où il a causé avec mon père. Je sais que vous avez passé la nuit ici, votre papa s'en est excusé et mon père, qui est un vrai seigneur, l'a invité à venir dans une maison mieux arrangée que ce château abandonné. Je vous avertis parce que vous allez venir dîner chez nous à la maison neuve.

— J'irai où mon papa voudra, répondit Diane, mais je voudrais savoir pourquoi vous dites que ce château-ci est abandonné. Je crois, moi, qu'il est toujours très-beau et que vous ne savez pas tout ce qu'il y a dedans.

— Il y a dedans, dit mademoiselle de Pictordu

d'un air triste et hautain, des couleuvres, des chauve-souris et des orties. Vous n'avez que faire de vous moquer. Je sais que nous avons perdu la fortune de nos ancêtres et que nous sommes forcés de vivre comme des petits gentilshommes de campagne. Mais mon papa m'a appris que cela ne nous rabaissait pas, parce que personne ne peut faire que nous ne soyons pas les seuls vrais Pictordu.

Diane comprenait de moins en moins les idées et le langage de cette demoiselle. Elle lui demanda ingénument si elle était la fille de la *Dame au voile*.

Cette question parut irriter beaucoup la jeune châtelaine.

— Apprenez, répondit-elle sèchement, que la Dame au voile n'existe pas et qu'il n'y a que des ignorants et des fous qui puissent croire à de pareilles sottises. Je ne suis pas la fille d'un fantôme, ma mère était d'aussi bonne maison que mon père.

Diane se sentant trop ignorante pour lui répondre, ne répondit pas, et son père vint lui dire de se préparer au départ. La voiture était réparée. Le marquis de Pictordu exigeait que le peintre acceptât son dîner. Dans ce temps-là on dînait à midi. La maison neuve du marquis était à la sortie du ravin sur la route de Saint-Jean-Gardonenque. De temps en temps, ce marquis venait se promener dans les ruines du manoir de ses aïeux, et, ce jour-là, s'y étant rendu par hasard, il s'était montré très-aimable et très-hospitalier pour les voyageurs qu'un accident y avait retenus.

Flochardet engagea tout bas Diane à mettre une

robe plus fraîche avant qu'il fermât les malles, mais Diane, malgré sa simplicité, avait beaucoup de tact. Elle voyait bien que Blanche de Pictordu était jalouse de sa simple toilette de voyage. Elle ne voulut pas augmenter son dépit en se faisant plus belle. Elle pria son père de la laisser comme elle était, et même elle retira et mit dans sa poche une petite boucle de turquoises qui retenait le velours noir passé à son cou.

Quand la voiture fut rechargée, le marquis et sa fille qui étaient venus à pied, y montèrent avec Diane et Flochardet, et, une demi-heure après, on arriva à la maison neuve.

C'était une petite ferme avec un pigeonnier aux armes de la famille et un appartement de maître des plus modestes. Le marquis était un excellent homme assez borné, peu instruit quoique bien élevé, très-hospitalier et très-pieux, et pourtant incapable de se résigner à être un des moindres seigneurs de sa province, lui qui par sa naissance, se flattait d'être au-dessus des huit grands barons du Gévaudan.

Il n'avait d'amertume contre personne et trouvait fort juste qu'un peintre s'enrichît par le travail. Il témoignait beaucoup d'estime à Flochardet dont il n'était pas sans avoir entendu parler, et il lui faisait le meilleur accueil possible ; mais il ne pouvait se défendre de s'excuser à tout instant de son manque de luxe, et d'ajouter que, dans ce monde en décadence, la noblesse sans l'argent n'était plus considérée.

Ce n'est pas qu'il fût maussade. Il s'ennuyait et ne

demandait qu'à être égayé ; mais il avait tort de parler toujours de sa position devant sa fille. La petite Blanche était née orgueilleuse et envieuse. Elle avait déjà le caractère aigri et c'était grand dommage, car elle eût pu être une charmante fille, aussi heureuse qu'une autre si elle se fût contentée de son sort. Son père était très-bon pour elle, et après tout, elle ne manquait que du superflu.

Le dîner fut très-honnête et très-proprement servi par une grosse paysanne qui était la nourrice de Blanche et la seule domestique de la maison.

On parla de beaucoup de choses qui n'intéressaient pas Diane. Mais quand il fut question du vieux château qu'elle avait quitté, sans oser le dire, avec un très-vif regret, elle ouvrit tant qu'elle put ses oreilles.

Son père disait au marquis : — Je m'étonne, puisque vous vous plaignez de quelques embarras de fortune, de l'abandon où vous avez laissé les objets d'art ancien dont vous auriez pu tirer parti.

— Y a-t-il réellement encore des objets d'art dans mon château ? demanda le marquis.

— Il y en a eu avant que tous les toits fussent effondrés. J'ai vu beaucoup de débris, qui, sauvés à temps, eussent pu être envoyés en Italie où l'on a encore le goût de ces choses anciennes.

— Oui, reprit le marquis ; avec quelque argent, j'eusse pu encore sauver quelque chose, je le sais ; mais ce peu d'argent, je ne l'avais pas. Il eût fallu faire venir un artiste, lui dire de faire un choix et d'évaluer ; et puis les emballages, le transport des objets, un voyageur de confiance pour les accompagner... Vous comprenez que je ne pouvais pas faire moi-même le métier de marchand !

— Mais, dans les environs, il ne s'est trouvé personne qui eût envie de quelques tapisseries ou de quelques statues ?

— Personne. Les riches d'aujourd'hui méprisent ces antiquailles. Ils suivent la mode, et la mode est aux chinoiseries, aux rocailles, aux bergères poudrées ; on n'aime plus les nymphes et les muses. Il faut du tortillé, du riche et du surchargé. N'est-ce pas votre opinion ?

— Je ne dis jamais de mal de la mode, reprit le peintre. Je suis, par état, son aveugle et dévoué serviteur. Pourtant la mode change, et il se peut qu'on se reprenne de goût pour le vieux style du temps des Valois. Si vous avez sauvé quelques débris des ornements de votre château, gardez-les ; un temps peut venir où ils auront quelque valeur.

— Je n'ai rien sauvé, répondit le marquis. Quand je suis venu au monde, mon père avait déjà laissé tout dépérir, par dépit et aussi par fierté. Rien ne l'eût décidé à vendre une pierre de son château, et il ne l'a quitté que quand il a failli lui tomber sur la tête. Plus humble et plus soumis à la volonté du ciel, je suis venu habiter cette petite ferme, seul bien qui me reste de nos immenses propriétés.

Diane essayait de comprendre ce qu'elle entendait et elle croyait le comprendre ; elle eut un remords de conscience. Elle tira de sa poche une poignée de ces petits cailloux de diverses couleurs qu'elle avait ramassés dans le parterre, et, la donnant à M. Flochardet :

— Papa, lui dit-elle, voilà ce que j'ai pris dans le jardin du château. Je croyais que c'était des cailloux comme les autres ; mais puisque tu dis que M. le marquis a eu tort de tout laisser se perdre, il faut lui rendre ces choses-là qui sont à lui et que je n'avais pas l'intention de dérober.

Le marquis fut attendri de la gentillesse de Diane, et, remettant les mosaïques dans la main de l'enfant :

— Gardez-les en souvenir de nous, dit-il ; je regrette, ma chère petite, que ce soient des morceaux de verre et des fragments de marbre sans aucune valeur. Je voudrais avoir mieux à vous offrir.

Diane hésita à reprendre les jouets qu'on lui offrait si gracieusement. En tirant à la hâte tout ce qui remplissait sa poche, elle en avait retiré aussi sa petite boucle de turquoises, et elle regardait son père en lui montrant mademoiselle Blanche qui, de son côté, regardait le bijou et paraissait mourir d'envie d'y toucher. Flochardet comprit la bonne intention de sa fille, et présentant la boucle à mademoiselle de Pictordu :

— Diane vous prie, lui dit-il, d'accepter, en échange de vos jolis cailloux, ces petites pierres taillées, afin que vous gardiez un souvenir l'une de l'autre.

Blanche rougit à en avoir les oreilles cramoisies. Elle était trop fière pour accepter simplement, mais l'envie qu'elle avait de ces gentilles turquoises lui faisait battre le cœur.

— Vous ferez beaucoup de chagrin à ma fille si vous refusez, lui dit Flochardet.

Blanche saisit le bijou avec un mouvement nerveux, l'arracha presque des mains du peintre et sortit en courant, sans prendre le temps de remercier, tant elle craignait que son père ne lui ordonnât de refuser.

C'est peut-être ce qu'il eût fait s'il eût espéré d'être obéi; mais, connaissant le caractère de l'enfant, il ne voulut point rendre ses hôtes témoins d'une scène fâcheuse. Il pria Flochardet d'excuser les manières brusques d'une petite sauvage et remercia à sa place.

Le dîner étant terminé, Flochardet, qui voulait voyager le reste de la journée, prit congé du marquis en l'invitant, s'il allait dans le Midi, à l'honorer de sa visite. Le marquis le remercia des moments agréables qu'il lui avait fait passer, et ils échangèrent une poignée de main. Blanche, mandée par lui, vint de mauvaise grâce donner un froid baiser à Diane. Elle avait au cou l'agrafe de turquoises et y tenait la main, comme si elle craignait qu'on ne la lui reprît. Diane ne put s'empêcher de la trouver bien sotte, mais elle lui pardonna en faveur du bon marquis, qui avait fait remplir les paniers de la voiture de ses meilleurs gâteaux et de ses plus beaux fruits.

IV

LE PETIT BACCHUS

Le reste du voyage se fit sans accident.

Diane n'eut plus la fièvre, et elle avait presque repris ses couleurs quand Flochardet la mit dans les bras de sa belle-mère en disant à celle-ci : Je vous la ramène parce qu'elle était malade. Je la crois déjà guérie, mais il faudra pourtant voir si la fièvre ne revient pas.

Diane était si contente de se retrouver chez ses parents qu'elle en fut comme ivre pendant plusieurs jours. Madame Flochardet était joyeuse aussi et s'occupa beaucoup d'elle dans les commencements. Elle paraissait aimer beaucoup Diane. Elle lui fit mille petits cadeaux et s'en amusa comme d'une jolie poupée. Diane se laissa friser, pomponner et ne marqua aucune impatience de tout ce temps consacré à sa toilette ; mais, sans s'en rendre compte, elle éprouvait beaucoup d'ennui à s'occuper tant de sa personne. Elle étouffait ses bâillements et devenait pâle quand il lui fallait se tenir devant une glace à essayer des coiffures et des chiffons. Elle ne savait pas s'arranger elle-même au goût de sa belle-mère, et quand elle essayait de se faire plus simple et de suivre son propre goût, elle était grondée et brusquée comme si elle eût commis une faute grave. Elle eût voulu s'occuper à autre chose, apprendre n'importe quoi. Elle questionnait beaucoup, mais madame Flochardet trouvait ses questions sottes, hors de propos, et ne jugeait pas utile qu'elle eût des curiosités pour les choses sérieuses. Diane dut lui cacher qu'elle avait une grande envie d'apprendre le dessin. Madame Laure Flochardet aspirait au jour où son mari ayant fait sa fortune, il ne serait plus question de peinture à la maison et où l'on pourrait trancher de la grande dame.

Diane commença à s'ennuyer sérieusement et à regretter le couvent qu'elle n'aimait pourtant guère, mais où, du moins, on lui réglait l'emploi de ses heures. Elle redevint pâle, son pas s'allanguit et la fièvre reparut de deux jours l'un, vers le coucher du soleil, pour durer jusqu'au matin.

Alors madame Laure s'inquiéta plus que de raison et la tourmenta pour lui faire prendre une quantité de drogues, sur le conseil de toutes les belles dames qui venaient chez elle. C'était tous les jours une nouvelle invention pour guérir la fièvre, et comme on ne donnait suite à rien, rien ne réussissait. L'enfant continuait à se soumettre à tout et à vouloir rassurer ses parents en disant qu'elle n'avait rien et ne sentait aucun mal.

M. Flochardet, pour s'agiter moins, s'affectait encore plus que sa femme. Forcé de donner toutes les heures de sa journée à son travail de peintre, il restait le soir auprès du lit de sa fille et, l'entendant divaguer, il craignait qu'elle ne devînt folle.

Heureusement, il avait pour ami un bon vieux médecin qui jugea mieux les choses. Il connaissait bien madame Flochardet et observait sa manière d'agir avec l'enfant. Un jour, il dit à M. Flochardet:
— Il faut laisser cette petite tranquille, jeter au panier toutes ces fioles et toutes ces pilules, ne lui donner que ce que j'ordonnerai et ne pas contrarier ses goûts, puisqu'elle n'en a que de raisonnables. Ne voyez-vous pas que l'oisiveté à laquelle on la condamne, par crainte de la rendre malade, la rend plus malade encore? Elle s'ennuie; laissez-la se chercher une occupation, et quand elle aura montré une préférence marquée pour une étude, aidez-la à s'y livrer. Surtout ne faites pas d'elle un petit mannequin à essayer des costumes, c'est une fatigue pour elle et non un plaisir. Laissez sa taille et ses cheveux libres, et, si madame Flochardet souffre de la voir ainsi, tâchez qu'elle l'oublie et s'occupe d'autre chose.

M. Flochardet comprit et, sachant qu'on persuadait difficilement madame Laure, il fit en sorte de la distraire. Il la rassura en lui apprenant que l'enfant n'avait rien de grave et il l'engagea à reprendre sa vie de visites, de promenades, de dîners en ville et de soirées de bal ou de conversation. Il n'eut pas de peine à l'y décider. Diane devint libre, et sa nourrice, chargée de la servir et de l'accompagner, ne la contraria pas plus que par le passé.

Alors Diane redemanda et obtint de se glisser dans l'atelier de son père quand il travaillait, et elle y reparut, toujours sage dans son petit coin, regardant tantôt la toile, tantôt le modèle, mais n'essayant plus de faire des barbouillages et ne donnant plus à rire à ses dépens. Elle savait maintenant que la peinture est un art, et qu'il faut l'avoir étudié pour le connaître.

Son désir de l'apprendre restait si vif que c'était presque une idée fixe; mais elle n'en parlait plus, craignant que son père ne lui dît comme autrefois qu'elle n'était pas douée pour cela, et que sa belle-mère ne s'opposât à son désir.

M. Flochardet ne le contrariait pourtant pas. M. Féron, le vieux médecin, lui ayant conseillé d'observer ses tendances, il attendait qu'elle montrât son ancien goût pour le portrait, et il avait mis à sa disposition une provision de crayons et de papier. Diane n'en profitait pas, elle regardait les œuvres et les cartons de son père, et elle rêvait.

Elle pensait souvent au château de Pictordu et, comme on parlait quelquefois devant elle de cette ruine où M. Flochardet avait été forcé de passer une nuit, elle n'osait plus croire à tout ce que la fée au voile lui avait montré. Elle regrettait de l'avoir vu d'une manière un peu confuse, à travers la fièvre peut-être, et elle eût souhaité, si c'était un rêve, de le recommencer. Mais on ne rêve pas ce que l'on veut rêver, et la muse des bains de Diane ne revenait pas l'appeler.

Un jour qu'elle rangeait ses jouets, car elle avait beaucoup d'ordre, elle retrouva les petits cailloux et les fragments de mosaïque du parterre de Pictordu. Il y avait parmi les cailloux une boule de sable durci, de la grosseur d'une noix, qu'elle avait ramassée pour en faire une bille. Elle essaya, pour la première fois, de s'en servir; mais, en la faisant sauter, elle vit le sable se détacher et découvrir une vraie bille en marbre. Seulement cette bille n'était plus parfaiment ronde: elle était plutôt ovale et il s'y trouvait des creux et des reliefs. Diane l'examina et reconnut que c'était une petite tête, la tête d'une statuette d'enfant, et cette figure lui parut si jolie, qu'elle ne se lassait pas de la regarder, en la retournant, en la mettant tantôt au soleil, tantôt dans une demi-ombre, s'imaginant y découvrir toujours une nouvelle beauté.

Elle était absorbée ainsi depuis une heure, lorsque le docteur qui était entré tout doucement et qui l'observait, lui dit d'une voix amicale : Que regardes-tu donc avec tant de plaisir, ma petite Diane?

— Je ne sais pas, répondit-elle en rougissant; regardez vous-même, mon bon ami; moi je m'imagine que c'est la figure d'un petit Cupidon.

— Ce serait plutôt celle d'un jeune Bacchus, car il y a des pampres dans ses cheveux. Où donc as-tu trouvé cela?

— Dans du sable et des cailloux, à ce vieux château dont mon papa vous parlait encore hier.

3.

— Fais-moi donc voir! reprit le docteur en mettant ses lunettes. Eh bien, c'est très-joli, cela! c'est un antique.

— C'est-à-dire une chose qui n'est pas à la mode d'à présent? Maman Laure dit que tout ce qui est antique est très-vilain.

— Moi, je pense le contraire, c'est le nouveau que je trouve laid.

M. Flochardet entra en ce moment. Il avait fini une séance de portrait, et, avant d'en commencer une autre, il venait serrer la main du docteur et lui demander comment il trouvait la petite. Je la trouve bien, répondit M. Féron, et plus raisonable que vous, car elle admire ce petit fragment de la statuaire antique et je gage que vous ne l'admirez pas.

Après s'être fait expliquer comment cet objet se trouvait dans les mains de Diane, Flochardet le regarda avec indifférence et dit en le rejetant sur la table :

— Ce n'est pas plus mal fait qu'autre chose de ce temps-là, si toutefois c'est un antique. Je n'en saurais juger comme vous qui avez la manie de ces restes et qui croyez pouvoir prononcer. Je ne nie pas votre savoir et votre érudition, cher docteur; mais de pareils débris sont si usés, si informes, que vous les voyez souvent avec les yeux de la foi. J'avoue qu'il me serait impossible d'en faire autant, et que tous ces prétendus chefs-d'œuvre de l'art grec ou romain me font l'effet des poupées de Diane quand elles ont le nez cassé et les joues éraillées.

— Profane, dit le docteur en colère, vous osez

comparer!... Ah! tenez, vous êtes un artiste frivole ! Vous ne vous connaissez qu'en dentelles et en manchons, vous ne vous doutez pas de ce que c'est que la vie !

Flochardet était habitué aux vivacités du docteur. Il les accueillit en riant, et son domestique étant venu l'avertir que la voiture de sa cliente, la marquise de Sept-Pointes, entrait dans la cour, il se retira en riant toujours.

— Vous êtes méchant aujourd'hui, mon bon ami, dit Diane scandalisée au docteur; mon papa est un grand artiste, tout le monde le dit.

— C'est pourquoi il ne devrait pas dire de sottises, répliqua le docteur, toujours très-animé.

— Si ce qu'il dit n'est pas vrai, il le dit pour s'amuser.

— Apparemment! Laissons cela, mais toi... écoute: Tu trouves cette petite tête jolie, n'est-ce pas?

— Oh! bien jolie, vrai, je l'aime!

— Sais-tu pourquoi?

— Non.

— Essaie de dire pourquoi.

— Elle rit, elle est gaie, elle est jeune, c'est comme un vrai enfant.

— Et pourtant c'est l'image d'un Dieu?

— Vous l'avez dit, le dieu des vendanges.

— Ce n'est donc pas un enfant comme les autres? Celui qui l'a faite a pensé que cet enfant-là devait être plus fort et plus fier que le premier venu. Regarde l'attache du cou, la force et l'élégance de la nuque, la chevelure un peu sauvage sur un front bas et large, noble malgré cela. Mais je t'en dis trop, tu ne comprends pas encore.

— Dites toujours, mon bon ami. Je comprendrai peut-être !

— Ça ne te fatigue pas de faire attention ?

— Au contraire, ça me repose.

— Eh bien, sache que les artistes grecs avaient le sentiment du grand et qu'ils le mettaient dans les plus petites choses. Tu ne te souviens pas d'avoir vu ma petite collection de statuettes?

— Si fait, je m'en souviens très-bien, ainsi que des collections plus belles qui sont dans la ville; mais personne ne m'a jamais rien expliqué.

— Tu viendras passer une matinée chez moi et je te ferai comprendre comment, avec les moyens les plus simples et des formes à peine indiquées, ces artistes-là faisaient toujours grand et beau. Tu verras aussi des bustes romains d'une époque plus récente. Grands artistes aussi, les Romains! moins nobles, moins purs que les Grecs, mais toujours vrais, et sentant la vie dans ce qui est vraiment la vie.

— Je ne comprends plus ! dit Diane en soupirant, et je voudrais tant savoir ce que vous appelez la vie !

— C'est très-facile. Ta robe, ton soulier, ton peigne, sont-ce là des choses vivantes ?

— Oh ! mais non !

— Mon regard, mon sourire, cette grosse ride à mon front, sont-ce des choses mortes?

— Certainement non !

— Eh bien, quand tu vois un personnage de tableau ou de statue dont la figure ne vit pas, sois sûre que ce n'est guère mieux que la figure de ta poupée, et que tous les détails de son habillement ou de ses bijoux ne font pas qu'elle vive. Tu ne tiens là qu'une tête sans corps et très-usée par le frottement. Elle vit pourtant, parce que celui qui l'a taillée dans ce petit morceau de marbre a eu la volonté et la science de la faire vivre : comprends-tu à présent ?

— Je crois que oui, un peu ; mais dites encore.

— Non, c'est assez pour aujourd'hui. Nous parlerons de cela une autre fois ; ne perds pas...

— Ma petite tête? Oh! il n'y a pas de danger. Je l'aime trop. Elle me vient de quelqu'un que je n'oublierai jamais.

— Qui donc ?

— La dame qui... la dame que... mais je ne peux pas vous dire cela, moi!

— Tu as des secrets ?

— Hé bien, oui. Je ne veux pas dire !

— A moi, ton vieux ami ?

— Vous vous moquerez de moi ?

— Je te jure que non.

— Mais vous direz que c'était la fièvre.

— Quand je le dirais ?

— Cela me ferait de la peine.

— Alors, je ne le dirai pas. Raconte.

Diane raconta toutes ses visions et tous ses enchantements au château de Pictordu, et le docteur l'écouta sans rire, sans avoir l'air de douter d'elle. Il l'aida même par ses questions à se bien rappeler et à se faire très-bien comprendre. C'était pour lui une étude intéressante des phénomènes de la fièvre dans l'imagination d'une enfant très-disposée à la poésie, par conséquent au merveilleux. Il ne jugea pas devoir la détromper. Il la laissa, comme il la trouvait, dans le doute. Il ne voulut pas lui affirmer que ce qu'elle avait vu et entendu était certain et réel. Il eut l'air de ne pas trop savoir non plus si elle avait rêvé ou non, et l'incertitude où il la laissa fut une joie pour elle. En la quittant, il se disait à lui-même : On ne sait pas assez le tort que l'on fait aux enfants en se moquant de leurs inclinations, et le mal qu'on peut leur faire en refoulant leurs facultés. Cette petite est née artiste, et son père ne s'en doute pas. Dieu la préserve de ses leçons ! Il fausserait son sentiment et la dégoûterait de l'art.

Heureusement pour Diane, son excellent père ne s'était pas mis en tête de la faire travailler, et, la voyant délicate, il était résolu à ne la contrarier en rien. Elle alla passer plus d'une matinée chez le docteur, elle vit et revit ses antiques, ses bustes, ses statuettes, ses médailles, ses camées et ses gravures. Il était amateur sérieux et bon critique, bien qu'il n'eût jamais essayé de toucher un crayon; il faisait comprendre, et c'est tout ce qu'il fallait pour que Diane eût le désir de copier ce qu'elle voyait. Elle dessina donc beaucoup chez lui pendant qu'il faisait ses visites.

Je vous tromperais, mes enfants, si je vous disais qu'elle dessinait bien. Elle était trop jeune et trop livrée à elle-même: mais elle avait déjà acquis une grande chose : c'est qu'elle comprenait que ses dessins ne valaient rien. Autrefois, elle se contentait de tout ce qui venait au bout de son crayon. Elle voyait, avec son imagination et avec son ignorance, de charmants personnages à la place des magots qu'elle venait de tracer, et quand elle avait fait une boule avec quatre jambages au-dessous, elle se persuadait avoir fait un mouton ou un cheval. Ces faciles illusions-là étaient dissipées, et, chaque fois qu'elle avait fait une ébauche, le docteur avait beau lui dire : eh, eh ! ce n'est pas mal ! — elle se disait à elle-même — non, c'est mal, je vois bien que c'est mal.

Elle crut quelque temps que la fièvre l'empêchait de bien voir, et elle priait toujours son bon ami de la guérir. Il y réussit peu à peu, et alors, se sentant plus forte et plus gaie, elle ne se trouva plus si pressée de savoir dessiner. Elle oublia ses crayons et passa son temps à se promener dans le jardin ou dans la campagne avec sa nourrice, s'amusant de tout, prenant des forces et dormant très-bien la nuit.

V

LA FIGURE PERDUE

On quitta la ville au mois de mai et on alla à la campagne. Diane s'y plaisait beaucoup.

Un jour qu'elle cueillait des violettes à la lisière d'un petit bois qui était entre le jardin de son père et celui d'une dame du voisinage, elle entendit qu'on parlait tout près d'elle, et, en regardant à travers les branches, elle vit sa belle-mère qui était en visite chez cette dame et qui avait une jolie toilette de mousseline sur un habillement de taffetas rose. La voisine était mise plus raisonnablement pour se promener dans le bois, où madame Laure l'avait trouvée. Toutes deux étaient assises sur un banc.

Diane alla pour les saluer, puis elle s'arrêta intimidée. Elle n'était pas sauvage, mais madame Laure était devenue si froide et si indifférente pour elle, qu'elle ne savait plus si elle lui faisait plaisir en l'abordant. Elle s'éloigna donc, incertaine et attristée, et se remit à cueillir des violettes, ne voulant pas s'enfuir et attendant qu'on l'appelât.

Comme elle était penchée derrière les buissons, ces dames ne la virent plus et Diane entendit que madame Laure disait à son amie: « Je croyais qu'elle viendrait vous faire sa révérence, mais elle s'est cachée pour s'en dispenser. La pauvre enfant est si mal élevée depuis qu'on m'a défendu de m'occuper d'elle! Que voulez-vous, ma chère? son père est faible, et gouverné par ce docteur Féron, qui est un ours baroque. Il a décrété que la petite devait ne recevoir aucune éducation. Aussi vous voyez le beau résultat!

— C'est dommage, dit l'autre dame; elle est jolie et elle a l'air doux. Je la vois souvent autour de mon parterre, elle ne touche à rien et me salue poliment quand elle m'aperçoit. Si elle était un peu mieux arrangée, elle serait tout à fait bien.

— Ah bien oui, arrangée! Ma chère, figurez-vous que le vieux docteur a défendu qu'elle portât un corset! Pas une baleine sur le corps! Comment voulez-vous qu'elle ne devienne pas bossue?

— Elle n'est pas bossue. Au contraire elle est bien faite; mais on pourrait l'habiller sans la serrer et ne pas lui refuser un peu de garniture à ses jupes.

— Bah! c'est elle qui n'en veut pas. Cette enfant-là déteste la toilette. Elle tient de sa mère, qui était une personne du commun et plus occupée de surveiller sa cuisine que d'avoir bon air et bon ton.

— Je l'ai connue, sa mère, reprit la voisine.

C'était une femme de bien, une personne raisonnable et très-distinguée, je vous assure.

— Ah? C'est possible! Moi, je parle par ouï-dire. M. Flochardet a son portrait caché quelque part. Il ne me l'a jamais montré. Il ne veut pas que je lui parle d'elle, et après tout, ça m'est égal! Qu'on élève l'enfant comme on voudra! Du moment que cela ne me regarde pas! Je l'aurais pourtant aimée, si l'on m'eût chargée de la rendre aimable.... Mais....

— Mais elle est donc maussade et désagréable?

— Non, ma chère, elle est pis que cela; elle est niaise, distraite, et je crois un peu idiote.

— Pauvre petite! Est-ce qu'on ne lui apprend rien?

— Rien du tout! Elle ne sait même pas s'attacher un ruban ni mettre une fleur dans ses cheveux.

— J'ai cru qu'elle aimait à dessiner?

— Oui, elle aime ça, mais son père dit qu'elle n'a pas de goût et ne comprend rien à la peinture; or, comme elle ne comprend rien à tout le reste....

Diane n'en entendit pas davantage. Elle avait mis ses mains sur ses oreilles et s'en allait au fond du bois cacher ses larmes. Elle éprouvait un chagrin très-grand sans trop savoir pourquoi. Était-ce l'humiliation d'être trouvée si sotte, le découragement d'être jugée incapable par son père? N'était-ce pas plutôt la douleur de découvrir qu'elle n'était point aimée?

— Mon papa m'aime, pourtant, se disait-elle; j'en suis sûre. S'il me trouve bête et maladroite.... C'est possible, mais il ne m'en aime pas moins. C'est maman Laure qui me méprise et qui ne se soucie pas de moi.

Jusque-là, Diane avait fait de son mieux pour aimer madame Laure. En ce moment, elle sentit qu'elle n'était rien pour elle, et, pour la première fois, elle pensa à sa mère et fit de grands efforts pour se la rappeler; mais c'était bien impossible; elle était encore au berceau quand elle l'avait perdue et ne s'était aperçue de rien. Elle se rappelait très-vaguement le mariage de son père avec madame Laure; seulement elle avait remarqué la tristesse de sa nourrice, ce jour-là; elle se souvenait de lui avoir entendu dire plusieurs fois en la regardant:

— Pauvre petite! voilà qui est malheureux pour elle.

Madame Laure avait embrassé Diane et l'avait bourrée de bonbons. L'enfant n'avait plus fait attention au chagrin de sa nourrice. Elle commença à le comprendre en entendant les aigres paroles de sa belle-mère sur son compte et sur celui de cette défunte mère dont personne ne lui avait jamais rien dit, et à laquelle elle se mit à songer avec une ardeur et une douleur toutes nouvelles dans sa vie. C'était comme une découverte qu'elle faisait en elle-même d'un sentiment endormi au fond de son cœur. Elle se laissa tomber sur l'herbe en répétant d'une voix brisée par les sanglots:

— Maman! maman!

Alors elle s'entendit appeler à travers les branches des lilas en fleurs, par une voix douce qui disait:

— Diane, ma chère Diane, mon enfant, où es-tu?

— Là, là, je suis là! s'écria Diane, en courant toute affolée.

La voix l'appela encore, tantôt d'un côté, tantôt de l'autre. Elle s'élançait pour la rejoindre, et elle arriva au bord d'une grande rivière sans savoir dans quel pays elle se trouvait. Elle entra dans l'eau et se vit assise sur un dauphin qui avait des yeux d'argent et des nageoires d'or. Elle ne pensa plus à sa mère. Elle voyait des syrènes qui cueillaient des fleurs au beau milieu de la rivière. Tout à coup elle se trouva sur le haut d'une montagne, où une grande statue de neige lui dit:

— Je suis ta mère, viens m'embrasser!

Et elle ne put bouger, car elle était devenue statue de neige aussi, et elle se cassa en deux en roulant au fond d'un ravin, où elle revit le château de Pictordu et la dame voilée, qui lui faisait signe de la suivre. Elle essaya de crier: « Fais-moi voir ma mère! » mais la dame voilée devint un nuage, et Diane s'éveilla en sentant un baiser sur son front.

C'était sa nourrice, la bonne Geoffrette, qui la souleva en lui disant: « Je vous cherche depuis un bon quart d'heure. Il ne faut pas dormir comme ça sur l'herbe, la terre est encore fraîche. Voilà votre goûter, que j'avais été chercher. Levez-vous donc, vous attraperez du mal! Venez par là, manger au soleil. »

Diane n'avait pas faim. Elle était toute bouleversée par son rêve, qu'elle confondait avec ce qui s'était passé auparavant. Elle fut quelques moments sans se ravoir ; et puis, tout à coup elle dit à Geoffrette :

— Nounou, où est maman ? Pas ma maman d'à-présent, non, non ! pas madame Laure ; ma vraie maman, celle d'auparavant !

— Ah ! mon Dieu ! dit Geoffrette toute surprise, elle est dans le ciel, vous le savez-bien !

— Oui, tu m'as déjà dit comme ça ! Mais où est-ce, le ciel ? Par où y va-t-on ?

— Par la raison, ma fille, par la bonté et par la patience, répondit Geoffrette, qui n'était point sotte, quoiqu'elle parlât peu et jamais sans nécessité.

Diane baissa la tête et réfléchit.

— Je sais, dit-elle, que je suis une enfant et que je n'ai pas de raison.

— Si fait ! vous en avez assez pour votre âge !

— Mais, à mon âge, on est sotte, n'est-ce pas, et on ennuie les autres ?

— Pourquoi dites-vous cela ? Est-ce que je m'ennuie avec vous ? Votre père vous chérit et le docteur vous aime.

— Mais madame Laure ?

Et, comme Geoffrette, qui n'aimait pas à mentir, ne répondait rien, Diane ajouta :

— Oh ! je sais très-bien qu'elle ne m'aime pas. Dis-moi si sa mère m'aimait.

— Sans doute, elle vous adorait, quoique vous fussiez un tout petit enfant.

— Et, à présent, si elle me voyait, m'aimerait-elle, moins ou plus ?

— Les mères aiment leurs enfants toujours de même, à tous les âges.

— Alors c'est un malheur pour moi de n'avoir plus ma mère?

— C'est un malheur qu'il faut réparer vous-même en étant toujours aussi bonne et aussi sage que si elle vous voyait.

— Mais elle ne me voit pas?

— Ah! je ne dis pas ça! Je n'en sais rien, mais je ne peux pas dire qu'elle ne vous voit pas.

C'était répondre comme il convenait à Diane, qui avait de l'imagination et du cœur. Elle embrassa sa nourrice et lui fit mille questions sur sa mère.

— Mon enfant, dit Geoffrette, vous m'en demandez trop. J'ai connu votre maman très-peu de temps. Elle était pour moi ce qu'il y avait de plus beau et de meilleur au monde. Je l'ai beaucoup pleurée et je la pleure encore quand j'y songe. Ne m'en parlez donc pas trop si vous ne voulez pas me faire de la peine.

Elle répondait comme cela pour calmer Diane qu'elle voyait très-agitée. Elle réussit à la distraire, mais, le soir, l'enfant eut encore un peu de fièvre et toute la nuit elle fit des rêves embrouillés et fatigants. Le matin, elle se calma, ouvrit les yeux et vit que le jour commençait à poindre. A travers son rideau bleu, sa chambre paraissait toute bleue et elle n'y distinguait rien. Peu à peu, elle vit plus clairement une personne debout au pied de son lit.

— Est-ce toi, Nounou? lui dit-elle; mais la personne ne répondit rien et Diane entendit Geoffrette qui toussait un peu dans son lit. Quelle était donc cette personne qui paraissait veiller Diane ?

— Est-ce vous, maman Laure ? dit-elle, oubliant ses dures paroles et ne demandant pas mieux que de l'aimer encore.

La personne ne répondit pas davantage et Diane s'aperçut qu'elle avait un voile sur la figure. Ah ! dit-elle avec joie, je vous reconnais ! Vous êtes ma bonne fée de là-bas ! Vous voilà donc enfin ! Venez-vous pour être ma maman, vous ?

— Oui, répondit la Dame au voile, avec sa belle voix qui résonnait comme du cristal.

— Et vous m'aimerez ?

— Oui, si tu m'aimes.

— Oh ! je veux bien vous aimer !

— Veux-tu venir te promener avec moi ?

— Certainement, tout de suite ; mais je suis faible !

— Je te porterai.

— Oui, oui ! Allons !

— Qu'est-ce que tu veux voir ?

— Ma mère.

— Ta mère ?... C'est moi.

— Vrai ? Oh ! alors ôtez votre voile, que je voie votre figure.

— Tu sais bien que je n'en ai plus !

— Hélas ! je ne la verrai donc jamais ?

— Cela dépend de toi, tu la verras le jour où tu me la rendras.

— Ah ! mon Dieu, qu'est-ce que cela veut dire et comment ferai-je ?

— Il faudra que tu la retrouves. Viens avec moi, je t'apprendrai bien des choses.

La Dame au voile prit Diane dans ses bras et l'emporta... Je ne saurais vous dire où, Diane ne s'en est jamais souvenue. Il paraît qu'elle vit des choses bien belles, car lorsque Geoffrette vint pour la réveiller, elle la repoussa de la main et se retourna du côté de la ruelle pour dormir et rêver encore, mais son rêve était changé. La Dame au voile avait pris la figure et les habits du docteur, qui lui disait : « Qu'est-ce que cela me fait que madame Laure t'aime ou ne t'aime pas ? Nous avons bien d'autres chats à fouetter que de nous occuper d'elle ! » Puis Diane rêva que son lit était couvert d'images toutes plus belles les unes que les autres, et chaque fois qu'elle regardait une figure de déesse ou de muse, elle disait : Ah ! voilà ma mère, j'en suis sûre ! mais aussitôt la figure changeait et elle ne pouvait retrouver celle qu'elle avait cru reconnaître.

Vers neuf heures, le docteur, que Geoffrette avait averti, entra chez Diane avec son père. L'enfant était sans fièvre, l'accès était passé. On la soigna dans la journée, et la nuit suivante elle fut très-calme. Deux jours après, elle était de nouveau guérie, et sur l'ordre du docteur, elle recommençait sa vie de promenade et d'insouciance.

VI

LA FIGURE CHERCHÉE

Un beau jour de cette année-là, le docteur qui observait tout, s'aperçut d'un changement dans la famille. Madame Laure ne pouvait cacher le désir qu'elle avait de voir Diane renvoyée au couvent. Ce n'est pas qu'elle la détestât; madame Laure n'était pas méchante. Elle n'était que vaine, et elle n'accusait Diane d'être sotte que parce qu'elle était sotte elle-même. Elle était blessée de ne pas avoir à la gouverner, humiliée de n'avoir pas ce jouet à sa disposition. Elle parlait sans cesse à son mari de l'inaction où vivait cette enfant. Elle eût cru l'occuper utilement en lui faisant mener la vie dissipée et parfaitement inutile qu'elle menait. Flochardet ne savait plus que penser. Il était partagé entre les tiraillements de sa femme et les avis du docteur. Il regardait sa fille avec doute, avec anxiété, se demandant si elle avait une intelligence au-dessus de son âge, comme le prétendait M. Féron, ou si elle était sauvage et inculte comme l'insinuait madame Laure; enfin si, pour son bien, il ne ferait pas mieux de la confier de nouveau aux soins de sa sœur, la religieuse de Mende.

De son côté, Diane apaisée par les sages paroles de Geoffrette, par le retour à la santé et par son bon naturel sans rancune, ne paraissait pas se tourmenter des petits reproches aigres et secs que lui lançait sa belle-mère; mais elle ne l'aimait plus et ne cherchait plus à s'en faire aimer. Cette belle dame lui était devenue indifférente. Elle songeait à tout autre chose.

Le désir de s'instruire recommençait à la tourmenter, et ce n'était pas seulement le dessin qu'elle eût voulu apprendre, c'était l'histoire dont les enseignements du docteur sur l'art lui faisaient entrevoir l'intérêt et l'importance. Elle s'inquiétait du pourquoi et du comment des choses de ce monde. C'est trop tôt, lui disait le docteur; à ton âge on est bien heureux de ne rien comprendre à la folie humaine. Mais, comme il est impossible de faire l'historique d'un art quelconque sans toucher à celui de ses causes de décadence et de progrès, autant dire à l'histoire entière du genre humain, il se laissait entraîner à l'instruire véritablement. Elle l'écoutait avec tant d'avidité qu'il regretta de ne pouvoir s'occuper d'elle avec suite, d'autant plus que, chez elle, Diane ne recevait aucune notion sérieuse. Flochardet parlait bien de lui donner une gouvernante, mais il était facile de prévoir qu'aucune ne paraîtrait supportable à madame Laure.

Alors le docteur prit un grand parti : — Je veux, dit-il à l'artiste, que vous me donniez votre fille et sa nourrice.

— Plaisantez-vous ? s'écria Flochardet, donner ma fille ?

— Oui, me la donner sans qu'elle vous quitte, puisque nous demeurons porte à porte à la ville comme à la campagne. Elle passera les nuits chez vous si vous voulez, mais elle sera chez moi du matin jusqu'au soir, et c'est moi qui l'instruirai et la soignerai à ma manière.

— Mais vous n'aurez pas le temps ! dit Flochardet.

— J'aurai le temps ! Me voilà vieux et assez riche, j'ai le droit de me reposer et de passer ma clientèle à mon neveu qui vient d'achever ses études et qui n'est point une bête. Je l'ai élevé comme mon fils, mais j'ai toujours souhaité d'avoir une fille et de partager ma fortune entre deux enfants de sexes différents. Voyons, est-ce convenu ?

Le dernier argument du docteur était très-fort. Flochardet ne se crut pas le droit de refuser un si bel avenir pour sa fille, d'autant plus qu'au train que menait madame Laure, il était à craindre que sa propre fortune ne fût ébranlée un jour ou l'autre. Déjà, pour satisfaire ses besoins de luxe, elle lui avait fait contracter des dettes qu'il n'osait point avouer.

Il céda et madame Laure en fut fort aise. Elle trouva même beaucoup plus commode que la petite demeurât tout à fait avec Geoffrette chez le docteur.

Flochardet céda encore et Diane fut installée dans une charmante petite chambre bien arrangée pour elle avec Geoffrette à côté. Le docteur tint sa parole. Il quitta la partie active de son métier. Étant considéré comme grand médecin, il ne put se refuser à donner chaque jour deux heures de consultation pendant la récréation de son élève, et Diane passait ces deux heures chez son père. Le soir, M. Marcelin, neveu et successeur de M. Féron, venait soumettre à celui-ci les cas sérieux ou intéressants et prendre son avis avec déférence. Ensuite, quand il avait le temps, il jouait et causait avec Diane qu'il traitait de petite sœur, car c'était un brave garçon que Marcelin, incapable de concevoir de la jalousie contre elle, et se trouvant assez enrichi par l'éducation, le savoir et les clients qu'il devait à son oncle. Un héritier de ce caractère... vous voyez, enfants, que le merveilleux est dans la nature, car enfin, s'il n'y en a pas beaucoup de tels, il y en a, et j'en connais.

Diane devint donc très-heureuse, très-studieuse et très-bien portante. Elle parut avoir un peu oublié sa passion pour le dessin ; on eût dit que, malgré son jeune âge, elle avait compris que tout se tient dans l'intelligence et que, ne savoir qu'une chose, c'est ne rien savoir du tout.

Quand Diane fut devenue une grande personne de douze ans, elle était encore une charmante enfant, simple, gaie, bonne pour tout le monde, ne se faisant jamais valoir ni remarquer, et pourtant elle était très-solidement instruite pour son âge, et son esprit avait des côtés sérieux et ardents qu'on ne connaissait pas. Elle faisait de la peinture très-gentille dont elle avait appris un peu le procédé manuel en regardant son père travailler. Mais elle ne la montrait plus à personne, parce qu'une fois le docteur avait dit que c'était très-bien et M. Flochardet avait répondu que c'était très-mauvais. Diane sentait que le docteur, qui avait de bonnes idées critiques, n'entendait rien à l'exécution. Il avait développé en elle l'amour du beau, mais il ne pouvait lui donner les moyens de le saisir. Elle sentait aussi que son père avait un système tout opposé aux théories du docteur, qu'il ne jugeait jamais bien ce qui était en dehors de sa propre manière et qu'il pouvait être injuste sans le savoir.

Mais Diane pouvait-elle le savoir elle-même? Voilà ce qu'elle se demandait avec anxiété. Que devait-elle penser du talent de son père que le docteur critiquait avec tant de justesse apparente? Mais que devait-elle penser des critiques du docteur qui n'était pas capable de tenir un crayon et de tracer une ligne? Ce problème la tourmentait si fort qu'elle en redevint un peu malade. Elle avait beaucoup grandi sans être trop mince et trop délicate. Le docteur la soigna sans en être inquiet, mais en cherchant à deviner la cause morale qui ramenait ses petits accès de fièvre. Geoffrette lui confia que, selon elle, Diane dessinait trop. Comme elle ne voulait pas qu'on la vît travailler, elle se levait avant le jour, et la nourrice qui l'observait la voyait devenir tantôt rouge et comme folle de joie en dessinant, tantôt pâle et comme découragée, avec les yeux pleins de larmes.

Le docteur résolut de confesser sa chère fille adoptive et, bien quelle eût voulu se taire, elle ne put résister à ses tendres questions. — Eh bien, lui dit-elle, je l'avoue, j'ai une idée fixe. Il faut que je trouve un visage et je ne le trouve pas !

— Quel visage ? Toujours la Dame au voile ? Est-ce que cette fantaisie d'enfant est revenue à la grande fille raisonnable que voici ?

— Hélas, mon ami, cette fantaisie ne m'a jamais quittée depuis que la femme voilée m'a dit: « Je suis ta mère et tu verras ma figure quand tu me l'auras rendue.» Je n'ai pas compris tout de suite ; mais peu à peu j'ai découvert qu'il me fallait retrouver et dessiner une figure que je n'ai jamais vue, celle de ma mère et c'est cela que je cherche. On m'a dit qu'elle était si belle ! Il me sera peut-être impossible de faire quelque chose qui en approche, à moins que je n'aie beaucoup de talent, et j'en voudrais avoir, mais cela ne vient pas. Je suis mécontente de moi, je déchire ou je barbouille tout ce que je fais. Toutes mes figures sont laides ou insignifiantes. Je regarde comment mon père s'y prend pour embellir ses modèles, car il est certain qu'il les embellit, je m'en aperçois très-bien à présent et je sais que son succès vient de là. Eh bien, voyez ce qui m'arrive ! Quand je les regarde, ces modèles qui ne sont certainement pas tous beaux, — il y a même des dames bien fanées et des messieurs bien laids qui viennent chez lui se faire peindre, — je trouve les plus laids moins... comment dirai-je ? plus acceptables que la figure de convention que leur donne mon père. Ils sont eux-mêmes, ces visages qui posent ; ils ont ceci ou cela d'original, et c'est justement ce que mon papa croit devoir leur ôter, — et ils sont contents qu'on le leur ôte. Dans ma tête, moi, je les peins tels qu'ils sont, et je vois bien que si je savais peindre, je ferais tout le contraire de ce que fait papa. C'est là ce qui me tourmente et me chagrine, car il a certainement du talent et je n'en ai pas.

— Il a du talent et tu n'en as pas, cela est certain, répondit le docteur, mais tu en auras, tu es trop tourmentée pour qu'il ne t'en vienne pas, et quand tu en auras, — je ne veux pas te dire que tu en auras plus que lui, je n'en sais rien ; — mais ce sera une autre nature de talent, parce que tu vois avec d'autres yeux. Il ne peut donc rien t'apprendre ; c'est à toi de trouver seule, et il te faut du temps. Tu veux aller trop vite, voilà en quoi tu risques de ne pas avoir de talent du tout ; tu prends la fièvre et on ne fait rien qui vaille quand on ne se porte pas bien. Quant à la figure que tu cherches, il est facile de te la faire connaître si cela doit chasser la dame au voile qui t'obsède. Ton père possède une très-bonne demi-miniature de ta mère, et très-ressemblante. Il ne l'a pas faite et il ne l'aime pas, parce que c'est le contraire de sa manière. Il ne la montre à personne et prétend que ce n'est pas elle du tout. Moi je dis que c'est elle tout à fait et je puis la lui demander pour te la montrer.

En ce moment Diane ne sentit que le désir de

connaître les traits de sa mère. Elle remercia vivement le docteur et accepta son offre avec une joie émue. M. Féron lui promit qu'elle aurait cette miniature le lendemain sous les yeux. Il lui fit promettre qu'elle serait calme jusque-là et qu'elle travaillerait désormais avec moins de feu et plus de patience. Il te faut dix ans encore, lui dit-il, avant de bien savoir ce que tu fais. Il te faut voir les chefs-d'œuvre des maîtres. Nous voyagerons quand tu seras en âge d'en profiter, ensuite tu pourras prendre des leçons de quelque bon peintre, car ici, sous les yeux de ton père, ce serait blâmé; on le croit le premier du monde et lui-même serait peut-être blessé de te voir un autre professeur que lui.

— Oh! c'est impossible, je le comprends, s'écria Diane; je patienterai, mon bon ami, je serai raisonnable, je vous le promets.

Elle tint sa parole autant que possible. Mais, dès qu'elle fut endormie, elle revit la Dame au voile qui lui proposait une promenade au château de Pictordu. A peine y furent-elles arrivées, qu'une grande demoiselle mince et très-jolie vint les prier de s'en aller au plus vite, parce que le château allait tomber. Diane reconnut que cette jeune personne n'était autre que mademoiselle Blanche de Pictordu, et, comme elle l'appelait par son nom, celle-ci lui répondit:

— Il ne vous est pas malaisé de me reconnaître, parce que vous voyez à mon cou la broche de turquoises que vous m'avez donnée. Sans cela, vous ne sauriez qui je suis, car vous n'avez point de mémoire et vous êtes trop maladroite pour avoir dessiné ma figure. Éloignez-vous d'ici. Le château bâille et se plaint. Il est las de résister aux orages et tout va s'écrouler.

Diane eut peur, mais la Dame au voile éloigna Blanche de la main, et entra dans le péristyle en faisant à Diane signe de la suivre. Diane obéit et le château s'abattit sur elles; mais sans leur faire plus de mal que si c'eût été une petite bourrasque de neige, et le sol se trouva jonché de camées plus beaux les uns que les autres qui tombaient des nuages.

— Vite, dit la dame voilée, cherchons ma figure ! elle doit se trouver là-dedans, c'est à toi de la reconnaître. Si tu n'en viens pas à bout, tant pis pour toi, tu ne me connaîtras jamais! Diane chercha longtemps, ramassant des pierres gravées, les unes en creux sur pierre dure, d'autres en relief sur des coquilles. Celle-ci représentant un personnage en pied d'une élégance extrême, celle-là un profil charmant ou sévère, quelques-unes grimaçantes comme des masques antiques, la plupart d'une expression austère ou mélancolique, et toutes d'un travail exquis qu'elle ne pouvait se défendre d'admirer. Mais la fée la pressait.

— Vite donc, disait-elle, ne t'amuse pas à regarder tout ce monde-là, c'est moi, moi seule qu'il faut trouver.

Alors Diane trouva sous sa main une cornaline transparente sur le fond de laquelle se découpait en blanc mat un profil d'une beauté idéale, coiffé de cheveux rejetés en arrière avec un ruban et une étoile au front. D'abord cette petite tête lui parut de la grandeur d'un chaton de bague ; mais, à mesure qu'elle la regardait, elle augmentait et elle arriva à remplir tout le creux de sa main. « Enfin ! s'écria la fée, me voilà ! C'est bien moi, ta muse, ta mère, et tu vas voir que tu ne t'es pas trompée ! » Elle se mit à dénouer son voile attaché par derrière — mais Diane ne put voir sa figure, car la vision s'évanouit, et elle s'éveilla désespérée. Pourtant la fiction avait été si vive et si frappante, qu'elle ne put retrouver ses esprits tout de suite et qu'elle serra la main, croyant y sentir le précieux camée, qui du moins, lui conserverait l'image précieuse si ardemment cherchée. Hélas, cette illusion ne dura qu'un instant. Elle eut beau serrer sa main et l'ouvrir ensuite, il n'y avait rien dedans, absolument rien.

Quand elle fut levée, le docteur entra chez elle portant une boîte en maroquin à agrafes d'or qu'il allait ouvrir, croyant lui causer une douce joie, mais elle s'écria en le repoussant : « Non, non, mon bon ami ! Je ne dois pas la voir encore ! Elle ne veut pas. Il faut que je la trouve toute seule, sinon elle m'abandonnera pour jamais !

— Comme tu voudras, répondit le docteur ; tu as des idées à toi que je ne comprends pas toujours, mais que je ne veux pas contrarier. Je te laisse ce médaillon, il est à toi. Ton père te le donne, tu le regarderas quand la fée qui te parle en rêve t'en donnera la permission, ou quand tu ne croiras plus aux fées, ce qui arrivera bientôt, car te voici dans 'âge où on distingue le rêve de la réalité, et je ne suis pas inquiet de ta raison.

Diane remercia M. Féron de ses bonnes paroles et du beau cadeau qu'il avait obtenu pour elle. Elle baisa le médaillon, et, sans l'ouvrir, le serra précieusement dans son petit secrétaire, après s'être juré à elle-même qu'elle attendrait la permission de la muse mystérieuse — et elle se tint parole. Elle résista au désir de connaître cette figure chérie et elle se remit à la chercher au bout de son crayon. Mais elle tint aussi parole à son bon ami ; elle travailla avec plus de patience, ne s'obstinant plus à réussir tout de suite, et s'attachant à copier des études, sans espérer d'arriver à créer quelque chose de beau du jour au lendemain.

Une idée étrange qui l'aida à être patiente, c'est qu'elle croyait se rappeler parfaitement le beau profil qu'elle avait vu et touché dans son rêve. Il était toujours devant ses yeux, et toujours le même, toutes les fois qu'elle voulait y penser ; elle se défendait d'y penser trop longtemps et trop souvent, car alors il lui semblait le voir trembloter et menacer de disparaître.

VII

LA FIGURE RETROUVÉE

Elle continuait à s'instruire et à être très-heureuse, lorsqu'un jour, — elle avait alors environ quinze ans, — elle trouva son père triste et changé.

— Es-tu malade, mon père chéri? lui dit-elle en l'embrassant: tu n'as pas ta figure des autres jours.

— Bah! répondit Flochardet un peu brusquement, est-ce que tu connais quelque chose aux figures, toi?

— J'essaye, mon papa; je fais ce que je peux, reprit Diane, qui voyait dans les paroles de son père une moquerie de sa passion malheureuse pour l'art.

— Tu fais ce que tu peux! dit alors M. Flochardet en l'examinant avec tristesse. Pourquoi t'es-tu fourré dans la tête cette folle idée d'être artiste? Tu n'as pas besoin de cela, toi qui as trouvé un second père, plus sage et plus heureux que le premier; tu veux connaître les soucis du travail, quand tu peux t'en dispenser ! Pourquoi ça ? A quoi bon ?

— Je ne peux pas te répondre, mon cher papa. C'est malgré moi ; mais pourtant si cela te fâche que j'essaie, j'y renoncerai, quelque chagrin que cela puisse me causer.

— Non, non ! amuse-toi, fais ce que tu veux, rêve l'impossible, c'est le bonheur de la jeunesse. Plus tard, tu sauras que le talent ne sauve pas de la fatalité et du malheur !

— Mon Dieu ! tu es malheureux, toi ? s'écria Diane en se jetant dans ses bras. Est-ce possible ? comment, pourquoi ? Il faut me le dire. Je ne veux plus être heureuse si tu n'es pas heureux.

— Ne crains rien, répondit Flochardet en l'embrassant avec tendresse, j'ai dit cela pour t'éprouver ; je n'ai aucun chagrin, je croyais que tu ne m'aimais plus parce que... parce que j'ai négligé ton éducation et l'ai confiée à un autre. Tu as peut-être pensé que j'étais un père frivole, indifférent, mené comme un enfant...

— Non, non, mon père, je t'adore, et je n'ai jamais pensé cela. Pourquoi l'aurais-je pensé, mon Dieu !

— Parce que je l'ai quelquefois pensé moi-même. Je me suis fait certains reproches ; à présent, je me console en songeant que s'il m'arrivait quelque désastre de fortune, tu ne t'en ressentirais pas.

Diane essaya de questionner encore son père ; il détourna la conversation et se remit au travail, mais il était agité, impatient, et comme dégoûté de ce qu'il faisait. Tout à coup il jeta son pinceau avec humeur en disant : ça ne va pas aujourd'hui, je gâterais ma toile, et pour un peu je la crèverais. Viens faire un tour de promenade avec moi !

Comme ils se préparaient à sortir, madame Laure entra, aussi pimpante qu'à l'ordinaire, mais la figure altérée aussi :

— Comment, dit-elle à son mari, vous sortez, et vous devez pourtant livrer ce portrait ce soir.

— Et quand je ne le livrerais que demain ? répondit Flochardet sèchement : suis-je l'esclave de mes clients ?

— Non, mais... Il faut que vous touchiez ce soir le prix de cette peinture, car demain matin...

— Ah ! oui, votre tailleuse, votre marchand d'étoffes. Ils sont à bout de patience, je le sais, et si on ne les satisfait pas, ce sera un nouveau scandale.

Diane, étonnée et comme effrayée, ouvrait de grands yeux qui frappèrent madame Laure. Ma chère enfant, lui dit-elle, vous dérangez trop souvent votre père, vous l'empêchez de travailler, et aujourd'hui surtout, il faut qu'il travaille. Laissez-le tranquille.

— Vous me renvoyez de chez nous ? s'écria Diane stupéfaite et consternée.

— Non jamais ! dit M. Flochardet avec force en la faisant asseoir près de lui. Reste ! jamais tu ne me déranges, toi !

— Alors, c'est moi qui suis importune, répondit madame Laure, je comprends et je sais ce qui me reste à faire.

— Faites tout ce qu'il vous plaira, reprit Flochardet d'un ton glacial.

Elle sortit et Diane fondit en larmes.

— Qu'as-tu donc? lui dit son père en essayant de sourire, qu'est-ce que cela te fait que je me querelle un peu de temps en temps avec maman Laure? Elle n'est pas ta mère et tu ne l'aimes pas follement?

— Tu es malheureux, répondit Diane en sanglottant, mon père est malheureux et je ne le savais pas!

— Non, dit-il en reprenant son ton de légèreté habituel. On n'est pas malheureux parce qu'on a des contrariétés. J'en ai d'assez vives, je l'avoue, mais j'en sortirai. Je travaillerai davantage, voilà tout. Je croyais pouvoir arriver au repos, j'avais gagné une jolie petite fortune, environ deux cent mille francs. En province, c'est une douce aisance; mais il faut bien te le dire, car tu l'apprendrais un jour ou l'autre, nous avons trop mené grand train; j'ai eu l'imprudence de faire bâtir, les devis ont été terriblement dépassés, bref, il faut revendre et à perte, car les créanciers sont pressés. Tu ne t'étonneras donc pas d'entendre dire que je suis ruiné. Ne t'en tourmente pas trop, on exagère toujours. Je vendrai ce que j'ai, et mes dettes seront payées, mon honneur sera sauf, tu n'auras pas à rougir de ton père, sois tranquille! Je réparerai tout, d'ailleurs. Je suis encore jeune et fort, je me ferai payer un peu plus cher, il faudra bien que la clientèle y consente. Avec le temps, j'espère bien encore amasser de quoi te doter honnêtement si tu n'es pas trop pressée de te marier, auquel cas le docteur fera l'avance.

— Ah ! ne parlons pas de moi, s'écria Diane, je n'ai jamais pensé au mariage et je ne m'occupe pas de ce qui me concerne dans l'avenir. Parlons de toi seul ; est-ce que cette jolie maison de ville que tu aimes tant, que tu as si bien arrangée, où tu es si bien installé, va être vendue ? Non, c'est impossible, où travailleras-tu ! Et ta maison de campagne... Où demeureras-tu donc ?

Flochardet, voyant que Diane s'affectait pour lui plus qu'il n'eût voulu, s'efforça de la rassurer en lui disant que peut-être obtiendrait-il de nouveaux délais. Mais elle s'inquiétait de l'excès de travail qu'il allait s'imposer. Elle craignait qu'il ne tombât malade. Elle feignit de se tranquilliser, mais ce fut pour lui faire plaisir, et elle rentra tout abattue et passa la soirée à pleurer en dedans. Elle n'osait pas dire au docteur combien elle avait de chagrin, elle craignait de lui entendre blâmer et critiquer son père. Elle joua aux échecs avec son vieux ami et se retira dans sa chambre pour pleurer en liberté.

Elle dormit peu et ne rêva point. Le matin, elle se remit au travail comme les autres jours, cherchant à se distraire, mais revenant toujours à cette pensée cruelle que madame Laure ferait mourir son père à force de travail, et que si sa pauvre mère, à elle, eût vécu, Flochardet eût toujours été sage et heureux.

Alors elle pleurait sa mère dans son cœur, non plus comme la première fois, alors qu'en la regrettant elle n'avait songé qu'à elle-même ; elle la regrettait maintenant pour le bonheur qu'elle eût pu donner à son père et qu'elle avait emporté avec elle.

Et elle dessinait machinalement sans songer à l'occupation de ses mains, elle appelait sa mère du fond de son âme, elle lui disait : Où es-tu ? Vois-tu ce qui se passe ? Ne peux-tu rien me dire de ce qu'il faudrait faire pour sauver et consoler celui qu'une autre accable et désole ?

Tout à coup elle sentit comme un souffle chaud dans ses cheveux et une voix faible comme la brise du matin murmura à son oreille : Je suis là, tu m'as trouvée.

Diane tressaillit et se retourna ; il n'y avait personne derrière elle. Il n'y avait d'autre mouvement dans sa chambre que l'ombre des feuilles des tilleuls agitées par le vent, sur le plancher de sapin blanc. Elle regarda son papier, une silhouette très fine s'y dessinait, c'était elle qui l'avait tracée ; elle l'indiqua davantage et modela le visage, toujours sans y attacher d'importance. Puis elle massa la chevelure de cette tête d'étude, y dessina une bandelette et une étoile en souvenir du camée splendide dont elle avait rêvé et la regarda avec indifférence, pendant que Geoffrette qui venait d'entrer trottait par la chambre pour ranger quelques objets.

— Eh bien, mon enfant, dit la bonne femme en s'approchant, êtes-vous contente de votre ouvrage, ce matin ?

— Pas plus que les autres jours, ma Geoffrette, je

ne sais même pas trop ce que j'ai fait... mais qu'est-ce que tu as, toi ? te voilà pâle avec des larmes dans les yeux ?

— Ah ! seigneur Dieu ! s'écria Geoffrette, comment est-ce possible ? ce n'est pas vous qui avez fait cette figure-là ? Vous avez donc regardé le portrait ? vous l'avez donc copié ?

— Quel portrait ? je n'ai rien copié du tout.

— Alors... alors... c'est une vision, un miracle ? Monsieur le docteur, venez voir, venez voir cela ! qu'est-ce que vous en dites ?

— Quoi, qu'y a-t-il ? dit le docteur qui venait chercher Diane pour déjeuner. Pourquoi Geoffrette crie-t-elle au miracle ?

Et, regardant l'étude de Diane, il ajouta : Elle a copié le médaillon ! Mais c'est bien, cela, ma fille ; sais-tu que c'est très-bien ? C'est même étonnant, et la ressemblance est frappante. Pauvre jeune femme ! Je crois la voir. Allons, ma fille, courage ! Tu feras de meilleurs portraits que ton père, celui-là est beau et il est vivant.

Diane, interdite, regardait son étude et y retrouvait le souvenir fidèle du camée de son rêve, le type qu'elle avait gardé dans sa pensée ; mais c'était l'ouvrage de son imagination, et sans doute aussi la ressemblance que lui trouvait Geoffrette et le docteur était une affaire d'imagination. Elle ne voulut pas leur dire qu'elle n'avait jamais ouvert le médaillon : elle eût craint qu'ils ne le lui fissent ouvrir, et elle ne se jugeait pas encore digne de cette récompense.

Pendant le déjeuner, elle demanda pourtant à son bon ami s'il était bien sûr que le portrait de sa mère fût ressemblant.

— Comment l'aurais-je reconnu, dit-il, s'il ne l'était pas? Tu sais bien que je ne veux pas mettre de complaisance avec toi. — Geoffrette, ajouta-t-il, allez me chercher ce dessin. Je veux le voir encore.

Geoffrette obéit, et le docteur le regarda encore attentivement et à plusieurs reprises, tout en savourant son café. Il ne disait plus rien, il paraissait absorbé, et Diane se demandait avec angoisse s'il ne revenait pas sur sa première impression. En ce moment, on annonça M. Flochardet, qui venait quelquefois prendre le café avec le docteur.

— Que regardez-vous donc là? dit-il à M. Féron, quand il eut embrassé sa fille.

— Regardez vous-même, répondit le docteur.

M. Flochardet se pencha sur le dessin et pâlit.

— C'est elle, dit-il avec émotion. Oui, c'est bien cette chère et digne créature à laquelle, sans le dire à personne, je pense sans cesse, et à présent plus que jamais! Mais qui a fait ce portrait, docteur? C'est une copie du médaillon que je vous ai donné pour Diane. Seulement c'est infiniment mieux senti, et mieux rendu. La ressemblance est plus noble et plus vraie. C'est très-remarquable et je n'ai pas un seul élève capable d'en faire autant. Dites! dites-donc qui a fait cela?

— C'est... c'est, dit le docteur avec une hésitation maligne, un petit élève de... de moi, ne vous en déplaise!

Flochardet regarda sa fille qui s'était tournée vers la fenêtre pour cacher son émotion, et regardant aussi le docteur d'une manière qui équivalait à un point d'interrogation, il comprit et reporta ses yeux sur le dessin avec une surprise extrême, cherchant peut-être à y critiquer quelque chose, mais ne trouvant rien à reprendre, car il était dans une de ces dispositions d'esprit où l'on n'est plus si sûr de soi-même et où l'on se sent forcé d'admettre que dans les choses les plus sérieuses on a pu se tromper.

Diane n'osait pas se retourner, elle craignait de rêver, elle se penchait sur la fenêtre pour cacher son trouble, sans s'occuper du soleil qui frappait vivement sur sa tête et qui lui enfonçait, comme des aiguilles rouges dans les yeux, ses rayons de rubis. Dans cet éblouissement, elle vit une grande figure blanche, d'une merveilleuse beauté, dont la robe verdâtre brillait comme une poussière d'émeraude. C'était la muse de ses rêves, c'était sa bonne fée, la dame au voile ; mais elle n'avait plus ce voile sur la figure, il flottait autour d'elle comme un nimbe d'or, et son beau visage, qui était celui du camée vu en songe, était exactement celui que Diane avait dessiné celui que Flochardet contemplait sur le papier avec une admiration mêlée d'un certain effroi.

Diane étendit volontairement les bras vers cette figure rayonnante qui lui souriait et qui lui dit en se dissipant : Tu me reverras !

Diane, oppressée et ravie, tomba sur une chaise dans l'embrasure de la fenêtre en étouffant un cri de joie. Flochardet et le docteur s'élancèrent vers elle pensant qu'elle se trouvait mal; mais elle les rassura et, sans leur dire la vision qu'elle venait d'avoir, elle demanda à son père s'il était vraiment un peu content de son ouvrage.

—Je n'en suis pas seulement content, répondit-il ; j'en suis ravi et bouleversé. Je te fais réparation, mon enfant ; tu as le feu sacré, et avec cela une connaissance du dessin très au-dessus de ton âge. Continue sans te fatiguer, travaille, espère, doute souvent de toi-même, cela est fort bon, mais moi, je n'en doute plus et j'en suis bien heureux !

Ils s'embrassèrent en pleurant. Puis, Flochardet pria sa fille de le laisser parler affaires avec le docteur, et elle se retira dans sa chambre où elle se trouva seule, Geoffrette ayant été déjeuner. Alors Diane courut à son secrétaire et y prit la boîte de maroquin qu'elle avait liée d'un ruban de satin noir, pour n'avoir pas la tentation de l'ouvrir trop tôt. Elle l'ouvrit enfin, se mit à genoux sur un coussin et baisa le médaillon avant de le regarder ; puis, elle ferma les yeux pour revoir dans sa pensée la figure idéale qui lui avait promis de revenir. Elle la revit bien nette, et, sûre de son consentement, elle regarda enfin le portrait. C'était bien la même figure qu'elle avait dessinée ; c'était la muse, c'était le camée, c'était le rêve, et c'était pourtant sa mère ; c'était la réalité trouvée à travers la poésie, le sentiment et l'imagination.

Diane ne se demanda pas comment le prodige s'était fait en elle. Elle accepta le fait tel qu'il se produisait et ne chercha pas comment sa raison se mêlerait plus tard de l'expliquer. Je crois qu'elle fit fort bien. Quand on est encore très-jeune, il vaut mieux croire à des divinités amies que de trop croire à soi-même.

VIII

DÉBACLE

Je ne vous raconterai pas jour par jour les deux années qui suivirent. Diane continua à travailler avec courage et modestie, réclamant souvent avec une tendre humilité les conseils de son père. Mais celui-ci n'était pas disposé tous les jours à bien comprendre ce qu'il n'eût pas été capable de faire. Sans s'en rendre compte, Diane prenait une route tout opposée à la sienne. Le pays qu'elle habitait possédait beaucoup de beaux restes de la statuaire antique que l'on commençait à apprécier; car le goût français commençait, lui aussi, à chercher une pente nouvelle. La gravure répandait et popularisait les trouvailles précieuses d'Herculanum et de Pompeïa, peintures, vases, statues, meubles, objets de toute sorte, et une *élégante simplicité,* comme on disait alors, tendait à remplacer la chinoiserie, le contourné et le *vanlotté.* On connaissait mieux l'Italie, on voyageait davantage, et si on appréciait encore le beau coloris et l'aimable fantaisie de Watteau, on ne s'éprenait pas moins des vases étrusques et des médailles grecques. On ne revenait pas précisément au goût *du temps des Valois*, que nous appelons aujourd'hui l'époque de la Renaissance; on tentait une renaissance nouvelle, moins originale, mais charmante encore. On faisait de ces meubles que nous appelons à présent *style Louis XVI*, et qu'alors on appelait meubles à l'antique. Ils étaient fort beaux sans être bien fidèles, mais ils avaient un grand air, et les femmes elles-mêmes commençaient à baisser leurs monumentales coiffures et à faire bouffer négligemment autour du front leurs cheveux encore poudrés. Les hommes bouclaient leurs ailes de pigeon, liaient d'un simple ruban leurs longs cheveux naguère renfermés dans une bourse; quelques-uns même les relevaient en tresse avec un peigne d'écaille. Flochardet, dans son atelier, était coiffé ainsi et faisait des portraits dont l'ajustement était beaucoup moins compliqué que ceux qui lui avaient valu tant de gloire.

On ne s'étonna donc pas trop de voir sa fille, à laquelle on commençait à faire attention, s'habiller plus simplement encore que la mode ne l'y autorisait, et lui-même ne se demanda pas trop comment cette vision du passé, ce goût pour ce qui ne faisait que poindre, avait pu germer en elle, dans sa tendance et dans son talent avec tant de parti pris et de précocité. Seulement, Flochardet devenait triste et se dégoûtait de son propre savoir-faire. Ce réveil de la forme dans l'art le prenait au dépourvu, lui qui l'avait toujours escamotée pour faire ressortir l'ajustement. Il s'apercevait d'une baisse croissante dans la vogue dont il avait joui. Il avait essayé d'augmenter ses exigences au moment où l'on était moins disposé à le payer cher, et comme il eût été humilié de consentir à un rabais, il voyait rapidement diminuer sa clientèle. On commençait à connaître et à estimer le talent de sa fille et on ne craignait pas de lui dire qu'il devrait se faire aider, au besoin remplacer par elle. Certes, le pauvre homme n'était pas jaloux du talent de sa chère Diane, mais, à aucun prix, il ne voulait qu'elle interrompît ses libres et fécondes études pour s'adonner au métier, pour gagner de l'argent et réparer les sottises de madame Laure.

Durant ces deux années que je vous résume, la position de l'artiste devint très-grave. Il eût voulu tout sauver par un travail énergique, il se fût volontiers tué à la peine, mais la chose qu'il avait le moins prévue lui arrivait. Le travail lui manquait de plus en plus. Incapable de mettre de l'économie dans ses dépenses, madame Laure avait retiré de la communauté son petit avoir et s'était retirée à Nîmes, chez ses parents, où elle se tenait les trois quarts de l'année, ne se montrant qu'à de courts intervalles avec son mari, et le reste du temps dépensant en robes neuves le peu qu'elle possédait, au lieu de le sacrifier pour alléger les embarras du ménage. Diane, voyant son père délaissé, triste et seul, avait repris chez lui son domicile et partageait son temps entre lui et le docteur. On avait renvoyé presque tous les domestiques. Geoffrette faisait la cuisine, et Diane y mettait la main pour que son père, habitué à bien vivre, ne s'aperçût pas de cette décadence. Elle mettait de l'ordre dans la maison et dans les affaires. Longtemps elle retarda le désastre qui menaçait le capital, en servant fidèlement les intérêts. Mais un jour vint où les créanciers, las d'attendre, firent une saisie sur les maisons, les jardins, la petite ferme, les objets d'art et le mobilier.

Ce fut un coup très-rude pour Flochardet, qui ne pouvait plus le cacher à sa fille et à ses amis. Il était résigné à tout abandonner et à chercher dans une autre province, non pas une nouvelle clientèle, il faut des années pour cela, mais des travaux quelconques. Il en avait déjà obtenu à Arles, dans les églises; il faisait des vierges, des saintes et des anges, et d'abord, il s'était imaginé pouvoir se passer de faire le portrait. Un instant même, il s'était réjoui, se croyant passé maître pour tout de bon en abordant ce qu'il appelait la grande peinture. Mais l'idée que l'on se faisait des vierges et des anges avait changé aussi; longtemps on avait aimé les madones souriantes et grassouillettes du temps de Louis XV. On commençait à les vouloir plus sérieuses, moins semblables à de jolies nourrices de village, et on lança beaucoup de lazzis aux bonnes petites mamans que Flochardet entourait vainement d'un nimbe lumineux semé de roses parfaitement exécutées. Ces railleries, qu'on lui épargnait par un reste de déférence, arrivèrent pourtant aux oreilles de Diane. Elle comprit que son père ne se relèverait pas par cette nouvelle tentative, et elle entra, un soir, chez le docteur au moment où il se retirait dans sa chambre. Mon bon ami, lui dit-elle, savez-vous que mon père est perdu?

— Oui, je le sais, répondit le docteur, tout à fait perdu! Il lui faudrait deux cent mille francs et personne ne veut les lui prêter.

— Mais si quelqu'un se portait caution?...

— Qui ferait cette folie? Ce serait deux cent mille francs jetés à l'eau; ton père ne s'acquittera jamais.

— Vous doutez de lui?

— Non; mais, dès qu'il aura recouvré une aisance apparente, sa femme reviendra et le ruinera de plus belle.

— Achetez, au moins, une des maisons pour satisfaire les créanciers; vous permettrez que j'y demeure avec mon père, et, un jour, quand il ne sera plus, vous reprendrez tout; moi, j'aurai assez de talent pour vivre; il me faut si peu, qu'un tout petit peu de talent me suffira.

— Tu oublies que ton père n'a pas cinquante ans et que j'en ai soixante-quinze. Si j'achète ses biens et que je lui en laisse la jouissance, je ne retirerai jamais l'intérêt de mon argent et je mourrai dans la gêne. Est-ce là ce que tu veux?

— Non! je vous paierai le loyer; je travaillerai, ma bonne fée fera encore un miracle pour moi, je gagnerai de l'argent! Essayez, mon ami. Retardez la vente de nos biens en répondant du paiement et vous verrez qu'avant deux ans...

— Ce n'est pas si sûr que cela, dit le docteur. Il y

a une autre solution, mais elle est bien grave. Je puis acheter pour toi au moins la maison de ville de ton père et tous les objets d'art de la maison de campagne. Je puis donc te mettre à même de lui conserver son domicile, ses habitudes et son bien-être, car vous pouvez louer une partie de cette maison qui est grande et vous en faire une petite rente pour subvenir à vos besoins. Mais voici ce qui arrivera : madame Laure reviendra chez son mari et elle s'arrangera pour te chasser de chez toi par ses tracasseries. Tu ne supporteras pas cette lutte que tu n'as jamais voulu engager, tu me reviendras, ce dont je serai fort content; mais ton père retombera sous le joug, les dettes recommenceront, car on ne vivra pas avec la petite rente que fourniront les loyers. Alors, tu abandonneras la propriété pour sauver l'honneur de ton nom, ton père sera tout aussi ruiné qu'aujourd'hui, et toi, tu le seras à tout jamais, car la dot que je voulais te constituer aura passé à payer les cotillons à falbalas de ta belle-mère. Tu n'ignores pas que je veux partager ma fortune entre toi et mon neveu. Ce que ton père doit équivaut, à peu de chose près, à la moitié de mon avoir. Donc, si je sauve ton père, je sacrifie ton avenir, cela est aussi certain que deux et deux font quatre.

— Sacrifiez-le! il faut le sacrifier! répondit Diane avec un ton d'autorité comme si elle eût été une de ces fières déesses dont elle avait le profil pur et la belle tournure. Vous ne m'aviez jamais dit ce que vous vouliez faire pour moi : à présent que je le sais, je me tranquillise, mon père est sauvé. Vous ne pouvez pas me conseiller de l'abandonner au désespoir et à la misère pour préserver mon avenir.

— C'est fort bien, dit le docteur ; mais mon présent, à moi ? mon revenu, c'est-à-dire mon bien-être ? il faudra donc que je le diminue de moitié, dès demain ?

— Si vous m'eussiez mariée, ne l'eussiez-vous pas fait ?

— Je comptais que tu resterais près de moi, que nous vivrions en famille ; de cette façon on ne s'aperçoit pas de la dépense, on a pour compensation le bonheur domestique ; au lieu que me priver pour faire vivre largement madame Laure...

— Sans doute, reprit Diane, cela n'a rien de réjouissant; mais tenez, j'y ai songé : je suis résolue à mettre mon autorité à la place de la sienne et je sens que j'en viendrai à bout. Je vous servirai l'intérêt du capital que vous me confiez. Croyez en moi, car si j'adore mon père, je vous adore aussi et je ne veux pas que vous souffriez, si peu que ce soit, du bienfait que vous me destinez.

— Allons ! dit le docteur en l'embrassant, j'y songerai. Va-t'en dormir et dors bien ; à tout risque et quoi qu'il arrive, ton père sera sauvé jusqu'à nouvel ordre, puisque tu le veux

En effet, le lendemain, la maison de la ville et la maison de campagne mises aux enchères furent poussées et enlevées par le docteur Féron ; mais, contre l'attente de Diane, il garda pour lui l'une et l'autre. Il savait ce qu'il faisait et ne voulait pas la mettre dans l'alternative d'entrer en lutte avec son père ou d'être dépouillée par lui. Il connaissait la faiblesse de Flochardet pour sa femme et ne voulait pas non plus amener entre eux un rapprochement funeste. Il ne s'en ouvrit nullement à Flochardet. Mon ami, lui dit-il, je regrette de n'avoir pu vous sauver de cette catastrophe ; vous voilà dépossédé de tous vos biens; mais, puisque j'en fais l'acquisition, vous vivrez tranquille et sans dettes désormais. Vous vivrez chez votre fille, à qui je loue votre maison devenue mienne. Elle tirera parti d'une grande moitié de cet immeuble qui ne vous servait qu'à donner des bals et des spectacles, et votre clientèle à tous deux suffira à vos dépenses, car elle compte travailler à vos côtés, et, tout en faisant des progrès, elle ramènera la vogue à votre atelier. Elle ne s'en flatte pas sans raison. Je sais que l'opinion est bien disposée pour elle et que si elle l'eût voulu, elle eût déjà eu des commandes et du succès.

Flochardet remercia le docteur et objecta pourtant que si sa femme voulait se réunir à lui, il serait forcé d'élire un autre domicile.

— Si cela arrive, reprit M. Féron, elle acceptera celui que votre fille, principale locataire de ma maison, vous offre à tous deux.

— Ma femme n'y consentira jamais ! elle a trop d'orgueil : elle alléguera, pour vivre tout à fait séparée de moi, que je n'ai pas de domicile à lui offrir, parce qu'elle ne veut rien devoir à ma fille.

— Ce sera un fort mauvais prétexte, car il lui reste quelque chose et rien ne l'empêchera de payer pension à sa belle-fille. Ce sera une manière de contribuer aux dépenses de la communauté, devoir dont elle se dispense un peu trop.

Flochardet sentit que le docteur avait raison, et, à vrai dire, sa femme l'avait rendu si malheureux qu'il ne pouvait pas la regretter beaucoup. Son caractère facile ne lui fit pas envisager comme humiliante la position qu'on lui offrait. Doux et honnête, naturellement confiant, il espéra recouvrer sa clientèle et son indépendance, une fois qu'on saurait ses dettes acquittées.

IX

RETOUR A PICTORDU

En effet, il se fit un retour vers Flochardet. En province on n'aime pas les situations douteuses, et d'ailleurs, en face d'une faillite possible, presque tout le monde s'alarme, parce que presque tout le monde s'y trouve plus ou moins compromis. Quand tout fut liquidé rapidement et quand on vit l'honnête artiste, absolument dépouillé, attendre gaiement devant sa toile les bienveillantes figures de ses concitoyens, ces figures arrivèrent en souriant, et après mille marques d'estime et d'intérêt plus ou moins délicatement exprimées, on le mit à même de travailler. Près de lui, Diane à son chevalet, attendait avec calme et résolution qu'on lui amenât les enfants de ces messieurs et de ces dames. Elle avait déclaré choisir cette spécialité pour ne pas aller sur les brisées de son père. On lui amena toute la jeune génération de la ville et des châteaux d'alentour, l'espoir des familles, l'orgueil des mères, une série de marmots presque tous beaux, car il ne faut pas oublier qu'Arles est le pays de la beauté.

Diane montrait un aplomb extraordinaire, mais c'était un rôle que la pauvre enfant jouait par devoir. Au fond, elle se croyait trop ignorante pour bien faire, et invoquait encore, toute grande personne qu'elle était, l'assistance miraculeuse de sa mère, la belle muse, car ces deux types n'en faisaient plus qu'un dans sa pensée.

La première fois qu'elle se risqua, elle chercha, la veille, dans son sécretaire, une vieille relique qu'elle n'avait pas regardée depuis longtemps, la petite tête de Bacchus enfant trouvée à Pictordu; elle avait depuis ce temps, appris à s'y connaître, et elle la trouva encore plus charmante qu'elle ne lui avait semblé l'être. Cher petit Dieu, lui dit-elle, c'est toi aussi qui m'as révélé la vie dans l'art. Inspire-moi, à présent! Enseigne-moi ce secret de vérité qu'un grand artiste inconnu a mis en toi. Je consens à être ignorée comme lui, si comme lui, je laisse quelque chose de beau comme toi.

Diane ne se permettait pas encore la peinture, elle commença par le pastel qui était fort à la mode en ce temps-là, et, du premier coup, elle en fit un si remarquable et si charmant qu'il en fut parlé à vingt lieues à la ronde. Dès lors la clientèle lui arriva en même temps qu'elle revenait à son père. Les familles nobles ou bourgeoises aimaient à se rencontrer dans cet atelier si décent où le père et la fille travaillaient ensemble, l'un causant avec esprit de gaieté, après des années de mélancolie ou de préoccupation qui avaient éloigné de lui; l'autre, silencieuse et modeste, ne se doutant pas de sa beauté et se tenant de manière à ne pas faire de jalouses. On se rappelait les airs évaporés, les folles toilettes et le ton tranchant de madame Laure, on ne regrettait pas d'en être débarrassée. On était venu là autrefois pour babiller, c'était affaire de mode; on y vint pour causer, et ce fut affaire de bon ton.

Au bout d'un an, Flochardet et sa fille, ayant vécu très-modestement, mais sans privation sérieuse, se trouvèrent à même de payer leur loyer au docteur. Il reçut l'argent et le plaça au nom de Diane. Par testament, il l'avait constituée propriétaire de toute son acquisition; mais il se gardait de le dire, autant pour sauvegarder la dignité de Flochardet et pour stimuler le courage de Diane, que pour tenir madame Laure à distance.

Malgré cette attitude prudente, madame Laure revint au gîte quand elle sut que les dettes étaient payées et que les affaires marchaient bien. Elle ne se plaisait guère chez ses parents qui avaient peu de ressources et qui étaient économes. Elle n'y voyait presque pas de monde et ses belles toilettes ne lui servaient guère. Elle revint donc, et Diane se fit un devoir de la bien accueillir. D'abord madame Flochardet s'en montra touchée; mais bientôt elle voulut s'introduire dans la bonne compagnie qui fréquentait l'atelier de son mari. Sa présence y jeta un grand froid, son caquet n'était plus de saison, on lui sut très-peu de gré d'étaler ses belles robes et ses bijoux qu'elle eût dû vendre pour hâter la libération des dettes de la communauté. On trouva qu'elle en prenait trop à son aise, qu'elle avait avec Diane un ton de légèreté qui ne convenait point et on lui fit sentir qu'elle n'était plus agréable à personne. Elle en prit du dépit, s'exila de l'atelier, et chercha à renouer des relations au dehors. Ce fut inutile, c'était un astre éclipsé; sa beauté s'en allait avec ses triomphes. Les idées devenaient plus sévères. Elle fut reçue froidement et peu des visites qu'elle hasarda lui furent rendues.

Alors elle se fit hypocrite pour se réhabiliter, et, quittant ses habits roses comme la veuve de Malbrough, elle prit la tenue et les allures d'une dévote fervente. Comme elle n'était pas sincère, elle devint pire en jouant ce rôle; elle n'avait été qu'égoïste et légère, elle devint envieuse et méchante. Elle disait du mal de tout le monde, calomniait au besoin, dénigrait toutes choses et troublait la famille par ses récriminations, ses plaintes, ses susceptibilités et l'aigreur de son caractère.

Diane la supportait avec une douceur inaltérable et, voyant que son père avait un reste d'attachement pour cette femme frivole, elle faisait le possible et l'impossible pour la rattacher à la vie de ménage. Il y avait une seule chose à laquelle elle savait résister, c'est au désir effréné qu'éprouvait Laure de remettre la maison sur son ancien pied. Comptant sur l'argent que gagnait de nouveau son mari, elle voulait qu'on renvoyât les locataires et qu'on reçût du monde comme autrefois. Diane tint bon et dès lors elle fut traitée en ennemie par sa belle-mère, qualifiée de tyran et dénoncée comme avare à qui voulait l'entendre.

Diane souffrit beaucoup de cette persécution, et bien des fois elle fut sur le point de retourner dans la maison du docteur pour y travailler en paix ; mais elle s'en défendit, sachant que son père serait malheureux sans elle.

Un jour, elle reçut la visite d'une jeune dame qu'elle hésita peu à reconnaître, tant elle avait la mémoire développée à l'endroit des figures. C'était madame la vicomtesse Blanche de Pictordu, mariée depuis peu avec un de ses cousins ; toujours jolie, toujours pauvre et mécontente de son sort, mais toujours fière de son nom qu'elle avait la consolation de n'avoir pas quitté. Elle présenta son jeune époux à Diane. C'était un garçon fort niais, d'une figure commune et sotte. Mais c'était un Pictordu, un vrai, de la branche aînée, et Blanche n'eût pas compris qu'un autre fût plus digne d'elle.

Malgré cette obstination dans ses idées, Blanche était devenue plus sociable et comme, à tous autres égards, elle avait un certain esprit, elle se montra fort gracieuse pour Diane, lui fit compliment de son talent et n'affecta pas comme autrefois de rabaisser sa profession. Diane la revit avec plaisir, son nom et sa personne rafraîchissaient ses plus doux souvenirs d'enfance. Pour l'engager à revenir, elle lui demanda de lui laisser faire son portrait. Blanche devint pourpre de plaisir, comme au temps où elle avait reçu la boucle de turquoises. Elle se savait jolie, et voir sa figure retracée par une main habile était pour elle une ivresse; mais elle était pauvre, et Diane comprit son hésitation. C'est un service que je vous demande, lui dit-elle. Reproduire un visage parfait est pour moi une satisfaction que je ne rencontre pas tous les jours, et comme cela est difficile, cela me pousse à faire des progrès.

Au fond, Diane ne tenait qu'à payer une ancienne dette de cœur au souvenir de Pictordu. Blanche ne pouvait comprendre cette délicatesse mystérieuse; elle en fit honneur à ses charmes. Elle se laissa un peu prier et allégua divers empêchements, bien qu'elle eût très-peur d'être prise au mot. Elle avait peu de jours à passer à Arles, sa position ne lui permettait pas de séjourner dans une ville de luxe; son mari, occupé d'agriculture et de chasse, la pressait de retourner à la campagne où leur vie était fixée.

— Je ne ferai de vous, répondit Diane, qu'un léger croquis à trois crayons: blanc, noir et sanguine. Si je réussis, cela pourra être très-joli, et je ne vous demande qu'une matinée.

Blanche accepta pour le lendemain, et, le lendemain, elle arriva avec une jolie robe bleu de ciel et la broche de turquoises passée dans le ruban de cou.

Diane fut inspirée, elle fit un de ses meilleurs portraits, et la vicomtesse se trouva si jolie qu'elle en eut des larmes de reconnaissance au bord des longs cils noirs qui bordaient ses yeux bleus. Elle embrassa Diane et la supplia de venir la voir dans son château.

— Au château de Pictordu? lui dit Diane avec surprise; vous me disiez que vous habitiez encore chez votre père. Est-ce que vous avez fait relever le vieux manoir?

— Pas en entier, répondit la vicomtesse, cela ne nous eût pas été possible; mais nous avons restauré un petit pavillon et nous nous y installons le mois prochain. Il y a une chambre d'amis. Si vous voulez l'étrenner, vous serez la plus aimable personne du monde.

L'offre était sincère. Blanche ajoutait que son père serait heureux de la revoir, ainsi que M. Flochardet, dont il s'était toujours souvenu avec complaisance et qu'il appelait *son ami Flochardet* quand il entendait parler de ses beaux ouvrages.

Diane eut un grand désir de revoir Pictordu, et elle promit de faire son possible pour s'y rendre le mois suivant, avec ou sans son père, car celui-ci l'engageait depuis longtemps à faire un petit voyage pous se distraire, ne fût-ce que d'aller voir à Mende sa vieille tante la religieuse. Pictordu se trouvait à peu près sur son chemin, et certes elle ferait un détour pour s'y rendre.

Quand madame Laure sut que Diane songeait à prendre un peu de repos nécessaire à sa santé, elle en eut de l'humeur. Il lui avait bien fallu reconnaître qu'elle gagnait plus d'argent que son père, qu'elle était plus estimée comme peintre et plus aimée. Son absence pouvait compromettre les intérêts de la maison, et elle le fit si aigrement sentir que Diane en fut impatientée à l'excès. On lui mar-

chandait avec amertume une ou deux semaines de
liberté, à elle qui, depuis deux ans, se privait de
tout et travaillait sans relâche pour réparer le désastre causé par cette personne inutile et oisive.

Il faut avouer que la situation était pénible et que
Diane avait mis un grand courage à refuser l'offre
du docteur, qui l'invitait à voir l'Italie ou Paris, et
qui était disposé à l'y conduire pour peu qu'elle le
désirât. Diane le désirait passionnément, mais elle
ne voulait pas l'avouer, parce qu'elle ne voulait pas
céder à la tentation. Elle trouvait que c'était trop
tôt et que son père n'était pas assez remis à flot pour
se passer d'elle durant quelques mois.

Quand elle vit qu'on lui disputait, en remerciement de son sacrifice, le droit de s'absenter quelques jours, elle faillit se décourager de sa tâche et
briser l'obstacle. Elle résista, répondit avec douceur
qu'elle reviendrait vite, et fit son paquet, vingt fois
interrompu par les importunes objections de sa
belle-mère. Le docteur dut intervenir et décider que
Diane partirait le jour suivant avec Geoffrette. Il recommanda en riant à sa chère enfant de tenir note
de ses apparitions, si elle avait la bonne fortune d'en
avoir encore, afin de les lui raconter aussi agréablement qu'autrefois.

Il fallait deux journées pour se rendre à Saint-Jean-Gardonnenque. M. Marcelin Féron, le neveu
du docteur, devenu docteur de grand renom lui-même, voulut accompagner les deux femmes jusqu'à cette ville, où elles se reposèrent la nuit. De là
il se rendit chez un de ses amis qui demeurait aux

environs, tandis que Diane, qui venait de retrouver avec joie le brave postillon Romanèche, prenait avec sa nourrice le chemin de Pictordu, dans une carriole de louage. On avait fait à ce terrible chemin quelques réparations nécessaires, et nos voyageuses arrrivèrent sans accident, dans l'après-dînée, au bas de la terrasse du château.

Ce n'était plus là l'entrée. Le pavillon réparé, qui n'était autre que l'ancien *bain de Diane*, avait son entrée plus bas. Mais Diane voulait revoir seule cette statue qui lui avait parlé. Elle tremblait de ne plus la retrouver. Elle envoya donc Romanèche et Geoffrette en avant, et, franchissant une petite barrière récemment posée, elle gravit légèrement les marches inégales et brisées du grand escalier.

Il était environ quatre heures de l'après-midi, le soleil commençait à éclairer obliquement les objets. Diane, avant de découvrir sa chère statue à travers les buissons qui la lui masquaient, vit son ombre se projeter sur le sable de la terrasse, et son cœur battit de joie. Elle y courut et la contempla avec surprise. Dans son souvenir, elle était gigantesque, et, en réalité, elle était à peine grande comme nature. Était-elle belle et monumentale comme Diane l'avait gardée dans sa pensée? Non, elle était un peu maniérée, et les plis de son vêtement étaient trop fouillés et trop cassants ; mais elle avait de l'élégance et de la grâce quand même, et Diane qui eût été désolée d'avoir à la dédaigner, lui envoya un baiser naïvement attendri que la statue ne lui rendit pourtant pas.

La terrasse était dans le même état d'abandon qu'autrefois. Les grandes herbes n'étaient pas foulées. Diane vit qu'on ne se promenait jamais par là ; elle sut plus tard que Blanche, qui craignait beaucoup les serpents et qui traitait de vipères les plus innocentes couleuvres, n'allait jamais dans les ruines et ne permettait à personne d'y aller. Pourtant elle habitait au milieu de ces décombres, et Diane s'étonnait, en même temps qu'elle s'en réjouissait, de voir que cette solitude et ce désordre qui l'avaient autrefois charmée, n'avaient subi aucune amélioration bourgeoise, c'est-à-dire aucune altération.

Elle admira ce pêle-mêle d'arbres touffus et d'arbres morts, de magnifiques plantes sauvages et de plantes autrefois cultivées, aussi libres, aussi folles les unes que les autres ; ce chaos de pierres où la mousse avait envahi la roche naturelle et la roche taillée. Elle revit le filet d'eau pure qui avait alimenté jadis les bassins et les cascatelles, et qui frissonnait discrètement entre l'herbe et les cailloux. Elle contempla cette élégante façade renaissance, où le lierre vivace s'enlaçait aux guirlandes de lierre fouillées dans la pierre. Quelques fenêtres finement ouvragées, quelques clochetons avaient peut-être disparu. Diane ne se souvenait pas bien exactement de ces détails ; l'ensemble avait encore cet aspect riant et noble que conservent, même dans leur décrépitude, les édifices de cette brillante époque.

6.

X

DISCOURS DE LA STATUE

Diane voulut retrouver elle-même, à travers le chaos des ruines de l'intérieur, le chemin du pavillon, et elle le retrouva sans hésiter. Blanche, avertie par l'arrivée de sa voiture, accourut au-devant d'elle et l'accueillit avec mille caresses, puis la fit entrer, dans ce pavillon des thermes où elle avait passé une nuit mémorable dans son existence. Hélas, ici tout était changé. De la grande salle ronde, on avait fait une espèce de salon d'où la piscine avait disparu. On en avait taillé les marbres pour faire des manteaux de cheminée, la voûte enguirlandée s'était transformée en un ciel d'un bleu cru, les nymphes, trois fois hélas! ne menaient plus leur ronde légère et décente sur la muraille circulaire. Le salon, revêtu d'une tenture de toile d'orange à gros bouquets, était désormais carré, les parties retranchées avaient servi à faire de petites chambres.

Le cloître à arcades avait été débarrassé de ses décombres et de ses plantes sauvages, l'intérieur était devenu un jardin potager, et la source, privée de ses menthes et de ses scolopendres, disparaissait, captive, sous une margelle de puits. Les poules grattaient le fumier dans une petite cour voisine, qui avait été la salle des étuves et qui était encore dallée en porphyre; une allée de mûriers fraîchement plantés, qui ne paraissaient pas bien décidés à s'accommoder du terrain et du climat, descendait au chemin neuf sans passer par l'ancien parc, ni par les ruines. Les châtelains de Pictordu, en se glissant dans un coin du nid de leurs ancêtres, avaient fait tout leur possible pour lui tourner le dos et ne jamais le traverser.

En admirant par complaisance le parti que Blanche avait su tirer de ce reste d'habitation, Diane soupirait en songeant au parti bien différent qu'elle en eût tiré elle-même. Mais Blanche paraissait si fière et si satisfaite de ses arrangements, qu'elle se garda bien de rien critiquer. Le marquis et son gendre arrivèrent bientôt pour souper, le gendre, rouge et hâlé, appelant ses chiens, parlant d'un voix vibrante et riant aux éclats après chaque phrase, sans qu'on pût deviner ce qu'il avait dit de réjouissant; le marquis, toujours poli, affectueux, effacé, mélancolique. Il fit à Diane l'accueil le plus aimable, il n'avait rien oublié de sa première visite. Et puis il l'accabla de questions singulières auxquelles il était impossible de répondre sans entrer dans des explications comme on en donnerait à un enfant. Ce brave homme vivait tellement à part du monde, son horizon s'était tellement rétréci, que, voulant parler de tout pour ne pas paraître trop arriéré, il montrait qu'il ne comprenait plus rien à quoi que ce fût.

Blanche, plus fine, et un peu plus époussetée par l'air du dehors, souffrait de la simplicité de son père et encore plus de l'aplomb avec lequel son mari le redressait en proclamant des notions encore plus fausses. Elle les contredisait tous les deux avec un dédain visible. Diane regrettait l'ancienne solitude de Pictordu et se demandait pourquoi elle avait quitté l'aimable causerie de son père et l'intéressante conversation du docteur, pour entendre ce trio insipide qui n'avait même pas le mérite de l'ensemble.

Elle allégua un peu de fatigue et se retira de bonne heure dans l'étroite chambrette que ses hôtes décoraient du titre de chambre d'honneur. Elle n'y put dormir. Une odeur de peinture fraîche la força d'ouvrir sa fenêtre pour échapper à la migraine.

Alors elle vit que cette fenêtre donnait sur un petit escalier extérieur collé en biais à la muraille. C'était un reste épargné de l'ancienne construction. La rampe n'était pas encore remplacée, mais la nuit était belle et claire. Diane s'enveloppa de son mantelet et descendit, contente de se trouver seule et de s'en aller, comme autrefois, à la découverte du château merveilleux de son rêve. La belle muse qu'elle regardait comme sa bonne fée ne vint pas la prendre par la main pour lui faire franchir les spirales dressées dans le vide par dessus les voûtes écroulées. Elle ne put se promener sous ces arcades qui essayaient en vain de franchir les abîmes de décombres. Mais elle reconstruisit dans sa pensée cette féerique villa, créée au sein d'un désert, dans le goût italien, alors que l'Italie nous devançait encore en fait d'art et de goût. Elle revit en esprit les fêtes de cette splendeur évanouie qui ne pouvait plus renaître sous sa forme ancienne et que déjà l'industrie bannissait de l'avenir. Elle ne rencontra aucun fantôme dans sa promenade, mais elle eut une vive jouissance à contempler les beaux effets du clair de lune dans les ruines. Elle put monter assez haut sur les assises de rochers qui dominaient le château, pour voir l'échappée de lumière glauque que la petite rivière ouvrait dans la profondeur du ravin. Çà et là, un bloc qui encombrait son lit se dessinait en masse noire, au milieu d'un tremblottement de diamants. Les chouettes s'appelaient d'une voix féline, les genêts et les fougères exhalaient leur parfum sauvage. Un calme profond régnait dans l'air, les branches des vieux arbres étaient aussi immobiles, aussi sculpturales que les ornements de pierre de la terrasse.

Diane éprouva comme un besoin de résumer sa courte vie au milieu de cette nature qui semblait absorbée dans la méditation de l'éternité. Elle revit son enfance, ses moments de curiosité sérieuse, ses langueurs maladives, ses aspirations vers un idéal mystérieux, ses découragements, ses enthousiasmes, ses chagrins, ses efforts, ses succès et ses espérances.

Mais là, elle s'arrêta ; son avenir était vague, mystérieux comme certaines phases de son passé. Elle sentait tout ce qui lui manquait pour franchir l'humble limite qu'elle avait acceptée en venant au secours de son père. Elle savait bien qu'au delà du métier qui assurait son indépendance et sa dignité, il y avait un grand essor à prendre : mais pourrait-elle jamais entrer dans les conditions de ce développement ? Pourrait-elle voyager, connaître, sentir ? secouer l'entourage, l'habitude, le devoir de chaque jour, cette borne que son père eût pu franchir et où il s'était arrêté pour obéir aux exigences d'une femme qui ne voyait dans l'art que le profit ?

Diane se sentait liée, arrêtée, brisée par cette même femme à laquelle il fallait disputer à toute heure l'esprit paresseux et vacillant de son père. Elle avait été naguère sur le point de l'écraser de son dédain. Elle s'était contenue, car elle avait sur elle-même l'empire qui manquait à son père, et quand elle se sentait près d'éclater, elle sentait aussi comme une force secrète qui lui disait : « Tu sais qu'il faut te vaincre. »

Elle se rappela ces moments de lutte intérieure et pensa à sa mère qui sans doute lui avait légué cette secrète et précieuse énergie de la patience. Alors elle invita avec ardeur cette âme protectrice à entrer dans la sienne pour lui tracer son devoir, comme sa figure était entrée dans sa vision pour lui révéler la beauté. Devait-elle renoncer résolûment à connaître les hautes jouissances de l'esprit pour ne pas abandonner son père ? Devait-elle résister à la voix de cette muse maternelle qui l'avait enlevée et transportée dans la région du beau et du vrai pour lui montrer cette voie sans fin où l'artiste ne doit pas s'arrêter ?

Elle réfléchissait ainsi en marchant, et elle se trouva auprès de la statue sans visage, sa première initiatrice. Elle s'appuya contre le socle, la main appuyée sur ses pieds froids. Il lui sembla alors entendre une voix qui, si elle partait de la statue, résonnait en fortes vibrations en elle-même, et qui lui disait :

« Laisse le soin de ton avenir à l'âme maternelle qui veille en toi et sur toi. A nous deux, nous trouverons bien la route de l'idéal. Il ne s'agit que d'accepter le présent comme une étape où, en te reposant, tu travailles quand même. Ne crois pas qu'il y ait un choix à faire entre le devoir et une noble ambition. Ces deux choses sont faites pour marcher ensemble en s'aidant l'une l'autre. Ne crois pas non plus que la colère vaincue et la peine endurée soient les ennemies du talent. Loin de l'épuiser, elles le stimulent. Souviens-toi que tu as trouvé dans les larmes le type que tu cherchais, et sois sûre que, quand tu souffres avec vaillance, ton talent grandit à ton insu avec ta force. La santé de l'intelligence n'est pas dans le repos, elle n'est que dans la victoire. »

Diane rentra, pénétrée de cette révélation intérieure, et, laissant sa fenêtre entr'ouverte, elle dormit on ne peut mieux.

Le lendemain, elle sentit un calme délicieux dans

tout son être. Elle accepta sans impatience les naïvetés du bon marquis et les grosses platitudes de son gendre. Elle communiqua même sa bonne humeur à Blanche et l'emmena, un peu à son corps défendant, explorer les ruines au grand jour.

Le docteur ne s'était pas borné à démontrer le beau dans l'art à sa chère Diane, il le lui avait fait saisir aussi dans la nature, et il lui avait donné des notions qui rendaient ses promenades intéressantes. Il lui avait recommandé de lui rapporter de son voyage quelques plantes rares qui sont particulières aux Cévennes : *reseda jaquini, saxifraga clusii, senecio lanatus, cynanchium cordatum, œthionème saxatile*, etc. Diane les chercha et les trouva. Elle les recueillit avec soin pour son vieil ami et récolta pour son propre compte des fleurs moins précieuses, mais charmantes encore : la potentille des rochers, le beau géranion bleu des prés et le gracieux géranion noueux, la saponaire ocymoïde qui tapissait de ses innombrables fleurettes roses les parois rocheuses de la rivière, l'érine alpestre qui s'épanouissait sur les ruines dans les endroits humides, et la renoncule de Montpellier qui étoilait d'or les gazons de la terrasse. Tout en cherchant ces fleurettes, Diane ramassa une pièce de monnaie assez informe, couverte d'une épaisse couche d'oxyde, et la remit à Blanche en lui disant de la nettoyer avec précaution sans la gratter.

— Gardez-la, répondit la vicomtesse, si vous attachez quelque prix à ces vieux liards; moi je n'y connais rien et j'en ai beaucoup d'autres dont je ne fais aucun cas.

— Vous me les montrerez, reprit Diane. Je n'y connais pas grand'chose; pourtant je pourrai distinguer celles qui sont intéressantes, et, avec l'aide du docteur Féron, qui est très-savant... qui sait? j'ai la main heureuse à ce qu'il prétend. Peut-être possédez-vous à votre insu un petit trésor.

— Que je vous donnerai pour rien de bon cœur, ma chère Diane! Tout cela c'est du cuivre, de l'or très-mince, ou de l'argent noirci.

— Ce n'est pas une raison! S'il y a là quelque chose de précieux, je vous le dirai plus tard et vous en restituerai la valeur.

Elle vit les médailles recueillies autrefois par le marquis et jetées dans un coin de son habitation où l'on eut quelque peine à les retrouver. Diane jugea qu'elles n'étaient pas toutes sans valeur et se chargea de les faire examiner par des personnes compétentes. Elle ne voulut pas nettoyer celle qu'elle avait ramassée, craignant de la gâter, et attachant je ne sais quelle idée superstitieuse à sa trouvaille personnelle. Elle l'enveloppa dans du papier et la mit dans sa malle avec les autres.

Le lendemain elle alla voir lever le soleil au haut de la montagne; elle était seule et marchait au hasard. Elle se trouva dans une anfractuosité de rocher, en face d'une admirable petite cascade qui s'élançait brillante et joyeuse au milieu des rosiers sauvages et des clématites à houpes soyeuses. Le soleil oblique envoyait un rayon rose sur ce détail exquis du tableau, et, pour la première fois, Diane sentit l'ivresse de la couleur. Comme la montagne n'était éclairée que de profil, elle se rendit compte de cette vie magique de la lumière plus ou moins répandue et plus ou moins reflétée, passant de l'éclat à la douceur et des tons embrasés aux tons froids, à travers des harmonies indescriptibles. Son père lui avait souvent parlé de *tons neutres*. Mon père, s'écria-t-elle involontairement, comme s'il eût été là, il n'y a pas de tons neutres, je te jure qu'il n'y en a pas!

Puis elle sourit de son emportement et but à loisir cette révélation qui lui venait du ciel et de la terre, du feuillage et des eaux, des herbes et du rocher, de l'aurore chassant la nuit, de la nuit se retirant gracieuse et docile, sous ses voiles transparents que le soleil cherchait à percer. Diane sentit qu'elle pourrait peindre sans cesser de dessiner, et son cœur tressaillit d'espoir et de joie.

Au retour, elle s'arrêta encore auprès de la statue et se rappela ce qu'elle avait senti la veille se formuler dans son âme. Si c'est toi qui me parles, pensa-t-elle, tu m'as bien enseignée hier. Tu m'as fait entendre qu'une bonne résolution vaut mieux qu'un beau voyage. Tu m'as dit de rentrer souriante dans la prison du devoir, je te l'ai promis, et voilà qu'aujourd'hui j'ai fait dans l'art une conquête enivrante. J'ai fait mieux que de comprendre, j'ai senti, j'ai vu! J'ai acquis une faculté nouvelle, la lumière est entrée dans mes yeux, aussitôt que la volonté rentrait dans ma conscience. Merci, ô ma mère, ô ma fée! Je tiens, grâce à toi, le vrai secret de la vie.

Diane quitta Pictordu pour passer deux jours à Mende. Revenue chez elle, elle se remit au métier, et, en même temps, elle essaya la peinture sans rien dire à personne. Elle s'était fait prêter de bons tableaux et elle copiait tous les matins pendant deux heures. Elle suivait avec attention le travail de son père qui faisait toujours, de temps en temps, pour les églises, des vierges grasses avec la bouche en cœur, mais qui, à force de manier la brosse, avait acquis beaucoup d'habileté. Elle vit ce qu'il faisait et ce qu'il ne faisait pas. Elle profita de ses qualités et de ses défauts.

Et un beau jour elle essaya de peindre le portrait, elle copia des enfants et créa des anges. Un autre beau jour, plus tard, on s'aperçut qu'elle faisait de la peinture très-belle et très-bonne, et sa réputation s'étendit très-loin. Madame Laure sentit que cette belle fille, si détestée et si patiente, était une poule aux œufs d'or et qu'il ne fallait pas la tuer. Elle s'apaisa, se soumit, fit mine de la chérir, et, à défaut de la vraie tendresse dont son cœur n'était point pourvu, elle lui témoigna du respect et des égards ; elle se résigna à ne plus la maudire, à se trouver fort heureuse, à ne manquer de rien, pas même d'un certain superflu, car Diane se privait très-volontiers d'une robe pour lui en donner une plus belle ; enfin à ne plus tourmenter le bon Flochardet qui, grâce à sa fille, redevint aussi sage et aussi heureux qu'au temps de sa première femme.

Un jour, Diane vit arriver la vicomtesse de Pictordu qui, après mille caresses et autant de circonlocutions, se résigna à lui demander si elle avait pu tirer quelque parti de ses médailles. Elle avouait que le pavillon des thermes lui avait coûté plus d'argent à restaurer qu'elle ne l'avait prévu et que son mari était fort embarrassé pour payer une somme, petite en réalité, mais considérable pour lui, qu'il avait dû emprunter.

Elle ajoutait que si Diane avait toujours une passion d'artiste pour les ruines de Pictordu, elle était résignée à s'en défaire et qu'elle les lui céderait avec toute la partie rocheuse du vieux parc, pour un prix très-modéré.

— Ma chère vicomtesse, lui répondit Diane, si, quelque jour, je suis en situation de me passer cette fantaisie, j'attendrai que vous soyez sérieusement dégoûtée du château de vos ancêtres, — mais sachez que vous n'êtes nullement forcée de faire ce sacrifice. Je n'ai point oublié vos monnaies anciennes. Il m'a fallu du temps pour les faire estimer et connaître, j'en suis venue à mes fins et j'ai le plaisir de vous annoncer qu'il y en a trois ou quatre d'une réelle valeur, surtout celle que j'ai trouvée moi-même. J'allais vous écrire pour vous communiquer les diverses propositions que le docteur a reçues des musées et des amateurs. Puisque vous voici, je veux que vous consultiez vous-même le docteur Féron; mais sachez qu'en acceptant dès aujourd'hui les offres telles qu'elles sont, vous pouvez réaliser une somme double de celle qui vous est nécessaire.

Blanche émerveillée se jeta au cou de Diane et l'appela son ange tutélaire. Elle s'entendit avec le bon docteur qui avait fait les choses pour le mieux et qui fit rentrer assez vite le produit de cette petite fortune. Blanche retourna chez elle pleine de joie, après avoir supplié Diane de revenir la voir.

Mais Diane n'avait plus rien à faire au château de Pictordu. Elle ne souhaitait point le posséder matériellement. Elle le possédait dans sa mémoire comme une vision chère et sacrée qui lui apparaissait quand elle voulait. La fée qui l'y avait accueillie l'avait quitté pour la suivre, et cette inspiratrice demeurait à présent avec elle, pour toujours et en quelque lieu qu'elle se transportât. Elle lui bâtissait des châteaux sans nombre, des palais remplis de merveilles, elle lui donnait tout ce qu'elle pouvait souhaiter, la montagne comme la forêt et la rivière, les étoiles du ciel comme les fleurs et les oiseaux. Tout riait et chantait dans son âme, tout étincelait devant ses yeux quand, après un sérieux travail, elle sentait qu'elle avait réalisé un progrès et fait un pas de plus dans son art.

Ai-je besoin de vous dire le reste de son existence? Vous le devinez bien, mes enfants, ce fut une existence très-noble, très-heureuse et très-féconde en ouvrages exquis. Diane, à vingt-cinq ans, épousa le neveu du docteur, cet excellent frère d'adoption qui était un homme de mérite et qui n'avait jamais songé qu'à elle. Elle se trouva donc riche et put faire beaucoup de bien ; entre autres, elle fonda un atelier de jeunes filles pauvres, qu'elle forma elle-même gratis. Elle fit avec son mari les beaux voyages qu'elle avait rêvés et revint toujours avec bonheur retrouver son pays, son vieux ami, son père, et même sa belle-mère, qu'elle était arrivée à aimer pour lui avoir beaucoup pardonné ; car c'est une loi des bonnes natures : on s'attache à ce qu'on a supporté, on tient à ce qui vous a coûté beaucoup. Les grands cœurs aiment le sacrifice, cela est bien heureux pour les cœurs étroits. Il y a des uns et des autres, et en apparence les derniers vivent aux dépens des premiers. Mais, en réalité, ceux qui donnent et pardonnent connaissent les plus hautes jouissances, car c'est avec eux que se plaisent les génies et les fées, esprits absolument libres dans leur manière de voir, qui fuient les personnes enchantées d'elles-mêmes et ne se montrent qu'aux yeux agrandis par l'enthousiasme et le dévouement.

Nohant, 1ᵉʳ février 1873.

LA REINE COAX

A MADEMOISELLE

AURORE SAND

Puisqu'à présent tu sais lire, ma chérie, je t'écris les contes que je te disais pour t'instruire un tout petit peu en t'amusant le plus possible. Tu apprends ainsi des mots, des choses qui sont nouvelles pour toi. Je me décide à publier un de ces contes pour que d'autres enfants puissent en profiter aussi : leurs parents ne m'en sauront point mauvais gré.

Ta grand'mère.

Il y avait dans un grand vieux château en Normandie ou en Picardie, je ne me souviens pas bien, une grande vieille dame qui possédait beaucoup de terres, qui était très-bonne et très-sensée malgré son grand âge. Autour du château, il y avait de grandes douves ou fossés remplis de joncs, de nénuphars, de souchets et de mille autres plantes fort belles qui venaient toutes seules, et où vivaient une quantité de grenouilles, quelques-unes si vieilles et si grosses qu'on s'étonnait de leur belle taille et de leur voix forte. La châtelaine, qui s'appelait dame Yolande, était si habituée à leur tapage qu'elle n'en dormait pas moins bien, et personne autour d'elle n'en était incommodé.

Mais il arriva une grande sécheresse. L'eau manqua dans les fossés, les roseaux et les autres plantes périrent; beaucoup de grenouilles, de salamandres, de lézards d'eau et autres petites bêtes qui vivaient dans ces herbes moururent et furent cause que la boue fut comme empoisonnée, répandit une vilaine odeur de marécage, et fit venir la fièvre dans le château et dans les environs. Cette fièvre était très-mauvaise, plusieurs personnes en moururent, et madame Yolande, ainsi que presque tous ceux qui demeuraient avec elles tombèrent malades.

Madame Yolande avait des enfants établis dans d'autres pays, il n'était resté auprès d'elle qu'une de ses petites-filles, nommée Marguerite. C'était une enfant de quinze ans, très-avisée, très-courageuse et très-obligeante, qui se faisait aimer de tout le monde, encore qu'elle ne fût point du tout jolie. Elle était très-petite, très-agile de son corps et assez gracieuse; mais elle avait le nez trop court, les yeux trop ronds, la bouche trop grande. Madame Yolande, qui avait été belle en son temps, disait parfois : — Quel dommage qu'une enfant si aimable et si intelligente ait la figure d'une petite grenouille!

Est-ce à cause de cette ressemblance que Marguerite aimait les grenouilles et qu'elle les plaignait en les voyant mourir de faim et de soif dans les fossés desséchés? Malgré sa pitié pour ces innocentes bêtes, elle fit un jour une réflexion. C'est que, si les fossés étaient entièrement taris et cultivés en jardin, il y aurait là de beaux fruits abrités de la gelée, et que le terrain assaini ne donnerait plus de mauvais air et de fièvres aux gens du château et des environs. Elle soigna si bien sa grand'mère et ses vieux serviteurs qu'elle vint à bout de les guérir, et, quand l'hiver fut venu, elle dit à madame Yolande, à qui déjà elle avait parlé de son idée : — Grand'mère, voici les fossés tout à fait sans eau, la gelée a détruit toutes les bêtes et toutes les herbes; n'attendons pas le premier printemps, qui est la saison des pluies et qui fera repousser et revivre tout ce marécage. Appelons des ouvriers, faisons enlever tous ces débris et creuser des rigoles par où l'eau s'écoulera au dehors. Nous ferons apporter de la bonne terre, nous sablerons des allées, nous sèmerons et planterons, et l'an prochain nous n'aurons plus de maladies.

— Fais comme tu veux, Margot, répondit madame Yolande. Tu es fille de bon conseil. Je te donne permission de commander à tous les ouvriers.

Mademoiselle Margot se dépêcha d'ordonner tout. Au bout de quinze jours, les grands fossés furent nettoyés. On mit le feu aux mauvaises herbes desséchées et pourries, on dessina de beaux parterres, on sabla de belles allées, et au mois de mars on planta des espaliers le long des murs, des arbustes précieux dans les carrés, des fleurs dans les plates-bandes. Au mois de mai, tout était feuilles et fleurs dans ces fossés si malsains et si dangereux. Dans chaque compartiment de ces parterres, on avait creusé des bassins revêtus de marbre, où l'eau de pluie était recueillie et restait belle et claire, avec de jolis poissons rouges comme du feu et de beaux cygnes blancs comme la neige. Marguerite fit faire de belles cabanes peintes en vert, où elle logea ses cygnes et ses paons. Les chardonnerets et les pinsons vinrent faire leurs nids dans les arbres. Elle se plaisait tant dans ses nouveaux jardins bien abrités de la grande chaleur et du grand froid, qu'elle y passait sa vie, et madame Yolande y descendait de temps en temps par un escalier que sa petite-fille y avait fait faire bien doux à son intention.

Un jour que Marguerite lui demandait si elle était contente, car l'été était revenu, et personne n'était malade : — Certainement, je suis contente de toi, répondit la vieille dame, et je reconnais que tu nous as rendu un grand service. Pourtant il faut que je t'avoue une chose, c'est que malgré moi je regrette, non pas le vilain marécage dont tu nous as délivrés, mais le temps de ma jeunesse où les eaux étaient abondantes et claires. Je ne connais rien de beau comme une demeure seigneuriale entourée de ses douves bien pleines. A présent notre château a l'air d'une maison bourgeoise, et je suis sûre que les dames des environs se moquent de nous et se demandent, en voyant tes plantations, si nous sommes des jardinières et si nous comptons envoyer nos pommes au marché.

Marguerite fut si mortifiée des paroles de sa grand'mère, qu'elle baissa la tête en rougissant. Madame Yolande la baisa au front en lui disant pour la consoler : — A présent la chose est faite et elle est avantageuse. Il faut savoir préférer l'utile à l'agréable. Nous mangerons nos pommes et nous laisserons jaser. Continue à soigner ton jardin, et sois sûre que je t'approuve.

Marguerite, restée seule, devint toute pensive. Elle n'avait jamais vu les douves pleines et limpides. Peut-être ne l'avaient-elles jamais été autant que se l'imaginait sa grand'mère, mais Marguerite se souvenait de les avoir vues toutes vertes de lentilles d'eau, comme un tapis de soie finement brochée, avec de grands massifs de roseaux énormes surmontés de leurs thyrses de velours brun ; elle se rappelait les butomes avec leurs gros bouquets de petites roses blanches et rousses, les renoncules d'eau avec leurs mille fleurettes d'argent mat, et les alismas nageans et les véroniques d'eau bleu d'azur, et toutes ces petites merveilles de mousses fontinales qu'elle avait roulées en nids, dans ses jeux, les longues scolopendres dont elle s'était fait des ceintures, les fougères élégantes dont elle s'était fait des aigrettes, et alors elle se sentit prise d'un regret singulier et trouva son beau jardin triste et laid.

— J'ai détruit, se dit-elle, une chose qui me plaisait et que ma grand'mère regrette, une chose qui avait été belle et qui le serait peut-être redevenue cette année aux pluies d'automne. — Elle regarda ses bassins de marbre, ses poissons rouges et ses beaux cygnes, et se prit à pleurer, se persuadant que tout cela ne valait pas les grosses grenouilles, les salamandres, les lézards d'eau et les mille bestioles qui s'ébattaient autrefois dans la mousse et dans la vase. Elle fixa ses yeux pleins de larmes sur l'eau limpide qui s'échappait pour aller porter au dehors, par une rigole bien propre, le trop-plein des bassins, et elle suivit machinalement cette petite eau courante, devenue libre dans la campagne.

C'était un gentil ruisseau qui se perdait dans une grande prairie, et Marguerite marcha dans l'herbe humide vers la rivière où cette eau se glissait sans bruit et cachée dans le gazon. Elle arriva ainsi à un endroit où ces écoulements devenus libres avaient formé au bord de la rivière un marécage assez étendu, qui n'y était pas autrefois. La rivière n'était pas grande, des arbres abattus par l'orage gênaient son cours en cet endroit-là, et ce qu'elle recevait de la prairie ne pouvait aller plus loin sans effort. Alors les grands roseaux qui se dressaient autrefois dans les douves avaient repoussé follement avec leurs compagnons les butomes, les alismas, les souchets, les iris, les renoncules blanches et les véroniques bleues, et autour de toute cette végétation des myriades d'insectes se livraient à leurs jeux. Les grandes et petites demoiselles, phryganes, agrions et libellules rouge-corail, bleues, vertes, diamantées, les perlides légères, les éphémères transparentes ou mouchetées de noir, les ravissantes hémérobes, à la robe diaphane lustrée de rose et lamée d'émeraude, se groupaient, se dispersaient ou se poursuivaient à travers le feuillage élégant de la royale fougère *osmunda*. Dans les tiges de cette petite forêt vierge fourmillait un monde de coléoptères vêtus de bronze doré, ardoisé ou comme rougi au feu, donacies et gyrins, peuple terrestre qui semble avoir emprunté son éclat aux métaux, comme le peuple aérien des papillons semble emprunter le sien aux fleurs, et le peuple des névroptères aux rayons solaires. Vêtus de couleurs plus sombres, les lourds distiques nageaient avec une surprenante agilité dans l'eau que des nuages de diptères, tipules et cousins effleuraient comme une poussière d'or.

Marguerite se rappela le temps où elle prenait

plaisir à regarder les jeux de tous ces petits êtres et à voir nager les grenouilles; mais elle eut beau chercher, elle vit de tout dans cette eau, excepté une grenouille grande ou petite. — Est-ce qu'il n'y aurait plus une seule grenouille sur la terre? se demanda-t-elle, et serais-je cause que ces pauvres bêtes n'existent plus?

Le soleil s'était enfoncé dans un gros nuage violet qui rampait sur l'horizon, lorsque tout d'un coup il se dégagea et lança sur la prairie un rayon rouge si éclatant que Marguerite fut forcée un instant de fermer les yeux. Lorsqu'elle les rouvrit, elle se vit, non pas au bord du marécage, mais tout au beau milieu, sur un îlot de branches et de racines, avec de l'eau tout autour d'elle, de l'eau qui paraissait profonde et claire et où sautillaient des milliers d'étincelles. Elle ne se demanda pas comment elle était venue là sans se mouiller et comment elle en sortirait sans se noyer. Le rayon de soleil était si beau que tout semblait très-beau dans le marécage, l'eau était comme de l'or en fusion, les roseaux semblaient des palmiers couverts de fruits d'émeraude et de rubis, et d'un vieux saule qui se penchait sur le rivage tombaient en pluie des insectes d'azur à ventre d'argent qui se hâtaient de sucer les fleurs lilas des eupatoires.

Alors Marguerite entendit comme un chant faible et confus sous les eaux; ce chant monta bientôt dans les herbes et murmura de petits mots incompréhensibles. Peu à peu les voix s'élevèrent, et les paroles devinrent distinctes. Marguerite entendit son nom mille fois répété par des millions de petites voix : Margot, Margot, Margot, Margot, Margot ! Elle ne put s'empêcher de leur répondre : — Qu'est-ce qu'il y a ? que me voulez-vous ?

Alors toutes les bestioles, lézards, salamandres, araignées d'eau, nautonectes, alcyons, libellules, se mirent à parler tous ensemble sans cesser de gambader, de glisser, de plonger, de voler et de danser follement, répétant : Margot, Margot, sur tous les tons, au point que Marguerite en fut assourdie. — Voyons, dit-elle en se bouchant les oreilles, si vous voulez parler, ne parlez qu'un à la fois, et faites comprendre ce que vous me demandez.

Alors il se fit un grand silence, toutes les bêtes cessèrent de remuer, le soleil se voila de nouveau, et, les roseaux s'écartant comme si ce fût sous les pas d'une personne, Marguerite vit apparaître en face d'elle une superbe grenouille verte tigrée de noir, mais si grosse, si grosse, qu'elle n'en avait jamais vu de pareille, et qu'elle en eut peur.

— Ne crains rien, si tu as de bonnes intentions, lui dit la grenouille d'une voix qui résonnait comme un battoir ; sache que, si tu es une petite demoiselle assez puissante sur cette terre, je suis, dans ces eaux et dans ces herbes, une grande reine omnipotente, la reine Coax ! Je te connais fort bien. J'ai longtemps demeuré sous ta fenêtre, dans les fossés de ton vieux manoir. Dans ce temps-là, je commandais à un grand peuple dont j'étais la mère, et nous t'aimions parce que tu nous aimais. Nous avions remarqué ta ressemblance avec nous, et nous te considérions comme une de nos sœurs. Tu venais chaque jour nous regarder, et nos mouvements gracieux te charmaient, en même temps que notre voix mélodieuse dissipait tes ennuis. Tu ne nous as jamais fait de mal, aussi ne t'ai-je point accusée des malheurs de mon peuple. La sécheresse l'a détruit, hélas! Seule j'ai survécu au désastre, seule j'ai suivi les quelques gouttes d'eau qui fuyaient à travers ce pré. Je m'y suis établie, en attendant qu'un nouveau mariage me permette d'avoir une nouvelle famille. Écoute donc bien mes paroles. N'aie jamais l'idée de dessécher mon nouvel empire comme tu as desséché les douves de ton manoir, où j'avais daigné établir ma résidence; sache que, si tu en faisais autant de ce pré, il t'arriverait de grands malheurs ainsi qu'à ta famille.

— Vous vous moquez, madame, répliqua Margot avec assurance. Je vois bien que vous êtes fée, et vous devez savoir que jamais je n'ai eu l'intention de vous faire de la peine; même, s'il dépend de moi de vous rendre quelque service, j'y suis très-disposée, car je vois votre chagrin, et je n'ai point un mauvais cœur.

— Eh bien! ma belle enfant, dit la grenouille, je vais t'ouvrir le mien et te confier mes peines. Suis-moi dans mon palais de cristal, tu apprendras des choses merveilleuses que nulle oreille humaine n'a jamais entendues.

En parlant ainsi, la reine Coax plongea au plus profond de l'eau. Marguerite se trouva persuadée au point qu'elle allait l'y suivre, lorsqu'elle se sentit arrêtée par le bord de sa jupe, et, en se retournant, elle vit derrière elle le beau Névé, qui était le plus grand et le mieux apprivoisé de ses cygnes. Il était son favori et portait un collier d'or. Aussitôt le charme que la grenouille avait jeté sur elle se dissipa, et elle s'effraya de se voir au milieu de l'eau, en pleine nuit, car le soleil était couché, le ciel était couvert d'épaisses nuées, et elle ne savait plus où poser le pied pour sortir du marécage. — Ah! mon cher Névé, dit-elle au cygne en le caressant, comment as-tu fait pour venir me trouver ici, et comment vais-je en sortir?

Le cygne reprit le bas de sa jupe et se remit à la tirer de toute sa force. Elle le suivit à tout risque et trouva du sable et des pierres sous ses pieds. Elle put donc sortir du marécage; mais à peine fut-elle dehors, qu'elle ne vit plus le cygne. Elle l'appela en vain, elle fit le tour, elle se hasarda encore sur l'îlot, elle invoqua la grenouille pour qu'elle lui dît où le cygne avait passé. Tout fut muet, et la nuit devenait toujours plus sombre. — Est-ce que j'aurais fait un rêve? se dit-elle, ou bien Névé m'a-t-il devancée au château?

Elle prit le parti d'y revenir en courant, et aussitôt qu'elle se fut montrée à sa grand'mère, elle alla voir si Névé était rentré; mais elle ne le trouva ni dans la cabane, ni dans le jardin, ni dans les cours du château, ni à la ferme, et elle en conçut une grande inquiétude.

Sa grand'mère en avait eu une plus grande encore. Marguerite la rassura en lui disant qu'elle s'était oubliée à rêver au bord de la rivière; mais elle n'osa point lui raconter les choses extraordinaires qui lui étaient arrivées; elle craignait d'être raillée, d'autant plus qu'elle n'était pas bien sûre de n'avoir point vu et entendu ces choses dans un rêve. La seule chose certaine pour elle, c'est que son beau cygne avait disparu, et quand, après l'avoir cherché en vain, tout le monde fut couché, au lieu de dormir, elle ouvrit sa fenêtre, regardant de tous côtés et sifflant doucement, comme elle avait l'habitude de le faire pour l'appeler. Enfin, ne voyant et n'entendant rien que l'orage qui grondait et le vent qui faisait grincer les girouettes, elle se coucha bien chagrine et bien fatiguée.

Alors elle entendit une voix douce comme une musique lointaine qui passait dans le vent d'orage et qui lui disait : — Ne crains rien, je veille sur toi, mais ne te fie point à la reine Coax; une fille prudente ne doit point causer avec les grenouilles qu'elle ne connaît pas.

A son réveil, elle jugea bien qu'elle avait rêvé cette voix et ces paroles, et bientôt elle crut pouvoir être sûre que les aventures de la veille s'étaient passées dans son imagination, car étant descendue aux douves, le premier objet qu'elle vit fut le beau cygne nageant dans un des bassins. Elle l'appela, lui donna du pain et lui fit mille caresses. Il mangea le pain avec la même gourmandise et reçut les caresses avec la même indifférence que de coutume, car, s'il était beau et bien apprivoisé, il n'était pas pour cela plus spirituel que les autres cygnes. Marguerite essaya de lui parler, ce à quoi il ne fit nulle attention, et, quand il n'eut plus faim, il s'en alla faire le beau au soleil, lisser ses plumes, gratter son ventre, après quoi il s'endormit sur une patte sans songer à rien.

Alors Marguerite, cherchant la cause de ses rêveries, se rappela qu'elle avait pris grand plaisir dans son enfance à entendre les contes que sa grand'mère lui disait pour l'endormir, et que dans un de ces contes il y avait une grenouille fée qui faisait des choses merveilleuses. Elle tâcha de s'en souvenir et ne put en venir à bout. — C'est cette histoire, se dit-elle, qui m'aura trotté dans la tête. Pour n'y plus songer, je vais demander à ma bonne mère de me la raconter, afin que je puisse en rire avec elle.

Elle alla trouver madame Yolande au salon, mais elle oublia les grenouilles et les fées en voyant près d'elle un personnage dont l'air et le costume lui causèrent de l'éblouissement. C'était un grand jeune homme blanc, rose, frisé, poudré à la mode de ce temps-là, en bel uniforme d'officier bleu de ciel tout galonné d'argent. Il se leva, et, marchant avec beaucoup de grâce, comme s'il eût voulu danser le menuet, il vint à sa rencontre, lui baisa la main, et lui dit d'une petite voix flûtée : — C'est donc vous, ma chère cousine Marguerite? Je suis heureux de refaire connaissance avec vous. Vous êtes grandie, mais votre figure n'a point du tout changé.

Marguerite rougit, car elle prit cela pour un compliment et ne sut que répondre ; elle ne reconnaissait pas du tout celui qui l'appelait ma cousine.

— Chère enfant, lui dit madame Yolande, tu ne te

rappelles donc pas ton cousin Mélidor de Puypercé ? Il est vrai que tu étais toute petite quand il est parti simple officier. A présent qu'il a vingt ans, ses parents lui ont donné un régiment, et tu vois un colonel de dragons. Embrassez-vous, mes enfants, et soyez bons amis comme autrefois.

Marguerite se souvint alors de ce cousin qu'elle n'avait jamais pu souffrir, parce qu'il était taquin et désœuvré. Pourtant, comme elle était sans rancune, elle lui tendit sa joue, qu'il toucha du bout des lèvres avec un air de moquerie qui lui fit de la peine. Elle pensa qu'il était ingrat, ou qu'il ne se souvenait plus de toutes les méchancetés qu'il avait à se faire pardonner.

Cependant il reprit la conversation, et elle l'écouta bouche bée, car il racontait des merveilles de Paris, des spectacles, des fêtes et des bals où il s'était distingué. Il parlait de la mode et des toilettes, et paraissait si au courant et si bon juge des parures de femme, que Marguerite fut toute honteuse de sa petite robe d'indienne à fleurs rouges et du maigre ruban vert qui retenait ses beaux cheveux. Pour lui, il ne faisait aucune attention au dépit qu'il lui causait, et madame Yolande ne paraissait point trouver son petit-neveu aussi frivole qu'il l'était. Elle souriait en écoutant ses niaiseries, comme si elle eût pris plaisir à se rappeler le temps où elle faisait grande figure dans le monde. On servit le dîner. M. de Puypercé trouva tout fort médiocre, même les pâtisseries que Marguerite faisait fort bien et que tous les hôtes de la maison avaient coutume d'apprécier. Il méprisa tout à fait le cidre du pays, qui était délicieux, et ne se gêna point pour demander du vin de Champagne que sa grand'tante lui fit servir, qu'il déclara fort plat, et dont il but toutefois plus qu'il n'était nécessaire pour déraisonner.

Alors madame Yolande s'aperçut de son mauvais ton et lui dit : — Mon cher enfant, allez vous coucher. Demain vous saurez peut-être ce que vous dites. J'aime à croire qu'on vous a enseigné la politesse, et que, quand vous êtes dans votre bon sens, vous ne dépréciez pas ainsi d'une façon impertinente les choses qui vous sont offertes de bon cœur.

Marguerite fut contente de la leçon qu'il recevait et s'endormit sans songer à lui. Pourtant, comme il y a toujours un peu de vanité au fond du cœur le plus raisonnable, quand elle s'habilla le lendemain, elle reprocha à sa fille de chambre de lui apporter toujours ses plus vilaines robes; elle en avait dans son armoire d'assez belles qu'elle ne mettait jamais.

La fille de chambre lui présenta alors une robe de soie jaune très-riche que madame Yolande lui avait donnée, et qui était toute rehaussée de rubans couleur de feu. Madame Yolande n'était ni pauvre ni avare, mais elle vivait depuis si longtemps à la campagne qu'elle ne connaissait plus rien à la toilette, et, comme Marguerite n'avait point coutume de s'en soucier : préférant les jupes courtes et les étoffes solides pour courir et jardiner, la pauvre enfant, quand on la forçait à se faire belle, avait l'air d'une petite vieille endimanchée. C'était une belle occasion pour le jeune Puypercé de se moquer d'elle. Il ne le fit pourtant point, la leçon de madame Yolande lui avait profité, et Marguerite fut surprise de le trouver très-aimable et très-poli. Elle lui sut gré des excuses qu'il lui fit de sa *migraine* de la veille, laquelle, disait-il, l'avait rendu maussade; enfin il lui parla de manière à lui faire oublier tout ce qui lui avait déplu, et à son tour elle désira lui être agréable. Après le déjeuner, elle lui proposa de visiter ses nouveaux jardins. Elle l'y conduisit, et se réjouit de le voir s'amuser de tout, s'enquérir de toutes choses et ne plus rien déprécier. Il regarda les poissons rouges, et lui demanda s'ils étaient bons à manger; il admira les renoncules, qu'il appela des tulipes, et se divertit à voir nager les cygnes, disant qu'en chasse ce serait un beau coup de fusil.

Une seule chose inquiéta Marguerite, c'est que Névé, comme s'il eût entendu les paroles de Puypercé, entra dans une furieuse colère et le poursuivit à grands coups d'aile et de bec. Elle craignit qu'en se sentant ainsi attaqué, le colonel de dragons ne fît une défense où le pauvre cygne eût succombé; il n'en fut rien. Le beau colonel se réfugia d'abord vers sa cousine, puis, voyant qu'il ne pouvait faire un pas sans que Névé s'acharnât à lui pincer les mollets, il prit la fuite et se planta tout pâle derrière la grille du jardin, qu'il eut soin de fermer entre le cygne et lui. Marguerite eut de la peine à repousser l'oiseau exaspéré et à rejoindre son cousin, dont la frayeur l'étonna beaucoup. Il s'en justifia en lui disant qu'il avait craint de se mettre en colère et de tuer, en se défendant, une bête qu'elle aimait.

Elle était en train d'excuser tout, elle l'excusa et le mena dans la campagne, où elle lui montra les beaux grands arbres qui entouraient la garenne. — Et combien valent-ils? lui demanda M. de Puypercé.

— Vraiment je ne sais, répondit Marguerite; ils ne sont point à vendre.

— Mais quand ils seront à vous? Votre grand'mère m'a dit ce matin qu'elle comptait vous donner, après sa mort, tout ce qu'elle possède dans ce pays-ci.

— Elle ne m'a jamais parlé de cela, et je vous prie, Mélidor, de ne pas me parler de la mort de ma grand'mère.

— Il faudra bien pourtant vous y résoudre; la voilà très-vieille, et elle désire vous marier auparavant.

— Je ne veux point me marier! s'écria Marguerite; je ne veux pas risquer d'être obligée de quitter ma bonne-maman, qui m'a élevée et qui est ce que j'aime le mieux au monde.

— C'est très-gentil de penser comme cela, mais ma tante Yolande mourra bientôt, et vous ne serez pas fâchée de trouver un beau mari qui vous fera riche en vendant tous ces champs, tous ces prés et ce vilain vieux château où vous êtes comme enterrée vivante. Alors, ma chère Marguerite, vous porterez des habits magnifiques, à la dernière mode; vous irez à la cour, vous aurez un beau carrosse, de grands laquais, des diamants, une loge à l'Opéra, un hôtel à Paris, enfin tout ce qui peut rendre une femme heureuse.

D'abord Marguerite fut très-chagrinée d'entendre son cousin parler de la sorte; mais tout en parcourant avec elle ces bois, ces champs et ces prairies, qu'il examinait et dont il supputait la valeur, il revint si souvent à cette idée qu'elle serait très-riche et bientôt mariée à son gré, qu'elle commença d'y songer et de s'étonner de n'y avoir jamais songé encore.

Ils arrivèrent, sans se demander où ils allaient, au bord du marécage, et tout à coup Puypercé s'écria : — Ah! que voilà une belle grenouille! Je n'en ai jamais vu de si grosse! C'est bon à manger, les grenouilles; il faut que je la tue. — Et comme la grenouille dormait au soleil sans se méfier, il leva sa canne.

— Arrêtez, mon cousin, s'écria Marguerite en lui retenant le bras; ne faites pas de mal à cette bête, vous me feriez beaucoup de peine.

— Pourquoi donc? reprit le cousin tout étonné, — et il se tourna vers elle en la regardant d'un air singulier.

Ce regard troubla Marguerite. Ne sachant ce qu'elle disait et toute frappée du souvenir de la vision qu'elle avait eue en ce lieu, elle poussa doucement la grenouille avec le bout de son ombrelle en lui disant : — Réveillez-vous, madame, et sauvez-vous.

La grenouille plongea au fond de l'eau, et le colonel se tordit de rire. — Qu'est-ce que vous avez donc à vous moquer comme cela? lui dit Marguerite : je ne puis souffrir qu'on fasse du mal aux bêtes...

— Aux grenouilles surtout! reprit Puypercé, riant toujours, au point qu'il en avait les yeux rouges ; vous protégez les grenouilles, vous leur parlez poliment, vous êtes au mieux avec elles!

— Et quand cela serait, dit Marguerite fâchée, qu'est-ce que vous y trouvez de si ridicule et de si plaisant?

— Rien! répondit Puypercé en redevenant tout à coup sérieux; quand une grenouille a de l'esprit et de la grâce.... On s'habitue à tout, et autant cette bête-là qu'une autre. Je vous promets, ma cousine, de ne faire aucun mal à vos amies. Parlons d'autre chose, et croyez que je ne me moque point; vous êtes une personne aimable, et, si vous aviez vu le monde, vous gagneriez beaucoup.

— C'est donc bien beau, le monde? pensait Marguerite en revenant au manoir, appuyée sur le bras du colonel. Elle se sentait prise d'une grande curiosité, et, le soir venu, elle ne put se défendre de demander à madame Yolande pourquoi elle ne quittait plus jamais la campagne.

— Eh! eh! Margot, répondit la bonne dame, voilà que tu t'ennuies d'être une campagnarde? Prends patience, mon enfant, je suis bien vieille, et tu ne tarderas pas à être libre de vivre où tu voudras.

Marguerite fondit en larmes, et, se jetant au cou de sa bonne-maman, elle ne put lui dire un mot; mais madame Yolande comprit bien son bon cœur et sa grande amitié. Alors elle se tourna vers son petit-neveu et lui dit: — Tu t'es trompé, mon garçon, Margot ne s'ennuie pas avec moi et ne souhaite pas me quitter. Tu peux t'en retourner à ton régiment ou à tes plaisirs.

— Puisque vous me congédiez, ma chère tante, répondit-il, j'ai l'honneur de vous faire mes adieux. Je partirai demain de grand matin. Adieu, Marguerite, vous réfléchirez. — Et il se retira en saluant avec grâce.

— Bonne-maman, qu'est-ce que cela veut dire? s'écria Marguerite dès qu'il fut sorti.

— Cela veut dire, mon enfant, que, si tu veux épouser ton cousin Puypercé, la chose ne dépend que de toi.

— Comment? il était venu pour me demander en mariage?

— Non, il n'y songeait point; mais l'idée lui en est venue ce matin.

— Pourquoi donc?

— C'est peut-être qu'il t'a trouvée jolie? dit en souriant madame Yolande.

— Grand'mère, ne vous moquez point! Je ne suis pas jolie, et je le sais bien. Je ne suis qu'une grenouillette, vous me l'avez dit souvent.

— Et cela ne m'a pas empêchée de t'aimer; on peut donc être grenouillette et inspirer de l'affection.

— Mon cousin m'aimerait! Non; il me connaît trop peu. Dites-moi la vérité, grand'mère; il ne peut pas m'aimer.

— C'est à toi de me dire ce que j'en dois penser; vous vous êtes promenés ensemble toute l'après-midi. Je n'y étais pas. Il a dû te dire beaucoup de belles choses. Ne lui as-tu pas dit, toi, que tu voudrais bien être mariée pour être une belle dame et voir le monde?

— Non, grand'mère, il a menti; je n'ai rien dit de pareil.

— Mais ne l'as-tu point pensé? Il est si malin! il l'aura deviné.

Marguerite ne savait pas mentir, elle se sentit confuse et ne répondit pas. Madame Yolande était fine et comprit. — Écoute, chère enfant, lui dit-elle; tu m'as donné du bonheur et des soins dans ma vieillesse, je dois travailler à rendre ta jeunesse heureuse et brillante. Je te ferai riche, et ton cousin le sait. Je ne veux te dire de lui ni bien ni mal. Tu as beaucoup d'esprit et de raison, tu le jugeras, et il te l'a dit: tu réfléchiras. Va te reposer, et si demain matin tu veux qu'il reste, tu n'auras qu'à le lui faire savoir.

Marguerite fut si agitée de surprise et d'inquiétude qu'elle ne songea point à se coucher. Elle ne sentait aucune amitié pour son cousin, mais peut-être en avait-il pour elle. Elle se savait aimable et point sotte. Puypercé lui avait d'abord paru insipide et désagréable. Pourtant, si, oubliant sa laideur, ce joli garçon avait apprécié son esprit, c'est qu'il en avait apparemment aussi. Il avait des défauts: il était frivole, il aimait la dépense et la bonne chère, mais il avait peut-être un bon cœur, car il lui avait cédé en voyant qu'elle protégeait les bêtes, et il ne paraissait point entêté. Je suis si laide, moi! se disait-elle; je ne plairai peut-être jamais à aucun autre, ou bien ce sera un garçon aussi vilain que moi, et tout le monde dira : Elle ne pouvait trouver mieux. Est-il défendu de mettre son amour-propre à se promener au bras d'un joli mari et d'entendre dire : Margot a une figure de grenouille, mais elle a tout de même plu à ce beau monsieur, à ce colonel si bien poudré, si bien habillé, qui pouvait choisir parmi les plus belles ! Je ne veux pas quitter ma grand'mère. Eh bien ! s'il m'aime, il consentira à me laisser auprès d'elle, et il viendra nous voir souvent. Allons ! puisqu'elle me laisse libre, c'est à moi de me décider avant demain matin. Si je le laisse partir, il sera fâché et ne viendra plus ; si je lui écrivais une lettre, qu'on lui remettra sitôt le jour venu ? Mais je n'ose point. Pourquoi a-t-il eu si peur de mon cygne, et pourquoi le cygne était-il si furieux contre lui ? Il est très-bizarre, mon cousin ; pourquoi a-t-il tant ri quand j'ai dit à la grenouille.... ?

Marguerite était fatiguée, elle s'endormit sur sa chaise ; elle se leva pour se tenir éveillée, et tout à coup elle se trouva, sans savoir comment, dans les douves, au bord d'un des bassins de marbre que la lune éclairait. Elle fut surprise de voir que de grands roseaux qu'elle n'avait jamais remarqués avaient poussé tout autour et jusque dans l'eau, et comme elle s'asseyait toute lasse et assoupie sur un banc de gazon, la reine Coax sauta auprès d'elle et lui parla ainsi : — Margot, vous êtes une bonne personne, vous avez empêché qu'on ne m'ôtât la vie. Je vous veux donner un bon conseil, c'est pour cela que je suis sortie de mon palais de la prairie pour venir

8.

vous trouver dans vos douves, que je connais comme ma poche. Vous devez épouser votre cousin, ma chère, ce sera pour vous le bonheur et la gloire.

— Vous ne lui en voulez donc pas pour le coup de canne qu'il a voulu vous donner?

— Il ne savait pas qui j'étais, il me prenait pour une grenouille comme une autre. Cela m'a fait penser qu'il serait prudent de porter désormais ma couronne et mes bijoux; je compte m'habiller ce soir comme il convient à mon rang.

— Votre couronne et vos bijoux? dit Marguerite étonnée, où sont-ils donc?

— Je viens te les demander, Margot, car ils sont chez toi.

— Comment cela?

— Apprends mon histoire, que j'allais te raconter l'autre jour quand ton affreux cygne, cet oiseau de malheur que tu appelles Névé et qui n'est autre que le prince Rolando, est venu te priver de mes confidences. Entends-le! Il s'agite dans sa cabane de planches, il voudrait me dévorer; mais je me suis assurée qu'il était bien enfermé : d'ailleurs je sais des paroles magiques pour le tenir en respect. Écoute-moi donc, et fais ton profit de ce que je vais te révéler :

» Je suis une de tes aïeules, non pas directe, je suis la trisaïeule de la trisaïeule de ta tante madame de Puypercé, mère de ton cousin le colonel. C'est pourquoi je m'intéresse à lui et à toi. J'ai à présent l'honneur d'être fée; mais j'étais mortelle comme toi, et je suis née dans ce château. On m'appelait Ranaïde. J'étais belle comme le soleil, aussi belle comme femme que je le suis aujourd'hui comme grenouille. Mon père, qui s'occupait de magie, m'enseigna les sciences occultes, et comme j'avais beaucoup d'esprit, je devins si savante que je m'appropriai les plus rares secrets, entre autres celui des transformations. J'étais libre de prendre toute forme extérieure et de reprendre la mienne au moyen de certaines préparations et enchantements. Par ce moyen, je savais tout ce qui se faisait et se disait sur la terre et dans les eaux; mais je cachais avec soin ma puissance, car j'eusse été dénoncée, poursuivie et brûlée comme sorcière en ces temps d'ignorance et de superstition.

» J'avais vingt ans quand le prince Rolando m'épousa. Il était jeune, riche, aimable et beau. Je l'aimai éperdûment, et j'eus bientôt plusieurs enfants. Nous étions les plus heureux du monde dans ce château, alors splendide et fréquenté par toute la noblesse du pays, lorsque je crus avoir un sujet de jalousie contre une de mes damoiselles, nommée Mélasie, que je voyais rôder le soir autour des fossés en compagnie d'un homme enveloppé d'un manteau. Je supposai que cet homme était mon mari, et je me changeai en grenouille pour les voir de près ou pour le reconnaître au son de la voix. Je me plantai entre deux pierres sur le parapet de la douve, et je le vis passer tout près de moi. Je reconnus alors que je m'étais trompée, et que l'inconnu était un page de mon mari, qui parlait pour son propre compte. J'en eus tant de joie que je remontai précipitamment dans ma chambre, et, comme il était fort tard, je me jetai sur mon lit et m'endormis avec délices sans songer, hélas! à prendre le breuvage qui devait me rendre ma forme naturelle.

» A l'heure où l'on avait coutume de m'éveiller, Mélasie entra chez moi, et, voyant une grenouille aussi grande que moi étendue sur mon lit, elle eut une telle peur qu'elle ne put dire un mot ni seulement jeter un cri, ce qui fut cause que je ne m'éveillai pas.

» Dès qu'elle fut un peu remise elle referma sans bruit la porte de ma chambre et courut éveiller le prince Rolando pour lui demander où j'étais et lui faire part de l'étonnante chose qu'elle avait trouvée à ma place. Le prince accourut, croyant que cette fille était folle; mais quand il me vit ainsi, saisi d'horreur et de dégoût, et ne pouvant supposer que ce fût moi, il tira son épée et m'en porta un coup qui trancha une de mes pattes de devant. Mes enchantements me préservèrent de la mort. Tant que j'étais cachée sous une forme magique, aucune cause de destruction ne pouvait m'atteindre durant l'espace de deux cents ans. Blessée, mais non mortellement atteinte, je m'élançai sur la fenêtre et de là dans la douve, où ma patte amputée repoussa aussitôt aussi saine que tu la vois. De là j'entendis le bruit qui se faisait dans le château pour retrouver la châtelaine disparue. On me cherchait partout, et mon époux était en proie à une douleur mortelle. J'attendis la nuit pour pénétrer avec précaution dans le manoir. Je grimpai, sautant de marche en marche jusqu'à ma chambre, et je me hâtai de prendre le breuvage qui devait me rendre femme et belle comme par le passé. Hélas! j'eus beau ajouter à la vertu du breuvage celles des paroles magiques les plus mystérieuses et me frotter avec les onguents les plus puissants, cette malheureuse main ne put repousser. Elle demeura à l'état de patte de grenouille, et comme mon mari désolé approchait de ma chambre, disant que c'était là qu'il voulait se laisser mourir de chagrin, je n'eus que le temps de m'envelopper la moitié du corps avec mon manteau de velours pour cacher cette malheureuse patte.

» En me retrouvant, mon mari faillit étouffer de joie; il me prit dans ses bras en versant des pleurs et en m'accablant de questions. Il supposait qu'un méchant démon m'avait enlevée à sa tendresse, et il voulait savoir comment je lui étais rendue. Je fus forcée d'inventer une histoire et de me dérober à ses embrassements, dans la crainte de lui laisser voir ma patte; mais je pensai avec douleur que tout serait inutile pour lui dérober mon secret, et que bientôt il découvrirait la funeste vérité. Je dus prendre un parti extrême, un parti effroyable, celui de faire disparaître celui que j'aimais plus que ma vie.

Marguerite épouvantée voulut se lever et s'enfuir loin de cette odieuse Ranaïde, mais elle se sentit retenue par un charme, et la grenouille reprit son récit en ces termes:

— Sache, ma pauvre enfant, qu'il ne dépendait pas

de moi d'agir autrement. Un serment que rien ne peut effacer et qu'il est impossible d'enfreindre oblige ceux qui reçoivent des dons magiques à faire périr quiconque vient à les découvrir. Mon mari était condamné, du jour où il verrait ma patte, à être emporté dans l'abîme par les esprits, mes seigneurs et mes maîtres.

» Je résolus de le soustraire à leur puissance en le faisant disparaître avant qu'il eût rien découvert, et à cet effet je mêlai à son vin une drogue qui lui fit aussitôt pousser des plumes blanches et de grandes ailes; en moins d'un quart d'heure, il devint un beau cygne blanc comme neige, qui ne pouvait redevenir homme, mais qui pendant deux cents ans échappait à la mort et à la puissance des génies.

» Apprends que ces deux cents ans seront révolus cette nuit au lever de l'aurore, et qu'il dépend de toi que je retrouve ma jeunesse, ma beauté et mon rang d'être humain dans la création.

— Soit! dit Marguerite, car sans doute vous pourrez alors rendre à Névé, au prince Rolando, je veux dire, le même service que je vous aurai rendu?

— Sans aucun doute, répondit Ranaïde, c'est le plus cher de mes vœux.

— En ce cas, je suis prête, dites-moi vite ce qu'il faut faire.

— Pour le comprendre, il faut que tu saches le reste de mon histoire. A peine le prince Rolando se vit-il changé en oiseau, qu'il entra contre moi dans une colère effroyable et voulut me tuer. Avait-il conservé assez d'intelligence humaine pour voir le malheur où j'étais forcée de l'entraîner? Obéissait-il seulement au nouvel instinct de sa race? Il ne songeait qu'à me dévorer. J'essayai en vain de lui faire comprendre notre mutuelle situation; il n'écouta rien, et je fus forcée de prononcer les paroles magiques qui, pendant deux cents ans, devaient nous rendre étrangers l'un à l'autre. Il s'envola dans les airs avec de grands cris, et je ne l'ai plus revu qu'hier, lorsqu'il est venu te chercher au bord du marécage dont j'ai été forcée de faire dernièrement ma résidence.

— Et pourquoi donc, madame, reprit Marguerite, avez-vous été condamnée à redevenir et à rester grenouille pendant deux cents ans, quand il dépendait de vous de rester dame et de cacher votre patte aux regards indiscrets?

— Les cruels génies l'ont voulu, ma petite Marguerite! Offensés de l'expédient par lequel je leur avais dérobé mon mari en le faisant devenir oiseau, ils m'ont condamnée à abandonner mes enfants et à épouser Coax, roi des grenouilles, avec lequel j'ai régné longtemps sur les douves, et dont je suis enfin veuve. Le château a passé avec le temps dans les mains de ta grand'mère, et toutes les drogues que j'avais si laborieusement préparées ont disparu ou ont perdu leur vertu; mais il existe chez vous un trésor inappréciable qui peut et doit me rendre tous mes charmes. C'est une parure enchantée, ma parure de noces, qui est dans une cassette de bois de cèdre, et que madame Yolande tient enfermée dans sa chambre, comme ce qu'il y a de plus rare et de plus précieux dans vos richesses de famille. Cette cassette t'appartient, puisque ta grand'mère compte te donner tout ce qu'elle possède. Va me la chercher et apporte-la ici !

— Non, madame, répondit Marguerite, je ne veux point dérober ce qui appartient à présent à ma bonne-maman, et à moins qu'elle n'y consente...

— Il ne s'agit pas de dérober, reprit Ranaïde ; je ne tiens pas à reprendre mes bijoux. Je veux seulement m'en parer un instant, et dès que je serai transformée, je n'en aurai que faire ; je te les rendrai, car tu en as grand besoin pour toi-même. Sache une chose qui doit te décider, c'est que ces joyaux magiques ont le pouvoir de donner la beauté aux plus laides, et que, quand tu les auras portés seulement une heure, au lieu de ressembler à la grenouille que je suis, tu seras semblable à ce que j'étais, à ce que je vais redevenir, c'est-à-dire à la plus belle des femmes.

Marguerite se sentit persuadée, et elle courut chercher la cassette. Au moment où elle la prit dans la crédence de sa grand'mère, il lui sembla que celle-ci s'éveillait et la regardait. Elle alla se mettre à genoux près de son lit, prête à lui tout avouer ; mais madame Yolande se retourna vers la ruelle sans paraître l'avoir vue. Le temps pressait ; le ciel s'éclaircissait un peu comme si le jour allait paraître. Marguerite s'élança dehors et se retrouva à l'instant même auprès du bassin où la reine Coax l'attendait. — Ah ! mon Dieu ! s'écria-t-elle en lui présentant la cassette, il n'y point de clé, et je ne connais pas le secret pour l'ouvrir.

— Je le sais, moi, répondit la grenouille en bondissant de joie. Il faut qu'une bouche qui n'a jamais menti dise simplement : *Cassette, ouvre-toi!*

— Eh bien! dites-le, madame.

— Je ne saurais, ma fille. J'ai été forcée de mentir jadis pour cacher les secrets de ma science. C'est à toi de parler, et nous allons voir si ta langue est, comme je le crois, pure de tout mensonge.

— Cassette, ouvre-toi! dit Marguerite avec assurance, — et la cassette s'ouvrit. Il en sortit comme une flamme rouge, dont la grenouille ne parut point se soucier. Elle y plongea ses pattes et en tira un petit miroir encadré d'or, puis un collier d'émeraudes étincelantes montées à l'ancienne mode, des pendants d'oreilles assortis, un bandeau et une ceinture de grosses perles fines avec des agrafes d'émeraudes. Elle se para de ces richesses et se regarda au miroir en faisant les plus étranges minauderies.

Marguerite l'observait avec anxiété, craignant qu'elle ne disparût avec les bijoux de sa grand'mère; mais Coax ne songeait point à fuir. Ivre de plaisir et de confiance, elle s'ajustait et se regardait dans le miroir avec des mouvements désordonnés et des grimaces singulières. Ses yeux ronds lançaient des flammes, une écume verdâtre sortait de sa bouche et son corps devenait glauque et livide, tandis que sa taille prenait des proportions presque humaines. — Margot, Margot, s'écriait-elle sans plus songer à adoucir l'éclat de sa voix, regarde et admire. Vois comme je grandis, vois comme je change, vois comme je deviens belle! Donne-moi ton voile pour me faire une robe, vite, vite, il faut que je sois vêtue décemment,.. et puis il me manque encore quelque chose... Mon éventail de plumes, où l'as-tu mis, malheureuse? Ah! je le tiens! et mes gants blancs... vite donc! mes gants parfumés! mon collier est mal agrafé, rattache-le donc, maladroite! O ciel! il me manque mon bouquet de mariée;... ne serait-il pas dans la cassette? Regarde, retourne-la... Je le tiens! je le mets à ma ceinture, vois! le prodige s'accomplit. Vénus n'est qu'une maritorne auprès de moi. C'est moi, moi, la vraie Cythérée sortant des ondes sacrées. Il faut que je danse, j'ai des crampes dans les mollets; c'est la transformation qui s'opère. Oui, oui, la danse hâtera ma délivrance! Je sens revenir la grâce incomparable de mes mouvements, et le feu de l'éternelle jeunesse me monte au cerveau! Haptcha! voilà que j'éternue! haptcha! haptcha!

En parlant ainsi, la reine Coax sautait et gambadait d'une manière frénétique; mais, quoi qu'elle fît, elle restait grenouille, et l'horizon blanchissait. Elle riait, criait, pleurait, frappait le marbre du bassin avec ses pieds de derrière, jouait de l'éventail, étendait ses pattes de devant comme une danseuse de ballets, cambrait sa taille et roulait ses yeux comme ceux d'une almée. Tout à coup Marguerite, qui la contemplait avec frayeur, fut si frappée de l'extravagance de ses contorsions, qu'elle fut prise d'un fou rire et se laissa choir sur le gazon. Alors la grenouille entra dans une inexprimable colère. — Tais-toi, petite misérable, s'écria-t-elle, ton rire dérange mes conjurations. Tais-toi, ou je te châtierai comme tu le mérites !

— Mon Dieu ! madame, pardonnez-moi, répondit Marguerite, c'est plus fort que moi. Vous êtes si drôle ! Tenez, il faut que je rie ou que je meure !

— Je ne puis te faire mourir, ce dont j'enrage, reprit Ranaïde en s'élançant sur elle et en lui passant une de ses pattes froides et gluantes sur la figure ; mais tu expieras les tourments que j'endure. Je voulais t'épargner, tu m'ôtes toute pitié ; il faut en finir ! Je souffre trop ! Prends ma laideur et qu'elle soit ajoutée à la tienne, puisqu'en te mettant à ma place je dois être plus vite délivrée ! Tiens ! voilà le miroir, ris à présent, si tu as encore envie de rire !

Marguerite prit le miroir que lui tendait la fée et fit un cri d'horreur en se voyant sans cheveux, la figure verte et les yeux tout ronds. Grenouille ! grenouille ! s'écria-t-elle avec désespoir, je deviens grenouille, je suis grenouille ! c'en est fait ! — Et, jetant le miroir, elle bondit involontairement et plongea dans le bassin.

Elle y resta d'abord comme endormie et privée de toute réflexion ; mais peu à peu elle se ranima en voyant le soleil percer l'horizon et jeter comme une grande nappe de feu qui dorait la pointe des roseaux au-dessus de sa tête. Elle se hasarda alors à remonter sur l'eau, et elle vit un spectacle extraordinaire : l'infortunée Coax, étendue sur le rivage, les pattes en l'air, le corps inerte et raidi par la mort. Elle avait une affreuse tête humaine avec de longs cheveux verts comme des algues ; le reste de son corps, grand comme celui d'une personne ordinaire, était d'un blanc mat et rugueux, et conservait les formes de la grenouille. Près d'elle, le prince Rolando, revêtu d'une armure d'argent avec un baudrier d'or, le casque orné d'un cimier blanc comme neige et portant aux épaules ses grandes ailes de cygne, détachait les bijoux enchantés dont Ranaïde s'était ornée en vain.

— Approche, dit-il à Marguerite, et mets vite ces joyaux qui te rendront ta figure première ; mais n'essaie pas de devenir belle par la puissance des enchantements. Reste intelligente et bonne, et n'appartiens qu'à celui qui t'aimera telle que tu es. Adieu, la mort de cette criminelle magicienne me délivre à jamais de la servitude à laquelle j'étais condamné depuis deux siècles. Ne plains pas son sort ; elle t'avait menti, elle voulait me faire mourir pour cacher ses secrets maudits, et les esprits qu'elle invoquait contre moi ont pris ma défense. Je retourne avec eux, mais je veillerai sur toi, si tu restes toujours digne de ma protection.

Il déploya ses ailes et s'éleva dans le rayon de soleil. Marguerite, en le voyant planer dans les airs, crut reconnaître Névé avec son collier d'or, puis il lui sembla que c'était l'étoile du matin. Lorsqu'elle l'eut perdu de vue, elle chercha le cadavre de la grenouille, et ne vit à la place qu'un hideux champignon noir comme de l'encre qui, au souffle de la brise, tombait en poussière.

Elle se retrouva dans sa chambre, assise sur une chaise et les yeux éblouis par le soleil levant. Son premier mouvement fut de courir à son miroir, et pour la première fois de sa vie elle se trouva très-jolie, car elle avait sa figure ordinaire, seulement un peu fatiguée.

— Tout cela serait-il un rêve? se dit-elle. Pourtant voici les bijoux anciens que ma grand'mère gardait précieusement. D'où vient que j'en suis parée? Aurais-je été les chercher en rêvant?

Elle les détacha, les remit dans le coffret, et les reporta chez madame Yolande avant qu'elle fût éveillée; puis elle descendit à la douve pour voir si Névé était dans sa cabane, comme elle l'y avait retrouvé une fois après l'avoir cru perdu.

— Vous cherchez le cygne? lui dit le jardinier. Il est parti. Je l'ai vu s'envoler au lever du jour. Il a été rejoindre une bande de cygnes sauvages qui passait. J'avais bien dit à mademoiselle qu'il fallait lui casser le bout d'une aile, mademoiselle n'a pas voulu. Il en a profité pour se sauver; il y a longtemps que c'était son idée.

— Eh bien! tant mieux, dit Marguerite, car le voilà heureux et libre; mais, puisque vous l'avez vu partir, n'avez-vous vu rien de plus dans la douve en y entrant? N'y avait-il pas ici de grands roseaux?

— Des roseaux? sans doute, il en reste toujours quelques-uns qui veulent repousser autour des bassins; mais ceux-là étaient encore tout petits, et je les surveillais. Ce matin, je les ai tous arrachés avec soin, j'ai remis du sable à la place, et j'espère qu'ils ne repousseront pas cette fois.

Marguerite regarda le sable, et il lui sembla voir encore l'empreinte que les grandes pattes de la grenouille y avaient laissée en exécutant sa danse échevelée; mais elle reconnut que ces traces étaient celles des paons qui venaient gratter la terre fraîchement remuée.

En ce moment, un bruit de pas de chevaux résonna au-dessus de sa tête. Elle leva les yeux et vit passer sur le pont-levis son cousin Puypercé qui s'en allait escorté de ses valets. Elle l'avait complétement oublié et ne se sentit pas dans une disposition d'esprit à s'affliger de son départ. Elle n'eût eu qu'un mot à dire pour le rappeler; elle hésita un instant, haussa les épaules et le regarda s'éloigner.

Comme elle remontait au château, elle vit les domestiques rassemblés sur le perron et se partageant le pourboire que le colonel de dragons leur avait jeté en partant. Elle entendit leurs murmures, il n'y avait pas plus d'un sou pour chacun. — Après tout, se dit-elle, il compte peut-être revenir, ou bien il est très-pauvre et ce n'est pas sa faute.

— Eh bien! lui dit madame Yolande quand elle entra chez elle pour lui servir son chocolat, as-tu vu ton cousin? reste-t-il avec nous?

— Je l'ai vu partir, grand'mère, et je ne lui ai rien dit.

— Pourquoi?

— Je ne sais. J'étais toute troublée par un rêve

que j'ai fait et que je veux vous raconter; mais, comme ce rêve ou cette vision est peut-être, à mon insu, ce qu'on appelle une réminiscence, je voudrais vous demander l'histoire de la grenouille fée que vous me racontiez autrefois pour m'endormir.

— Je me la rappelle bien confusément, répondit madame Yolande, d'autant plus que c'était un conte de ma façon, et que j'y faisais chaque fois des variantes à ma fantaisie. Voyons si je me souviendrai... Il y avait jadis dans ce château une belle héritière appelée...

— Ranaïde? s'écria Marguerite.

— Justement, reprit la grand'mère, et elle était magicienne.

— Elle épousa le beau prince... Dites le nom du prince, bonne maman!

— Attends donc... C'était le prince Rolando!

— J'y suis, bonne mère. J'ai revu toute l'histoire comme si elle se passait sous mes yeux.

— Mais la fin?

— Oh! la fin est terrible! La grenouille, voulant reprendre la figure humaine...

— *S'enfla si bien qu'elle creva?*

— Précisément.

— Alors ton dénoûment est un souvenir de la fable que je te faisais apprendre en même temps, car, pour mon compte, je n'ai jamais eu la peine de terminer mon histoire. Tu étais toujours endormie avant la fin.

En ce moment, un fort coup de vent fit entrer dans la chambre des feuilles sèches et des brins de paille.

Marguerite alla fermer la fenêtre et elle vit sur le bord une feuille de papier écrite et déchirée comme si ce fût un brouillon de lettre. En ramassant ce papier pour le jeter dehors, elle y vit son nom écrit et l'apporta à sa grand'mère. Madame Yolande le prit, l'examina et le lui rendit en disant : — C'est un commencement de lettre de ton cousin à sa mère. Cela a été enlevé par le vent dans la chambre qu'il occupait au-dessus de la mienne, et, puisque nous sommes en train de croire aux esprits, je pense que nous devons remercier le follet qui nous apporte cette révélation. Lis, ma fille, je te le permets.

« Ma chère mère, pardonnez-moi mes folies, je suis en train de les expier. Je me résigne à faire un riche mariage, car j'ai découvert que la petite Margot doit hériter de tous les biens de la vieille tante. La fillette est affreuse, une vraie grenouille, ou plutôt un petit crapaud vert, avec cela très-coquette et déjà folle de moi; mais quand on est endetté comme nous le sommes... »

Le brouillon n'en contenait pas davantage, Marguerite trouva que c'était assez; elle garda le silence, et, comme elle vit que sa grand'mère était indignée et traitait son petit-neveu suivant ses mérites : — N'ayons point de dépit, ma chère maman, lui dit-elle, et rions de l'aventure. Je ne suis point du tout folle de mon cousin, et vous voyez que sa fatuité ne m'offense point. Vous m'aviez dit hier soir de réfléchir. Je ne sais pas si j'ai réfléchi ou dormi, mais dans mes songeries j'ai vu des choses qui sont restées comme une leçon devant mes yeux.

— Qu'as-tu donc vu, ma fille?

— J'ai vu une grenouille se parer d'émeraudes, jouer de l'éventail, danser la sarabande, se trouver belle et crever à la peine. Elle m'a paru si ridicule que je ris encore en y songeant. Je ne veux point faire comme elle. J'ai vu aussi un beau cygne s'envoler dans un rayon de soleil, et il me disait : — N'épouse que celui qui t'aimera telle que tu es. — Je veux faire comme il m'a dit.

— Et sois sûre que tu seras aimée pour toi-même, répondit madame Yolande en l'embrassant avec tendresse, car il y a une chose qui arrive à rendre belle, c'est le bonheur que l'on mérite.

LE NUAGE ROSE

A MA PETITE-FILLE

GABRIELLE SAND

Ma chérie, ayant déjà dédié un conte à ta sœur aînée, je veux te dédier celui-ci. Tu ne sauras le lire que l'année prochaine, mais Aurore te le racontera dès à présent. Pourtant, l'année prochaine, il y aura encore bien des mots que tu ne comprendras pas toujours. C'est ta sœur qui te les expliquera, car, si je vous fais ces contes pour vous amuser, je veux qu'ils vous instruisent un peu en vous faisant chercher une petite partie de la quantité de mots et de choses que vous ne savez pas encore.

Quand toutes deux vous comprendrez tout à fait sans qu'on vous aide, je n'y serai peut-être plus. Souvenez-vous alors de la grand'mère qui vous adorait.

GEORGE SAND

Nohant, 15 juillet 1872.

Catherine avait trois brebis à garder. Elle ne savait encore ni lire ni écrire ; mais elle ne causait pas trop mal, et c'était une très-bonne fille, seulement un peu curieuse et changeant de caprice volontiers, ce qui prouve qu'au moins elle n'était pas têtue.

Un peu après la Noël, ses trois brebis lui donnèrent trois agneaux, deux très-forts et le troisième si petit, si petit, qu'on eût dit un petit lapin. La maman de Catherine, qui s'appelait Sylvaine, méprisa beaucoup ce pauvre agneau et dit que ce n'était pas la peine qu'il fût venu au monde, qu'il ne s'élèverait pas, ou qu'il resterait si chétif qu'il ne vaudrait pas l'herbe qu'il mangerait.

Ces paroles firent de la peine à Catherine, qui trouvait cette petite bête plus jolie, plus à son gré et à sa taille que toutes les autres. Elle se promit d'en avoir grand soin, et lui donna le nom de Bichette, car c'était une agnèle.

Elle la soigna si bien qu'elle manqua bien des fois de la faire mourir. Elle l'aimait trop, elle la caressait sans cesse, elle la portait dans ses bras, elle la faisait dormir sur ses genoux. Les petits chiens et les petits chats aiment beaucoup qu'on s'occupe d'eux et se laissent dorloter; mais les moutons, quand on les a bien fait manger, aiment mieux qu'on les laisse tranquilles, dormir quand ils veulent, marcher ou se coucher où il leur plaît. Sylvaine disait à sa fille qu'au lieu de faire grandir Bichette, elle l'en empêchait en la maniant trop; mais Catherine ne souhaitait point que Bichette grandît, elle l'eût souhaitée plus petite encore pour pouvoir la tenir dans sa poche. Elle menait tous les jours les mères brebis au pré pendant deux heures le matin, et dans le jour pendant trois heures. Les deux gros agneaux supportaient fort raisonnablement l'absence de leurs mères; ils avaient l'air de savoir qu'elles allaient chercher du lait dans le pré. Bichette était moins patiente ou plus affamée, et, quand sa mère rentrait, elle avait des bêlements si plaintifs en l'entendant venir, que Catherine en avait le cœur tout attendri, et pour un peu elle en eût pleuré.

Il lui était défendu de faire sortir les agneaux. Ils étaient trop jeunes, l'herbe était trop fraîche; mais elle pria tellement pour sa Bichette que Sylvaine lui dit : — Fais donc comme tu veux! si elle en meurt, ce ne sera pas une grosse perte, et même j'aimerais autant en être débarrassée; elle te rend folle, et tu n'as plus souci de rien que d'elle seule. Tu ramènes les brebis trop tôt et tu les sors trop tard, pour ne pas séparer Bichette de sa mère. Emmène-la donc, et advienne que pourra.

Catherine emmena Bichette aux champs, et, tout le temps qu'elle y fut, elle la tint sous son tablier pour l'empêcher d'avoir froid. Cela alla bien pendant deux jours; mais, le troisième, elle se rassasia d'être ainsi l'esclave d'une bête, et elle recommença de jouer et de courir comme auparavant. Bichette ne s'en trouva pas plus mal; mais elle ne s'en trouva pas mieux non plus et continua d'être un petit avorton.

Un jour que Catherine avait plus songé à chercher des nids dans les buissons qu'à garder ses bêtes, elle trouva vers le soir un nid de merles avec trois gros petits déjà bien emplumés. Ils ne paraissaient guère farouches, car, lorsqu'elle leur montrait le bout de son doigt en imitant le cri de la merlesse, ils ouvraient leurs becs jaunes et montraient leurs larges gosiers tout roses.

Catherine fut si contente qu'elle ne fit que leur parler et les embrasser tout en rentrant ses bêtes, et ce ne fut que le lendemain matin qu'elle s'aperçut d'un grand malheur. Bichette n'était pas dans la bergerie. Elle avait été oubliée dehors, elle avait couché à la belle étoile, sans doute le loup l'avait mangée. Catherine maudit ses merles qui l'avaient rendue cruelle et négligente. Toute son amitié pour Bichette lui revint au cœur, et, tout en pleurant, elle courut au pré pour savoir ce qu'elle était devenue.

C'était alors le mois de mars, le soleil n'était pas encore levé, et sur la mare qui était au milieu du pré il y avait une vapeur blanche très-épaisse. Catherine, après avoir regardé partout, cherché en vain dans tous les creux, dans toutes les haies, se rapprocha de la mare, pensant que la pauvre Bichette y était tombée; elle vit alors une chose qui l'étonna beaucoup, car c'était la première fois de sa vie qu'elle se trouvait là de si grand matin. Le brouillard, qui avait dormi en nappe toute la nuit sur l'eau, s'était déchiré à l'approche du soleil et roulé en petites boules qui essayaient de monter; quelques-unes avaient l'air de s'accrocher aux branches des saules et d'y être retenues. D'autres, rabattues et secouées par le vent du matin, retombaient sur le sable ou semblaient trembler de froid sur l'herbe humide. Un moment Catherine crut voir un troupeau de moutons blancs; mais ce n'était pas un tas de moutons qu'elle cherchait, c'était Bichette, et Bichette n'était point là. Catherine pleura encore et mit sa tête sur ses genoux et son tablier sur sa tête, comme une personne désespérée.

Heureusement, quand on est une enfant, on ne peut pas pleurer toujours. Quand elle se releva, elle vit que toutes les petites boules blanches avaient monté au-dessus des arbres et qu'elles s'en allaient dans le ciel, sous la forme de jolis nuages roses qui avaient l'air d'être attirés et emmenés par le soleil, comme s'il eût voulu les boire.

Catherine les regarda longtemps s'émietter et s'effacer, et quand elle abaissa ses regards, elle vit sur la rive, assez loin d'elle, car la mare était grande, sa Bichette immobile, endormie ou morte. Elle y courut, et sans penser qu'elle fût morte, car les enfants ne croient guère d'avance aux choses qui leur feraient une trop grosse peine, elle la prit dans son tablier et se dépêcha de courir pour la rapporter à la maison ; mais, tout en courant, elle s'étonna de sentir son tablier si léger qu'on eût juré qu'il n'y avait rien dedans. — Comme la pauvre Bichette a souffert et maigri en une nuit! se disait-elle. Il me semble que mon tablier est vide. — Elle l'avait attaché autour d'elle et n'osait l'ouvrir, crainte de refroidir la petite bête qu'elle voulait réchauffer.

Tout d'un coup, au tournant du sentier qu'elle suivait, elle vit le petit Pierre, le fils de Joyeux le sabotier, qui accourait à elle, portant dans ses bras, devinez quoi? Bichette bien vivante et bien bêlante. — Tiens, dit le petit Pierre à Catherine, voilà ton agnèle que je te rends. Hier soir, elle s'est mêlée avec mes bêtes comme tu rentrais en me montrant ton nid de merles. Tu n'as pas voulu me donner un de tes merlots, dont j'avais pourtant grande envie ; mais je suis meilleur que toi. Quand j'ai vu dans ma bergerie que ta Bichette avait suivi une de mes brebis, qu'elle prenait pour sa mère, je l'ai laissée têter tant qu'elle a voulu et passer la nuit à l'abri. Je te la rapporte ce matin, pensant que tu es en peine, car tu la croyais bien perdue, pas vrai ?

Catherine eut tant de joie qu'elle embrassa le petit Pierre et l'emmena chez elle pour lui donner deux de ses merlots, ce dont il fut si content qu'il en sautait comme un cabri en s'en allant.

Quand elle eut vu avec quel plaisir Bichette et sa

mère se retrouvaient, elle songea enfin à dénouer son tablier, et seulement alors elle se souvint d'y avoir mis ou cru mettre quelque chose qu'elle avait pris pour son agnèle ; qu'est-ce que cela pouvait être ? — Je n'en sais rien, se disait-elle ; mais il n'est point possible que j'aie ramassé une chose qui n'existe point.

La peur la prit et la curiosité aussi. Elle s'en alla sur le toit de la bergerie, qui descendait, tout moussu, jusqu'à terre, et où il poussait un tas de petites fleurs semées par le vent, voire de jeunes épis verts déjà formés. Ce toit était petit, mais très-joli, bien doux parce qu'il était en vieux chaume, et bien exposé au soleil levant. Plus d'une fois pendant l'été, Catherine y avait oublié l'heure d'aller au pré et fait un bon somme pour parfaire sa nuitée, toujours trop courte à son gré. Elle monta donc au faîte de ce *tect*, c'est ainsi qu'en ce pays-là on appelle l'abri des troupeaux, et, avec grande précaution, elle dénoua son tablier. Qu'est-ce qu'il pouvait donc y avoir, mon Dieu ! dans ce tablier ?

II

C'était un tablier de cotonnade bleue, qui avait été taillé dans un vieux tablier de la mère Sylvaine, et qui n'était ni frais ni beau ; mais dans ce moment-là, si on eût demandé à Catherine de l'échanger contre beaucoup d'argent, elle n'y eût pas consenti, tant elle était curieuse de voir ce qu'il contenait. Elle l'ouvrit enfin, et n'y vit rien du tout. Elle le secoua tant qu'elle put, rien ne tomba ; mais il se fit autour d'elle comme une fumée blanche, et en moins d'une minute il se forma au-dessus de sa tête un petit nuage en forme de boule, blanc comme neige, puis jaune doré à mesure qu'il monta, puis rose pâle, puis enfin rose comme la plus belle des roses, dès qu'il eut dépassé la tête des noisetiers et des sureaux qui entouraient la bergerie, et qu'il eut reçu la pleine lumière du soleil.

Catherine ne songea point trop à s'étonner d'avoir pu ramasser et emporter un nuage. Elle ne pensait qu'à le trouver joli et à regretter de le voir s'envoler si vite. — Ah! petit ingrat, lui cria-t-elle, voilà comment tu me remercies de t'avoir remis dans le ciel!

Alors elle entendit une toute petite voix qui sortait du nuage rose et qui chantait des paroles, mais quelles paroles!

III

Catherine n'en comprit pas le moindre mot. Elle continuait à le regarder, et il grandissait en montant, mais il devenait tout mince et se déchirait en une quantité de petits nuages roses. — Allons! lui cria

Catherine, voilà que tu t'en vas follement te faire boire par le soleil, comme il a bu tous ceux qui étaient dans le pré! Moi, je t'aurais gardé dans mon tablier, tu ne me gênais point; ou bien je t'aurais mis dans notre jardin, au frais, sous le gros pommier, ou enfin sur le lavoir, puisque tu aimes à dormir sur l'eau pendant la nuit. Je n'ai jamais soigné un nuage, mais j'aurais appris, et je t'aurais fait durer, tandis que te voilà tout à l'heure emporté en miettes par M. le Vent ou avalé par M. le Soleil!

Catherine écouta si le nuage lui répondrait. Elle entendit alors, au lieu d'une petite voix, une quantité de voix encore plus petites qui chantaient comme des fauvettes, mais sans qu'il fût possible de deviner ce qu'elles disaient. Et, ces voix devenant toujours plus faibles en s'éloignant, Catherine n'entendit plus rien. Elle ne vit plus rien non plus que le ciel beau et clair, sans trace d'aucun nuage. — Maman, dit-elle à sa mère, qui l'avait appelée pour déjeuner, je voudrais savoir une chose.

— Quelle chose, ma fille?

— C'est ce que les nuages disent quand ils chantent.

— Les nuages ne chantent pas, petite niaise; ils grognent et ils jurent quand le tonnerre se met dedans.

— Ah! mon Dieu! reprit Catherine, je ne pensais pas à cela..... Pourvu qu'il ne se mette pas dans mon petit nuage rose!

— Quel nuage rose? dit Sylvaine, étonnée.

— Celui qui était dans mon tablier.

— Tais-toi, dit Sylvaine : tu sais que je n'aime pas qu'on parle au hasard pour dire des bêtises qui n'ont pas de sens. C'est bon pour les enfants de deux ans ; mais te voilà trop grande pour faire la folle.

Catherine n'osa plus rien dire et s'en fut aux champs quand elle eut déjeuné. Il ne lui restait qu'une petite merlesse, elle l'emporta et s'en amusa une heure ou deux ; mais, comme elle s'était levée de grand matin, elle s'endormit au beau milieu du pré. Elle n'avait plus peur de perdre Bichette ; elle l'avait laissée avec les autres agneaux à la bergerie.

Quand elle s'éveilla, se trouvant couchée tout de son long sur le dos, elle ne vit que le ciel, et, juste au-dessus de sa tête, le petit nuage qui s'était reformé au plus haut de l'air, et qui tout seul, absolument seul dans le bleu d'une belle journée, brillait comme de l'argent rose.

— Il est bien joli tout de même, pensa Catherine qui dormait encore à moitié ; mais comme il est loin ! S'il chante encore, je ne peux plus l'entendre. Je voudrais être où il est ; je verrais toute la terre et je marcherais dans tout le ciel sans me fatiguer. S'il n'était pas un ingrat, il m'aurait emmenée là-haut, je me serais couchée sur lui comme sur un duvet, et à présent je verrais de tout près le soleil, je saurais en quoi il est fait.

Les roitelets des buissons chantaient pendant que Catherine divaguait ainsi, et il lui sembla que ces oisillons se moquaient d'elle et lui criaient en riant : *Curieuse, fi, la curieuse!* Bientôt ils firent silence et se retirèrent, tout tremblants de peur, sous la feuillée. Un grand épervier passait dans le ciel et volait en rond juste au-dessous du nuage rose. — Ah! se dit encore Catherine, ils ont beau se moquer et m'appeler curieuse, je voudrais être sur le dos de ce grand oiseau de proie. Je reverrais de plus près mon nuage rose, et peut-être que je pourrais voler jusqu'à lui.

— Elle s'éveilla tout à fait et se rappela qu'il ne fallait pas dire de sottises; et pour cela ne pas penser à des choses folles. Elle prit sa quenouille et fila de son mieux en tâchant de ne penser à rien; mais, malgré elle, à tout instant elle relevait la tête et regardait le ciel. L'épervier n'y était plus, mais le nuage rose y était toujours.

— Qu'est-ce que tu regardes donc là-haut à toute minute, petite Catherine? lui dit un homme qui passait sur la traquette du pré.

C'était le père Bataille, qui venait d'abattre un arbre mort dans le pré voisin et qui rapportait la branchée sur ses épaules. Il y en avait lourd, et il s'appuyait contre un saule pour se reposer un moment.

— Je regarde le nuage là-haut, lui répondit Catherine, et je voudrais savoir de vous, qui avez voyagé et qui êtes savant, pourquoi il est tout seul et ne bouge point.

— Ah ça! ma fille, répondit le vieux, c'est ce que, du temps que je voyageais sur la mer dans un vaisseau, j'aurais appelé un *grain*, et pour moi ç'aurait été mauvais signe.

— Signe de quoi, père Bataille?

IV

— Signe de grande tempête, mon enfant. Quand on voit cela en mer, on dit : Il va y avoir de l'ouvrage, et du dur! Ça n'a l'air de rien du tout; c'est quelquefois gros et blanc comme un petit mouton ; on s'imaginerait qu'on va le mettre sous son bras. Et puis ça grossit, ça noircit, ça s'étend sur tout le ciel, et alors va te promener! les éclairs, le tonnerre, les coups de vent et toute la boutique du diable! On se démène pour n'être pas désemparé, et on en réchappe, si on peut!

— Ah! mon Dieu, dit Catherine tout effrayée, est-ce que mon nuage rose va devenir méchant comme ça?

— Dans nos pays et dans la saison où nous sommes, les *grains* sont bien rares, et, à mon avis, il n'y a point de vrais dangers sur terre; c'est égal pourtant, il est drôle, ton nuage rose!

— Pourquoi drôle, père Bataille?

— Dame! reprit le vieux marin, je lui trouve une drôle de mine, et j'aime autant me dépêcher de faire mon ouvrage avant le soir. J'ai encore trois charges de branchée à rentrer.

Il repartit, et Catherine essaya de se remettre à filer; mais elle regardait toujours en haut, et ce n'était pas le moyen d'avancer sa tâche et d'arrondir son fuseau. Il lui semblait que son nuage grossissait et changeait de couleur. Elle ne se trompait pas, il devenait bleu, et puis il devint couleur d'ardoise, et puis il devint noir, et petit à petit s'étendit jusqu'à ce qu'il eût rempli tout un côté du ciel. Tout devint sombre et triste, et le tonnerre commença enfin à gronder.

Catherine fut contente d'abord de voir son petit nuage devenir si gros, si grand et si fort. — A la bonne heure! dit-elle, je vois bien que ce n'est pas un nuage comme les autres. Le soleil n'a pas pu le boire, et mêmement on dirait que c'est lui qui va manger le soleil. Et dire que j'ai tenu ce matin un pareil nuage dans mon tablier! — Elle en était toute fière; mais les éclairs sortirent du plus épais de ce terrible nuage; elle eut peur, et se dépêcha de ramener ses brebis.

— J'étais en peine de toi, lui dit sa mère, voilà un drôle de temps. Je n'ai jamais vu pareil orage se faire si vite et s'annoncer si mauvais dans la saison où nous voilà.

L'orage fut terrible en effet. La grêle brisa les vitres de la maison; le vent emporta les tuiles du toit, la foudre tomba sur le gros pommier du jardin. Catherine n'était guère brave, elle eût voulu se cacher sous le lit, et elle ne pouvait s'empêcher de dire tout haut : — Méchant nuage rose, si j'avais connu ta malice, je ne t'aurais pas mis dans mon tablier! — Sylvaine recommençait à la gronder, mais l'enfant ne pouvait plus se retenir de parler. — Hélas! ma petite est folle! disait Sylvaine à ses voisins. — Bah! bah! ce n'est rien, répondaient-ils; c'est l'orage qui l'a *épeurée*. Ça sera passé demain.

Le lendemain, en effet, c'était passé. Le soleil se leva tout joyeux. Catherine fit comme le soleil et monta en même temps que lui sur le chaume de sa bergerie. La maison était endommagée, mais la bergerie, plus basse et mieux abritée, n'avait pas souffert. Les petites fleurs du toit, que la pluie avait un peu couchées, les jolies chélidoines jaunes, les orpins blancs et les joubarbes se relevaient et semblaient dire au soleil, en tournant leurs petites figures de son côté : Te voilà donc revenu? Bonjour, cher père, ne t'en va plus; nous ne savons que devenir quand tu te caches.

Catherine eut envie de dire bonjour aussi au père soleil ; mais elle avait peur de l'avoir fâché en laissant échapper le nuage qui s'était tant battu avec lui la veille. Elle n'osa point demander à sa mère, qui passait au-dessous d'elle dans le jardin, si on pouvait *fâcher et défâcher* le soleil. Sylvaine n'aimait pas les rêvasseries, et Catherine, qui était obéissante, résolut de ne plus en avoir.

Elle en vint à bout; sa merlesse l'occupa tous les jours suivants, jusqu'à ce qu'elle mourût pour avoir mangé trop de pâtée au fromage blanc. Catherine eut du chagrin et éleva un moineau qui fut croqué par le chat. Autre chagrin. Elle se dégoûta des bêtes et voulut aller à l'école, et puis elle prit goût à sa quenouille, et en grandissant elle devint une fillette très-aimable et une fileuse très-habile.

V.

Quand elle eut douze ans, sa mère lui dit : — Serais-tu contente de voyager un peu, ma fille, et de voir des pays nouveaux ?

— Certainement, répondit Catherine ; j'ai toujours eu envie de voir les pays bleus.

— Que me chantes-tu là, petite ? Il n'y a pas de pays bleus !

— Si fait, je les vois tous les jours du toit de la bergerie ; tout autour de notre pays qui est vert, il y a un grand pays qui est bleu.

— Ah ! je vois ce que tu veux dire ; ça te paraît comme ça parce que c'est loin. Eh bien ! tu peux contenter ton envie ; ta grand'tante Colette, qui demeure loin d'ici dans la montagne et que tu ne connais pas, parce qu'elle n'est pas revenue chez nous depuis plus de trente ans, demande à nous voir. La voilà très-vieille, et elle est seule, n'ayant jamais été mariée. Elle n'est pas bien riche, et tu auras soin de ne lui rien demander ; au contraire il faut lui offrir ce qu'elle pourra désirer de nous. J'ai peur qu'elle ne s'ennuie et qu'elle ne meure faute de soins ; allons la trouver, et, si elle veut que nous la ramenions au pays, je suis prête à lui obéir, comme c'est mon devoir.

Catherine se souvint vaguement d'avoir entendu

quelquefois ses parents parler entre eux de la tante Colette ; elle n'avait jamais bien compris ce qu'on en disait, elle ne chercha pas à en savoir davantage. L'idée de changer de place et de voir du nouveau lui faisait bouillir le sang ; elle avait beau être devenue sage, les roitelets avaient eu raison de la traiter de curieuse ; elle l'était toujours, et ce n'était pas un mal : elle aimait à s'instruire.

La voilà partie en diligence avec sa mère ; elles voyagèrent pendant un jour et une nuit et arrivèrent tout étonnées dans la montagne. Sylvaine trouvait cela fort vilain, Catherine n'osait pas lui dire qu'elle le trouvait fort beau.

Quand elles descendirent de voiture et demandèrent le village où demeurait madame Colette, on leur montra un chemin aussi rapide que le toit de la bergerie de Catherine, et on leur dit : — Il n'y en a pas d'autre, suivez-le.

— Eh bien ! voilà un drôle de chemin, dit Sylvaine, c'est le monde à l'envers. Il faudrait avoir quatre pattes comme une chèvre pour marcher dans ce pays-ci. Le voilà, ton pays bleu, Catherine ! Le trouves-tu à ton gré ?

— Je t'assure qu'il est bleu, répondit Catherine. Regarde le haut de la montagne, maman, tu vois bien que c'est bleu !

— C'est de la neige que tu vois, ma pauvre enfant, et de près elle est blanche.

— De la neige en été ?

— Oui, parce qu'il fait si froid là-haut que la neige n'y fond pas.

Catherine pensa que sa mère se trompait et n'osa pas la contredire ; mais elle était impatiente d'aller s'assurer de la vérité et elle grimpait comme une petite chèvre, encore qu'elle n'eût point quatre pattes à son service.

Quand elles furent rendues au village, Sylvaine bien lasse et Catherine un peu essoufflée, on leur dit que la tante Colette n'y demeurait pas l'été ; mais elle était de la paroisse, et sa maison n'était pas bien loin. Alors on leur montra un petit toit de planches couvert de grosses pierres, avec des sapins tout autour, et on leur dit : — C'est là ; vous n'avez plus qu'une petite heure à marcher, et vous y serez. — Sylvaine manqua perdre courage. Il y avait autant à monter pour arriver à cette maison qu'on avait déjà monté pour gagner le village, et c'était encore plus raide et plus effrayant.

Elle avait peur que Catherine n'eût pas la force d'aller jusque-là, et l'endroit lui paraissait si laid et si sauvage qu'elle pensa à redescendre et à retourner vite dans son pays, sans faire savoir à la vieille tante qu'elle était venue dans le sien ; mais Catherine n'était point lasse ni effrayée, elle rendit le courage à sa mère, et, quand elles eurent déjeuné, elles se remirent à grimper. Il n'y avait pas à choisir le bon chemin, il n'y en avait qu'un, et elles n'avaient pas besoin de guide ; elles n'eussent pu se distraire en causant avec lui ; les gens de ce pays-là ne savaient que quelques mots de français. Ils parlaient un patois que ni Catherine ni sa mère ne pouvaient comprendre.

Enfin, quoique le sentier fût dangereux, elles arrivèrent sans accident à la maison couverte en planches ; il y avait, tout autour, des bois de sapins très-jolis qui laissaient à découvert une espèce de prairie en pente douce, creuse au milieu, sans fossés ni barrières, mais abritée des avalanches par des roches très-grosses, et tout de suite au-dessus commençait la neige, qui semblait monter jusqu'au ciel, d'abord en escaliers blancs soutenus par le rocher noir, et puis en cristaux de glace d'un beau bleu verdâtre, et cela finissait dans les nuages.

— Cette fois nous y sommes bien, dans le pays bleu ! pensa Catherine toute joyeuse, et, si nous montions encore un peu, nous serions dans le ciel.

— En ce moment, elle pensa à une chose qu'elle avait oubliée depuis longtemps : elle se dit qu'on pouvait monter dans les nuages, et elle se souvint de son nuage rose comme d'un rêve qu'elle aurait eu. L'enfant était si ravie par la vue du glacier quelle ne fit pas d'abord grande attention à la tante Colette. Pourtant elle était curieuse de la voir, et plus d'une fois en voyage elle s'était demandé quelle femme ce pouvait être.

VI

C'était une grande femme pâle avec des cheveux d'argent et une figure assez belle. Elle ne montra pas grand étonnement de voir Sylvaine. — Je t'attendais presque, lui dit-elle en l'embrassant, j'avais rêvé de toi et de ta fille. Voyons si elle est comme je l'ai vue dans mon rêve.

Catherine s'approcha ; la tante Colette la regarda avec de grands yeux gris très-clairs qui semblaient voir les gens jusqu'au fond de l'âme, puis elle l'embrassa en lui disant : — C'est très-bien, très-bien ! Je suis contente que cette enfant soit venue au monde.

Quand les voyageuses furent un peu reposées, elle leur montra toute sa résidence.

La maison qui paraissait petite de loin était grande, vue de près. Elle était tout en bois, mais en si beau bois de sapin et si bien bâtie qu'elle était très-solide. Les grosses pierres posées sur le toit empêchaient le vent d'enlever ou de trop secouer la charpente. Tout était fort propre à l'intérieur et les meubles cirés et reluisants faisaient plaisir à voir. Il y avait beaucoup de vaisselle et d'ustensiles de cuivre, pour lits, des caisses de bois remplies de laine et de crin avec de beaux draps blancs et de bonnes couvertures, car il ne faisait jamais chaud dans cet endroit-là. On y faisait du feu tout l'été, et le bois ne manquait point. Une bonne partie des arbres qui entouraient la prairie appartenait, comme la prairie elle-même, à la tante Colette, et dans cette prairie qui était fort grande, elle nourrissait de belles vaches, quelques chèvres et un petit âne pour faire les transports. Il y avait un jeune garçon pour soigner les bêtes et une jeune fille pour faire le ménage et aller aux commissions, car la tante Colette aimait à bien vivre, et deux fois par semaine elle envoyait au village chercher la viande ou le pain ; en un mot, elle était riche, très-riche pour une paysanne, et la Sylvaine, qui ne s'était point doutée de cela, car elle était venue pour l'assister si besoin était, ouvrait de grands yeux et se sentait intimidée comme devant une dame fort au-dessus d'elle. Catherine était un peu confuse aussi, non pas d'être plus ou moins pauvre que sa grand'tante, mais de voir que celle-ci lui était supérieure par l'éducation. Pourtant, en la trouvant bonne et aimable, elle se tranquillisa et sentit même pour elle une amitié comme si elle l'eût toujours connue.

Alors, dès le premier jour, elle se mit à la questionner sans façon et apprit qu'elle avait été femme de confiance d'une vieille dame qu'elle avait soignée jusqu'à sa mort et qui lui avait laissé de quoi vivre.

— Mais elle n'était pas bien riche, ma vieille dame, ajouta la tante Colette, et ce n'est pas avec ce qu'elle a pu me donner que je me suis procuré les aises que vous voyez chez moi. C'est avec mon travail et mon industrie.

— C'est avec le beau bétail que vous savez élever? dit Sylvaine.

— Mon bétail entretient mes affaires, répondit Colette ; mais avec quoi ai-je acheté de la terre pour le loger et le nourrir? le devineras-tu, petite Catherine?

— Non, ma tante, je ne le devine point.

— Sais-tu filer, mon enfant?

— Oh! certainement, ma tante ; si à mon âge je ne savais pas filer, je serais bien sotte.

— Sais-tu filer très-fin ?

— Mais... oui, assez fin.

— Elle est la première fileuse de chez nous, dit Sylvaine avec orgueil, et on lui apporterait n'importe quoi à filer qu'elle en viendrait à bout.

— Filerait-elle bien des toiles d'araignée ? dit la tante Colette.

Catherine pensa qu'elle se moquait et répondit en riant : — Dame ! dame ! je n'ai jamais essayé.

— Voyons comment tu files, reprit la grand'tante en lui mettant au côté une quenouille d'ébène et en lui donnant un petit fuseau monté en argent.

— Voilà bien de jolis outils ! dit Catherine en admirant la finesse de la quenouille, qui était droite comme un jonc, et le fuseau, léger comme une plume ; mais pour filer, ma tante, il faut avoir quelque chose à mettre sur la quenouille.

— On trouve toujours quelque chose quand on a de l'invention, répondit la tante.

— Je ne vois pourtant rien ici à filer, reprit Catherine, car vous parliez de toile d'araignée, et votre maison est trop bien époussetée pour qu'il y en ait un brin.

— Et dehors, Catherine ? puisque te voilà sur le pas de la porte, ne vois-tu rien du tout à mettre sur ta quenouille ?

— Non, ma tante, car il faudrait que l'écorce des arbres fût broyée et la laine des moutons cardée... et à moins de filer ces nuages qui sont là haut sur le glacier et qui ont l'air de grosses balles de coton...

— Eh bien! qui te dit qu'on ne puisse pas filer les nuages?

— Excusez-moi, je ne savais pas, dit Catherine, devenue toute pensive et toute sotte.

VII

— Tu vois bien, lui dit Sylvaine, que ta grand'-tante se moque de toi?

— Pourtant, reprit la tante, vous savez comment on m'appelle dans le pays?

— Je l'ignore, répondit Sylvaine; nous ne comprenons pas le langage de la montagne, et vous pouvez vous gausser de nous tant qu'il vous plaira.

— Je ne gausse point. Appelez Benoît, mon petit valet, qui sert le dîner sous le berceau; il parle français, demandez-lui comment je m'appelle.

Sylvaine appela Benoît, et bien honnêtement lui fit la question: — Comment, dans le pays d'ici, appelle-t-on madame Colette, ma tante?

— Eh pardi, répondit Benoît, on l'appelle la grande fileuse de nuages!

On questionna de même la petite servante, qui répondit sans hésiter la même chose.

— Voilà qui est étonnant par exemple! dit Catherine à sa mère, filer des nuages! Eh bien! pourtant, ma tante, ajouta-t-elle, vous m'apprenez une chose dont je m'étais toujours doutée; c'est qu'on peut manier ces choses-là. Quand j'étais petite, une fois... elle s'arrêta en voyant sa mère lui faire de gros yeux, comme pour lui dire: ne recommence pas cette sornette-là!

Madame Colette voulut tout savoir, et Sylvaine lui dit: — Excusez une enfant, ma tante. C'est encore si jeune! Son idée n'est point de se moquer de vous comme vous vous êtes moquée d'elle; c'était votre droit, elle sait bien que ce ne serait pas le sien.

— Mais enfin, reprit la vieille, ça ne me dit pas ce qu'elle voulait dire!

— Ma chère grand'tante, dit Catherine avec des yeux pleins de larmes, je ne me permettrais pas de me moquer, et pourtant maman me croit menteuse. Je vous assure qu'une fois, étant petite, j'ai ramassé un petit nuage blanc dans mon tablier!

— Ah! oui-dà! dit la tante sans paraître ni fâchée, ni surprise. Et qu'en as-tu fait, ma mignonne? As-tu essayé de le filer?

— Non, ma tante, je l'ai laissé s'envoler, et il est devenu tout rose, et même il est parti en chantant.

— As-tu compris ce qu'il disait dans sa chanson?

— Pas un mot! Dame, j'étais si jeune!

— Après qu'il s'est envolé, ne s'est-il pas changé en tonnerre?

— Vous dites justement la vérité, ma tante; il a effondré notre toit, et il a cassé notre gros pommier, qui était tout en fleurs.

— Voilà ce que c'est que de ne pas se méfier des ingrats! reprit madame Colette, toujours très-sérieuse. Il faut se méfier de tout ce qui change, et les nuages sont ce qu'il y a de plus changeant dans le monde; mais je pense que vous avez faim, voilà le dîner prêt. Aidez-moi à tremper la soupe, et nous nous mettrons à table.

Le dîner fut très-bon, et Catherine y fit honneur. Le fromage et la crème étaient exquis; il y eut même du dessert, car la tante avait dans un bocal des macarons au miel qu'elle faisait elle-même, et qui étaient délicieux. Ni Sylvaine ni sa fille n'avaient jamais fait un pareil repas.

Quand on eut dîné, la nuit étant venue, madame Colette alluma sa lampe et apporta un petit coffre qu'elle posa sur la table. — Viens çà, dit-elle à Catherine. Il faut que tu saches pourquoi on m'appelle la fileuse de nuages. Approche aussi, Sylvaine, tu apprendras comment j'ai gagné ma petite fortune.

Qu'est-ce qu'il y avait donc dans ce coffret dont la tante Colette tenait la clé? Catherine mourait d'envie de le savoir.

VIII

Il y avait quelque chose de blanc, de mou et de léger, qui ressemblait si bien à un nuage, que Catherine poussa un cri de surprise, et que Sylvaine, s'imaginant que sa tante était sorcière ou fée, devint toute blême de peur.

Ce n'était pourtant pas un nuage, c'était une grosse floche d'écheveaux de fil fin, mais si fin, si fin, qu'il eût fallu couper un cheveu en dix pour faire quelque chose d'aussi fin. C'était si blanc qu'on n'osait y toucher, et si fragile qu'on craignait de l'emmêler en soufflant dessus.

— Ah! ma grand'tante, s'écria Catherine toute ravie, si c'est vous qui avez filé cela, on peut bien dire que vous êtes la première filandière du monde, et que toutes les autres sont des tordeuses de ficelle.

— C'est moi qui ai filé cela, répondit madame Colette, et tous les ans je vends plusieurs de ces boîtes. Vous n'avez pas remarqué en venant ici que toutes les femmes font de la dentelle très-fine, qui se vend très-cher. Je ne peux pas les fournir toutes, et il y a beaucoup de fileuses qui travaillent fort bien, mais aucune n'approche de moi, et on me paie mon fil dix fois plus que celui des autres; c'est à qui aura du mien, parce qu'avec le mien on fait des ouvrages qu'on ne pourra plus faire quand je ne serai plus de ce monde. Me voilà bien vieille, et ce serait grand dommage que mon secret fût perdu; n'est-ce pas vrai, Catherine?

— Ah! ma tante, s'écria Catherine, si vous vouliez me le donner! Ce n'est pas pour l'argent; mais je serais si fière de travailler comme vous! Donnez-moi votre secret, je vous en prie.

— Comme ça, tout de suite? dit la tante Colette en riant. Eh bien! je te l'ai dit, il s'agit d'apprendre à filer les nuages.

Elle serra son coffret, puis, ayant embrassé Sylvaine et Catherine, elle se retira dans sa chambre. Elles couchèrent dans celle où elles se trouvaient et où il y avait un troisième lit pour Renée, la petite servante.

Comme ce lit se trouvait tout près de celui de Catherine, elles babillèrent tout bas avant de s'endormir. Sylvaine était si lasse qu'elle n'eut pas le temps de les écouter. Catherine faisait mille questions à Renée, qui était à peu près de son âge. Elle n'avait qu'une chose en tête, elle voulait savoir si elle connaissait le secret de sa grand'tante pour filer les nuages. — Il n'y a pas d'autre secret, lui répondit Renée, que d'avoir beaucoup d'adresse et de patience.

— Pourtant, pour saisir un nuage, le mettre sur une quenouille, l'empêcher de vous fondre dans les doigts, en tirer un fil...

— Ce n'est pas là le difficile; le tout, c'est de faire le nuage.

— Comment! de faire le nuage?

— Eh oui, c'est de le carder!

— Carder le nuage! avec quoi?

Renée ne répondit pas; elle s'endormait.

Catherine essaya de s'endormir aussi, mais elle était trop agitée; le sommeil ne venait pas. La chandelle était éteinte, et dans la cheminée il n'y avait plus que quelques braises. Cependant Catherine voyait une petite clarté dans le haut de la chambre. Elle sortit sa tête du lit et vit qu'au haut de l'escalier par où la tante Colette s'en était allée, il y avait, le long de la porte, un filet de lumière. Elle n'y put tenir, et, marchant pieds nus avec précaution, elle gagna l'escalier. Il était en bois, et Catherine craignait bien de le faire craquer. Elle était si légère qu'elle réussit à atteindre sans bruit la dernière marche et à regarder dans la chambre de sa tante par la petite fente de la porte. Devinez ce qu'elle vit?

IX

Elle ne vit rien qu'une chambrette très-propre, avec une petite lampe pendue dans la cheminée. Il n'y avait personne dans cette chambre, et Catherine se retira toute confuse, car elle sentait bien qu'elle venait de faire quelque chose de très-mal en voulant s'emparer par surprise d'un secret qu'elle ne méritait plus d'apprendre. Elle retourna à son lit en se faisant des reproches qui furent cause qu'elle eut de mauvais rêves. Elle se promit en s'éveillant de n'être plus si curieuse et d'attendre le bon plaisir de sa tante. Renée l'emmena traire les vaches, et puis elles les menèrent au pré, si l'on peut appeler pré un ressaut de montagne tout herbu naturellement et point du tout cultivé. C'était tout de même un endroit bien joli. Une belle eau bien froide qui suintait du glacier se détournait en suivant le rocher et allait tomber en cascades au bout de l'herbage. Catherine, qui n'avait jamais vu de cascade que dans l'écluse des moulins, trouvait cette eau si belle qu'elle s'éblouissait les yeux à regarder tous les diamants qu'elle charriait au soleil. Elle n'osait pourtant pas la traverser en sautant de pierre en pierre comme faisait Renée; mais elle s'y habitua vite, et au bout de deux heures c'était un jeu pour elle.

Elle voulut aussi monter un peu sur le glacier. Renée lui montra jusqu'où on pouvait aller sans danger de rencontrer des crevasses et lui enseigna la manière de marcher sans glisser. A la fin de la journée, Catherine était tout enhardie, et même elle savait quelques mots du patois de la montagne.

Comme tout était nouveau pour elle, elle s'amusa beaucoup et prit la montagne en si grande amitié qu'elle eut un vrai chagrin quand Sylvaine lui parla le lendemain de s'en retourner dans son pays. La tante Colette était si douce, si indulgente! Catherine l'aimait encore plus que la montagne.

— Eh bien! ma fille, lui dit Sylvaine, il y a un moyen de te contenter, c'est de rester ici. Ta grand'tante désire te garder et elle m'a promis de t'apprendre à carder et à filer aussi bien qu'elle; mais il faut du temps et de la patience, et, comme je te connais un peu trop vive et sujette à changer d'idées, j'ai dit non. Pourtant, si tu te crois capable d'apprendre à filer aussi bien que ta tante, comme tu as déjà réussi à filer aussi bien que moi, je ne dois pas m'opposer à ce que tu deviennes riche et heureuse comme elle. C'est à toi de te consulter.

La première idée de Catherine fut d'embrasser sa mère en lui jurant qu'elle ne voulait pas la quitter; mais le lendemain, Sylvaine lui ayant dit que c'était un grand tort de négliger l'occasion de s'instruire, elle hésita. Le jour d'après, Sylvaine lui dit : — Nous ne sommes pas riches. Ta grande sœur a déjà trois enfants et le frère aîné en a cinq ; moi, veuve, je crains pour mes vieux jours. Si tu étais riche et savante, tu sauverais toute ta famille. Reste ici ; la tante Colette t'aime beaucoup, tes petits défauts ne la choquent pas, et je la vois disposée à te gâter. L'endroit te plaît, je reviendrai te chercher dans trois mois, et si tu veux revenir avec moi au pays, nous reviendrons. Si c'est le contraire, tu resteras, et qui sait si la tante ne te donnera pas un jour tout ce qu'elle possède ?

Catherine pleura encore à l'idée de quitter sa mère. — Reste avec moi, lui dit-elle, je te jure que j'apprendrai à carder et à filer dans la perfection.

Mais Sylvaine avait déjà le mal du pays. — Si je restais ici, dit-elle, j'y mourrais ou j'y deviendrais folle. Vois si tu veux cela ! Et d'un autre côté vois si, pouvant nous enrichir, tu crois devoir t'y refuser.

Catherine s'en alla coucher en sanglotant, mais en promettant à sa mère de faire ce qu'elle lui dirait de faire.

Le lendemain, Renée ne l'éveilla pas et elle dormit jusqu'à neuf heures du matin. Alors elle vit auprès de son lit la tante Colette qui lui dit en l'embrassant : — Ma petite Catherine, tu vas être courageuse et raisonnable ! Ta mère est partie de grand matin ; elle t'a embrassée de tout son cœur pendant que tu dormais et m'a chargée de te dire qu'elle reviendrait dans trois mois. Elle n'a pas voulu t'éveiller, tu aurais eu trop de chagrin de la voir partir. — Et comme Catherine pleurait très-fort, tout en demandant à sa tante de lui pardonner son chagrin : — Je ne trouve pas mauvais que tu regrettes ta mère, reprit la tante Colette ; cela doit être, et tu ne serais pas une bonne fille, si tu ne la regrettais pas ; mais je te prie, dans ton intérêt, mon enfant, d'avoir le plus de courage que tu pourras, et je te promets de faire de mon mieux pour que tu sois heureuse avec moi. Tu dois te dire que ta mère a beaucoup de chagrin aussi et qu'une seule chose peut la consoler, c'est d'apprendre que tu te soumets de bonne grâce à sa volonté.

Catherine fit un effort sur elle-même et embrassa sa tante en lui promettant de bien travailler.

— Pour aujourd'hui, répondit la tante, tu vas te distraire et te promener. Demain nous commencerons.

X

Le lendemain en effet, Catherine prit sa première leçon ; mais ce ne fut pas ce qu'elle attendait. Il ne lui fut révélé aucun secret ; sa tante lui donna une quenouille chargée de lin et lui dit : — Fais-en le fil le plus fin que tu pourras. — C'était bien assez pour la première fois, car, au pays de Catherine, on ne filait que du chanvre pour faire de la toile forte. Elle ne s'y prit pas trop mal, et pourtant c'était si loin, si loin, de ce qu'elle eût voulu faire, qu'elle craignait de montrer son ouvrage. Elle s'attendait à des reproches ; mais la tante lui fit au contraire des compliments, disant que c'était très-bien pour un premier jour, et que ce serait mieux encore le lendemain. Catherine demandait à rester à la maison, elle eût voulu voir travailler sa tante. — Non, dit celle-ci, je ne peux pas travailler quand on me regarde. Je ne travaille d'ailleurs que dans ma chambre, et à ton âge on ne peut pas rester enfermée. Tu travailleras en te promenant ou en regardant mes vaches, comme il te plaira. Je ne t'oblige à rien, car je vois que tu n'es pas une paresseuse et je sais que tu feras de ton mieux.

Certainement Catherine n'était point paresseuse ; cependant elle était impatiente, et cette manière d'apprendre toute seule ne répondait pas à l'idée d'un grand secret qu'elle aurait reçu comme on avale une tasse de lait sucré. Elle faisait bien tous les jours un petit progrès, chaque soir elle rapportait bien son fuseau chargé d'un fil plus fin que celui de la veille ; mais elle ne s'en apercevait pas beaucoup, et au bout d'une semaine elle sentit de l'ennui et du dépit contre sa tante, dont les encouragements l'impatientaient. Renée, toute aimable et complaisante qu'elle était, la fâchait aussi par sa tranquillité. Elle avait pour devoir de soigner les animaux et le laitage. Elle ne s'intéressait pas à autre chose. Benoît n'était presque jamais là ; il vivait dans les

bois, et, quand il avait du temps de reste, il chassait
et n'aimait pas d'autre compagnie que celle de son
chien. Catherine se trouvait souvent seule, elle ne
voyait sa grand'tante qu'aux heures des repas ; le
soir, madame Colette se retirait de bonne heure
dans sa chambre pour travailler. Renée ronflait aussitôt qu'elle avait la tête sur le traversin ; Catherine
songeait, rêvassait et pleurait quelquefois. Elle se disait qu'au train dont madame Colette menait les choses, elle aurait des cheveux blancs comme elle avant
de savoir filer aussi bien qu'elle, et, songeant à sa
mère, elle craignait ses moqueries quand, au bout de
trois mois, celle-ci ne la trouverait guère plus avancée que le premier jour.

Un matin, Catherine sortit de bonne heure. Elle
avait pris la résolution de filer si bien ce jour-là que
la tante se verrait forcée de lui donner son secret.
Elle alla s'asseoir dans les rochers pour ne rien voir
autour d'elle et n'être pas distraite ; mais peut-on
ne rien regarder ? Elle leva les yeux malgré elle, et
vit le glacier qui montait au-dessus d'elle et le haut
de la montagne qui se trouvait à découvert. Jusqu'à
ce moment, Catherine ne l'avait pas vu, parce qu'il
y avait toujours eu une vapeur qui le cachait. Le
ciel étant enfin très-pur, elle admira ces belles neiges dentelées en blanc sur l'air bleu, et fut reprise
du désir d'aller jusque-là ; mais c'était très-dange-
reux. Renée l'en avait avertie, et la tante Colette lui
avait défendu d'essayer, disant que cela était bon
pour des garçons.

Catherine se contenta de regarder en soupirant

cette chose si belle qu'elle aurait voulu toucher, et qui paraissait tout près, bien qu'elle fût très-loin. Elle vit alors ce qu'elle n'avait pas encore vu dans le ciel de ce pays-là, des flocons de petits nuages dorés qui s'amassaient autour de la plus haute dent du glacier et qui lui faisaient comme un collier de grosses perles. — Comme c'est joli, se disait-elle, et comme je voudrais savoir faire un fil assez menu pour enfiler des perles si légères !

Comme elle pensait cela, elle vit sur la dent du glacier quelque chose de petit, mais de brillant, un point rouge qui se mouvait aux rayons du soleil, juste au-dessus du collier de petits nuages. Qu'est-ce que cela pouvait-être? Une fleur, un oiseau, une étoile ?

XI

— Si j'avais, pensait-elle, les lunettes d'argent de ma grand'tante, je verrais certainement ce que c'est, car elle m'a dit qu'avec ces lunettes-là elle voyait tout ce que les yeux ne voient pas.

Il lui fallut bien se contenter de ses yeux, et, regardant toujours, elle vit le petit point rouge attirer à lui tous les petits nuages dorés, jusqu'à ce qu'il en fut si enveloppé qu'on ne le voyait plus du tout. Tous les petits nuages réunis n'en faisaient plus qu'un gros qui brillait et tournait en boule d'or au sommet le plus élevé, comme le coq d'une girouette sur un clocher.

Au bout d'un moment, cette boule s'enleva et monta en se faisant toujours plus petite jusqu'à ce qu'elle devînt toute rose, et Catherine l'entendit chanter d'une voix pure comme le cristal, et sur un air le plus joli du monde : « Bonjour, Catherine ; Catherine, me reconnais-tu ? »

— Oui, oui, s'écria Catherine : je te reconnais, je t'ai porté dans mon tablier ! Tu es mon petit ami, le nuage rose, celui qui parle et dont j'entends à présent les paroles. Cher petit nuage, tu es un peu fou, tu as cassé mon beau pommier fleuri, mais je te pardonne ! tu es si rose, et je t'aime tant !

Le nuage répondit : — Ce n'est pas moi, Catherine, qui ai cassé ton pommier fleuri, c'est le tonnerre, un méchant qui se loge dans mon cœur et qui me force à devenir fou ; mais, vois, comme je suis doux et tranquille quand tu me regardes avec amitié ! ne viendras-tu pas quelque jour sur le haut du glacier? Ce n'est pas si difficile qu'on te l'a dit ; c'est même très-aisé, tu n'as qu'à vouloir. Je serai là d'ailleurs, et si tu tombes, tu tomberas sur moi, je te soutiendrai pour que tu n'aies pas de mal. Viens demain, Catherine, viens dès le lever du jour. Je t'attendrai toute la nuit, et si tu ne viens pas, j'aurai tant de chagrin que je me fondrai en grosses larmes et qu'il y aura de la pluie toute la journée.

— J'irai ! s'écria Catherine, j'irai, bien sûr !

A peine eut-elle fait cette réponse, qu'elle entendit un bruit comme un coup de canon suivi d'un éclatement de mitraille. Elle eut si grand'peur qu'elle s'enfuit, pensant que le malicieux nuage recommençait à la trahir et à lui rendre le mal pour le bien. Comme elle courait tout éperdue vers la maison, elle rencontra Benoît qui sortait fort tranquillement avec son chien. — Est-ce toi, lui dit-elle, qui as fait ce coup de tonnerre avec ton fusil

— Le bruit de tout à l'heure ? répondit-il en riant. Ce n'est ni le tonnerre, ni mon fusil, c'est un lavange.

— Qu'est-ce que tu veux dire ?

— C'est la glace qui fond au soleil, qui éclate et qui roule en entraînant des pierres, de la terre et quelquefois des arbres, quand il s'en trouve sur son passage, des personnes par conséquent, si le malheur veut qu'il y en ait qui ne se garent pas à temps; mais on n'a pas toujours la mauvaise chance, c'est même très-rare, et il faut t'habituer à voir ces accidents-là. A présent que le beau temps est revenu, ça se verra tous les jours, et peut-être à toute heure.

— Je m'y habituerai ; mais puisque te voilà, Benoît, dis-moi donc si tu monterais bien sur la grande dent du glacier, toi qui es un garçon et qui n'as peur de rien ?

— Non, dit Benoît, on ne monte pas sur ces dents-là ; mais j'ai bien été tout auprès et j'en ai touché le pied. Ce n'est pas la saison pour s'amuser à ça, il fait trop chaud, et des crevasses peuvent s'ouvrir à chaque instant.

— Mais pourrais-tu me dire ce qu'on voit par moment de rouge sur la pointe de la grande dent?

— Tu l'as donc vu, le point rouge ? tu as de bons yeux ! C'est un drapeau que des voyageurs avaient planté sur le plus haut rocher de la montagne, il y a environ un mois, pour faire savoir à ceux qui les regardaient d'en bas qu'ils avaient réussi à monter jusque-là. Il est venu un fort coup de vent qui les a forcés de redescendre bien vite en laissant là leur drapeau que la bourrasque a emporté sur la crête du glacier, et qui y est resté accroché en attendant qu'une autre tempête le décroche.

Catherine dut se contenter de l'explication de Benoît ; mais il lui avait passé par la tête une fantaisie qui lui revint en voyant de loin la tante Colette se promener au bas du glacier avec son capulet de laine écarlate sur la tête et sur les épaules. Elle n'était pas si loin que Catherine ne pût la reconnaître, et, bien que la pauvre enfant n'eût pas filé trois aunes de fil ce jour-là, elle alla tout de suite à sa rencontre, sans songer à quitter sa quenouille pleine et son fuseau vide.

XII

Quand elle se vit tout près de la tante, elle s'aperçut de sa distraction ; mais il était trop tard pour reculer. Elle l'aborda résolument en lui demandant si elle ne craignait pas de se fatiguer en allant comme cela sur le glacier.

— A mon âge, lui répondit madame Colette, on ne se fatigue plus, on marche avec la volonté, et les jambes suivent sans qu'on sache si elles existent ; mais je ne viens pas du glacier, ma fille. Il n'y fait point bon en ce temps-ci. Je suis les bons sentiers, il y en a toujours quand on les connaît.

— Alors, ma grand'tante, c'est bien vous qui étiez là-haut il y a environ une heure ? J'ai vu votre capulet rouge.

— Là-haut, Catherine ? Qu'appelles-tu là-haut ?

— Je ne sais pas, dit Catherine interdite ; j'ai cru vous voir dans le ciel au-dessus des nuages.

— Qui a pu te faire croire que j'étais capable d'aller si haut que cela ? est-ce que tu me prends pour une fée ?

— Mon Dieu ! ma tante, quand vous seriez fée, qu'est-ce qu'il y aurait d'étonnant ? Je ne veux point vous fâcher. On dit qu'il y a de bonnes et de méchantes fées ; vous ne pouvez être que dans les bonnes, et les gens du village qui montent jusque par ici et que je commence à comprendre, disent avec raison que vous travaillez comme une fée.

— On me l'a dit souvent à moi-même, répondit madame Colette ; mais c'est une manière de parler, et je ne suis pas fée pour cela. Je vois que tu as une petite tête remplie d'imaginations drôles ; c'est de ton âge, et je ne voudrais pas te voir aussi raisonnable que moi, ce serait trop tôt. Pourtant un tout petit brin de raison ne te nuirait pas, ma mignonne. Je vois que tu n'as pas beaucoup appris à filer aujourd'hui !

— Hélas! ma tante, vous pourriez bien dire que je n'ai pas filé du tout!

— Ne pleure pas, mon enfant, ça viendra, ça viendra avec le temps et la patience...

— Ah! vous dites toujours comme cela, s'écria Catherine dépitée; vous en avez vraiment trop, vous, de la patience, ma chère grand'tante! vous me traitez comme un petit enfant, vous ne me croyez pas capable d'apprendre vite, et si vous vouliez pourtant!...

— Voyons! dit la tante, tu me fais des reproches comme s'il y avait un secret pour remplacer la volonté et la persévérance. Je te déclare que je n'en connais pas, et qu'il ne m'en a été révélé aucun. Tu fais la moue? tu as quelque idée que je ne devine pas; veux-tu m'ouvrir ton cœur et m'y faire lire comme dans un livre?

— Oui, je le veux, dit Catherine en s'asseyant sur une grosse pierre moussue auprès de madame Colette. Je vous dirai tout, car j'ai une faute sur la conscience; et je crois que c'est cela qui me rend un peu folle.

Catherine alors se confessa de sa curiosité, et raconta comme quoi elle avait regardé à travers la fente de la porte de sa tante. — Je n'ai rien vu et rien surpris, dit-elle, vous n'y étiez point; mais, si vous n'eussiez pas été sortie, je vous aurais vue travailler, et j'aurais volé votre secret.

— Tu n'aurais rien volé du tout, répondit madame Colette. Je te répète que je n'ai point de secret. Si tu étais entrée dans ma chambre, tu aurais pu monter dans mon atelier, qui est au-dessus. C'est là que je carde ce qu'on appelle *le nuage*, et, comme il est malsain de carder dans une maison à cause des petits brins qui entrent dans les narines et dans les poumons, je fais ce travail au plus haut de mon chalet, dans un endroit où l'air circule librement et emporte au loin ces brindilles imperceptibles, qui te nuiraient, à toi comme aux autres. Mais tu ne me dis pas tout, Catherine : quelle idée te fais-tu donc des nuages, puisque tu en parles toujours? Confonds-tu les nuages du ciel avec la matière fine et blanche que j'extrais du lin, et que dans notre pays de fileuses habiles on appelle nuage pour dire une chose légère par excellence?

Catherine fut très-mortifiée de voir qu'elle s'était sottement trompée sur le sens d'un mot et qu'elle avait bâti mille chimères sur une métaphore bien simple ; tout cela ne lui expliquait pas ses propres visions, et, voulant en avoir le cœur net, elle revint à son nuage rose, et raconta tout ce qui en était.

Madame Colette l'écouta sans la reprendre et sans se moquer. Au lieu de la gronder et de lui imposer silence, comme eût fait Sylvaine, elle voulut savoir tout ce qu'il y avait de rêveries dans cette petite tête, et, quand elle eut tout entendu, elle devint songeuse, resta quelques minutes sans parler, et dit enfin : — Je vois bien que tu aimes le merveilleux, et qu'il faut y prendre garde. Moi aussi, j'ai été enfant et j'ai rêvé d'un nuage rose. Et puis j'ai été jeune fille, et je l'ai rencontré. Il avait de l'or sur son habit et un grand plumet blanc...

— Qu'est-ce donc que vous dites, ma tante ? Votre nuage était habillé, il avait un plumet ?

— C'est une manière de parler, mon enfant; c'était un nuage brillant, très-brillant, mais ce n'était rien de plus. C'était l'inconstance, c'était le rêve. Il apportait l'orage, lui aussi, et il disait que ce n'était pas sa faute, parce qu'il avait la foudre dans le cœur. Et un beau jour, c'est-à-dire un mauvais jour, j'ai failli être brisée comme ton pommier fleuri; mais cela m'a corrigée de croire aux nuages et j'ai cessé d'en voir. Méfie-toi des nuages qui passent, Catherine; des nuages roses surtout ! Ils promettent le beau temps et portent en eux la tempête ! — Allons ! ajouta-t-elle; reprends ta quenouille et file un peu ou fais un somme, tu fileras mieux après. Il ne faut jamais se décourager. Les rêves s'envolent, le travail reste.

Catherine essaya de filer en causant avec sa tante; mais ses yeux se fermèrent, et le fuseau s'échappa de ses doigts.

XIII

Elle fut tout d'un coup secouée comme par un tremblement de terre. Elle vit la tante Colette debout auprès d'elle, et pour la première fois en colère. Elle avait son capulet rouge rabattu sur les épaules, et ses cheveux blancs flottaient comme un nimbe autour de sa belle figure pâle. — Tu dors, paresseuse, lui dit-elle d'un air fâché; je t'ai dit de choisir et tu as choisi : tu rêves sans rien faire! Allons! debout, et suis-moi; je vois bien qu'il faut te donner mon secret. Tu vas l'apprendre...

Catherine se leva, et, dormant encore à moitié, elle suivit la tante Colette; mais elle la suivait avec peine, car la vieille dame marchait plus vite que le vent et montait un grand escalier de saphirs et d'émeraudes avec une légèreté étonnante. Catherine se trouva dans un merveilleux palais de diamants, où l'on marchait sur des tapis d'hermine, à travers des colonnades de cristal. Elle se trouva vite au faîte de l'édifice merveilleux. — Nous voici sur le haut du glacier, dit alors la tante avec un rire épouvantable; il faut avoir le courage de me suivre sur la grande dent. Prends-toi à ma robe, allons! il ne s'agit pas d'avoir peur. Le nuage rose t'attend, et tu lui as donné ta parole.

Catherine prit la jupe de sa tante, mais elle glissa et ne put monter. Alors la tante lui dit : — Prends la corde et ne crains rien !

Elle lui présentait un bout de fil si fin, si fin, qu'on avait de la peine à le voir. Catherine le prit pourtant, et, bien qu'elle tirât très-fort et glissât à chaque pas, le fil ne rompit point.

Elle arriva ainsi à la pointe de l'aiguille de glace, et la tante lui arracha sa quenouille, qu'elle planta dans la neige en lui disant d'une voix terrible : — Puisque tu ne sais pas te servir de cela, voici l'outil qui te convient! — Et elle lui mit dans les mains un

balai aussi long et aussi chevelu qu'un grand sapin.
Catherine le prit résolûment et le trouva fort léger.

— A présent, lui dit la tante, il s'agit de balayer.
Et elle la poussa rudement dans l'espace.

XIV

Catherine se crut précipitée au bas de la montagne, mais il n'en fut rien ; elle se trouva retenue en l'air par le fil que sa tante avait enroulé autour de son bras, et elle put marcher sur les nuages aussi facilement que si c'eût été la prairie. — Allons, balaie, cria madame Colette ; amène-moi ici tous ces nuages, il me les faut tous, tous, sans qu'il en manque un seul.

Catherine balayait, balayait, mais jamais assez bien et assez vite au gré de sa tante, qui lui criait : — Allons, plus vite et mieux que ça ! Plus loin, plus loin ! Faudra-t-il t'envoyer une charrette et des bœufs pour me rentrer tous ces nuages ?

Catherine parcourait tout le ciel, ramenant en tas les nuages que poussait son grand balai. En un instant, elle eut proprement balayé tout le ciel. — Amène-moi les tas ! criait encore dame Colette ; pousse, pousse ! Il m'en faut faire un seul et que je l'aie là dans les mains ! — Catherine poussait, amassait, et Colette rangeait tout cela en une meule gigantesque qui couvrait toute la dent du glacier.

— Reviens, à présent, lui dit-elle, il faut m'aider ; mais attends que je mette mes lunettes ! — Elle mit sur son nez aquilin ses grandes lunettes d'argent : — Que vois-je ? s'écria-t-elle, tu as oublié le nuage rose ! Crois-tu que je veuille faire grâce à ton bel ami ? Cours vite me le chercher et ne souffre pas qu'il échappe !

Le nuage rose fit beaucoup courir Catherine. Entraîné par le vent, il allait disparaître ; Catherine lui jeta le fil qui la retenait dans l'air, et aussitôt il vint se blottir dans son tablier en chantant d'une voix douce et plaintive : — Cher petit tablier qui m'as déjà sauvé, sauve-moi encore ! Catherine, bonne Catherine, prends pitié de moi ; ne me livre pas à la fileuse !

Catherine revint auprès de sa tante. Elle avait relevé et noué son tablier, espérant que dame Colette n'y ferait pas attention. Le fait est qu'elle était très-affairée ; elle avait bien dressé et bien peigné sa meule, et, armée de cardes très-fines, elle commençait à carder les nuages. Elle allait si vite qu'en un moment ce fut fini ; et, comme Catherine se baissait pour enlever une charge de cette ouate éclatante, son tablier se dénoua, et le nuage rose roula dans le tas. — Ah ! friponne que vous êtes ! dit la tante en le saisissant dans ses cardes ; vous avez cru que je ne le découvrirais pas ! Au tas, le nuage rose, au tas comme les autres !

— Ma tante ! ma tante ! grâce pour celui-là ! s'écria Catherine, grâce pour mon petit nuage !

— Mets-le sur ta quenouille, répondit dame

Colette; le voilà cardé, fais-en du fil, et vite, et vite! je le veux!

Catherine reprit sa quenouille, et fila en fermant les yeux pour ne pas voir l'agonie du pauvre nuage; elle entendit de faibles plaintes, elle faillit jeter la quenouille et se sauver; mais ses mains s'engourdirent, ses yeux se troublèrent, et elle se retrouva couchée sur la pierre moussue, à côté de sa tante, qui dormait aussi.

XV

Elle se leva et secoua madame Colette, qui lui dit en l'embrassant: — Eh bien! nous avons été paresseuses toutes deux; nous avons dormi l'une et l'autre. Est-ce que tu as rêvé quelque chose?

— Oh! oui, ma tante; j'ai rêvé que je filais aussi bien que vous; mais ce que je filais, hélas! c'était mon nuage rose!

— Eh bien! mon enfant, sache qu'il y a longtemps que j'ai filé le mien. Le nuage rose, c'était mon caprice, ma fantaisie, mon mauvais destin. Je l'ai mis sur ma quenouille, et le travail, le beau et bon travail, a fait de l'ennemi un fil si léger que je ne l'ai plus senti. Tu feras comme moi: tu ne pourras pas empêcher les nuages de passer; mais tu auras fait provision de courage. Tu les saisiras, tu les carderas, et tu les fileras si bien qu'ils ne pourront plus faire l'orage autour de toi et en toi-même.

Catherine ne comprit pas beaucoup la leçon ; mais elle ne revit plus le nuage rose. Quand, trois mois plus tard, sa mère vint la voir, elle filait déjà dix fois mieux qu'au commencement, et au bout de quelques années elle était aussi habile que la tante Colette, dont elle était la riche héritière.

LES AILES DE COURAGE

AURORE ET GABRIELLE SAND

Cette fois-ci, mesdemoiselles chéries, l'histoire sera longue : vous l'avez demandée comme cela. Si vous vous endormez en l'écoutant, on la finira un autre jour, à la condition que vous vous rappellerez le commencement. Aurore a demandé que la scène se passât dans un lieu remarqué par vous durant *vos voyages*. Je n'ai pas beaucoup de choix, et je suis forcée de vous ramener en Normandie, où déjà vous avez fait connaissance avec le marécage fleuri de *la Reine Coax*; mais nous sortirons de ces eaux tranquilles, et nous irons voir, non loin de là, cette mer rose et bleue que vous aimiez encore plus. Prenez votre tricot ou vos découpures, soyez sages, mais interrompez quand vous ne comprendrez pas. Je m'expliquerai en mots parlés, qui sont toujours plus clairs que les mots écrits. Vous voulez qu'il y ait du merveilleux dans mon récit. Il y en aura un peu, mais c'est à la condition qu'il y aura aussi des choses vraies que tout le monde ne sait pas, et que vous ne serez pas fâchées d'apprendre, non plus que vos grands cousins qui sont là. La nature est une mine de merveilles, mes chers enfants, et toutes les fois qu'on y met tant soit peu le nez, on est étonné de ce qu'elle vous révèle.

Nohant, octobre 1872.

Il y avait dans les terres du pays d'Auge, du côté de Saint-Pierre-d'Azif, à trois lieues de la mer, un bon paysan et sa femme qui, à force de travail, étaient devenus assez riches. Dans ce temps-là, c'est-à-dire il y a environ cent ans, le pays n'était pas très-bien cultivé. C'étaient des herbages et puis des herbages, avec des pommiers et encore des pommiers ; un grand pays tout plat, à perte de vue, et de temps en temps un petit bois de noisetiers, avec un jardinet et une maison de bois et de torchis, la pierre étant rare. On élevait par là de bonnes vaches, on faisait d'excellent beurre et des fromages renommés ; mais, comme il n'y avait alors ni grandes routes, ni chemins de fer, ni toutes ces maisons de campagne qu'on voit aujourd'hui sur la côte, le paysan n'avait pas beaucoup d'idées et n'inventait rien pour augmenter ou varier les produits de la terre.

Celui dont je vous parle s'appelait Doucy et on

appelait sa femme la mère Doucette. Ils avaient plusieurs enfants qui tous travaillaient comme eux, n'inventaient pas davantage et ne se plaignaient de rien, tous très-bons, très-doux, très-indifférents, ne faisant rien vite, mais faisant toujours quelque chose et pouvant arriver à la longue à mettre de côté un peu d'argent pour acheter de la terre.

Il y en avait un seul, qu'on appelait Clopinet, qui ne travaillait pas ou presque pas. Ce n'est point qu'il fût faible ou malade; il était frais et fort, quoiqu'un peu boiteux, très-joli de visage et rose comme une pomme. Ce n'est pas non plus qu'il fût désobéissant ou paresseux; il n'avait aucune malice et ne craignait pas de se donner de la peine; mais il avait une idée à lui, et cette idée, c'était d'être marin. Si on lui eût demandé ce que c'était que d'être marin, il eût été bien embarrassé de le dire, car il n'avait guère que dix ans quand cette idée entra dans sa tête, et voici comment elle y entra.

Il avait un oncle, frère de sa mère, qui était parti tout jeune sur un navire marchand et qui avait vu beaucoup de pays. Cet oncle, établi sur la côte de Trouville, venait de loin en loin voir les Doucy, et il racontait beaucoup de choses extraordinaires qui n'étaient peut-être pas toutes vraies, mais dont Clopinet ne doutait point, tant elles lui paraissaient belles. C'est ainsi qu'il prit l'idée de voyager et une très-grande envie d'aller sur la mer, encore qu'il ne l'eût jamais vue et qu'il ne sût pas au juste ce que c'était.

Elle n'était pas loin pourtant, et il eût bien pu

marcher jusque-là, sa boiterie ne le gênant guère ; mais son père ne se souciait pas de lui voir prendre le goût des voyages, et ce n'était pas la coutume des paysans de ce temps-là de s'éloigner sans nécessité de leur endroit. Les frères aînés allaient aux foires et marchés quand besoin était. Pendant ce temps-là, les plus jeunes gardaient ou soignaient les vaches et ce n'était jamais le tour de Clopinet d'aller se promener. Il en prit de l'ennui et en devint tout rêveur. Quand il menait paître ses bêtes, au lieu d'inventer quelque amusement, comme de faire des paniers de jonc ou de bâtir des petites maisons avec de la terre et des brins de bois, il regardait les nuages et surtout les oiseaux voyageurs qui passaient pour aller à la mer ou pour en revenir. — Sont-ils heureux, ceux-là! se disait-il; ils ont des ailes et vont où il leur plaît. Ils voient comment le monde est fait, et jamais ils ne s'ennuient.

A force de regarder les oiseaux, il les connaissait à leur vol, si haut qu'ils fussent dans le ciel. Il savait leurs habitudes de voyage, comment les grues se mettent en flèche pour fendre les courants d'air, comment les étourneaux volent en troupe serrée, comment planent les oiseaux de proie et comment les oies sauvages se suivent en ligne à distance bien égale. Il était toujours content de voir arriver les oiseaux de passage et il essayait souvent de courir aussi vite qu'ils volaient ; mais c'était peine inutile : il n'avait pas fait dix pas qu'ils avaient fait une lieue et qu'il les perdait de vue.

Soit à cause de sa boiterie, soit parce qu'il n'était

pas naturellement brave, Clopinet ne s'éloignait guère de la maison et ne faisait rien pour accorder son courage avec sa curiosité. Un jour que l'oncle marin était venu voir la famille et que Clopinet parlait d'aller voir la mer avec lui, si son papa voulait bien le permettre:

— Toi? dit le père Doucy en riant: tais-toi donc! tu ne sais pas marcher et tu as peur de tout. Ne vous embarrassez jamais de ce gamin-là, beau-frère! c'est un malingre et un poltron. L'an dernier, il s'est caché tout un jour dans les fagots, parce qu'il a passé un ramoneur un peu barbouillé qu'il a pris pour le diable. Il ne peut pas voir sans crier le tailleur qui vient faire nos habits, parce qu'il est bossu. Un chien qui grogne, une vache qui le regarde, une pomme qui tombe, le voilà qui s'envole. On peut bien dire que c'en est un qui est venu au monde avec des ailes de la peur attachées aux épaules.

— Ça passera, ça passera, répondit l'oncle Laquille, — c'était le nom du marin; quand on est enfant, on a des ailes de peur; plus tard, il vous en pousse d'autres.

Ces paroles étonnèrent beaucoup le petit Clopinet.

— Je n'ai point d'ailes, dit-il, mon papa se moque; mais peut-être qu'il m'en pousserait, si j'allais sur la mer!

— Alors, reprit le père Doucy, ton oncle devrait en avoir? Dis-lui donc de te les montrer!

— J'en ai quand il en faut, reprit le marin d'un air modeste; mais ce sont des ailes de courage pour voler au danger.

Clopinet trouva ces paroles très-belles, et ne les oublia jamais; mais le père Doucy rabattit l'orgueil de son beau-frère en lui disant : — Je ne dis point que tu n'aies pas ces ailes-là quand il faut faire ton devoir; mais quand tu rentres à la maison, tu n'en es plus si fier, ta femme te les coupe!

Le père Doucy disait cela parce que la mère Laquille gouvernait le ménage, tandis qu'au contraire la mère Doucette était très-bien nommée et tout à fait soumise à son mari.

A cause de cela, cette bonne femme n'osait point encourager les idées de Clopinet, dont le père ne voulait pas entendre parler. Il disait que le métier de marin était trop dur pour un garçon qui avait une jambe plus faible que l'autre; il disait pourtant aussi que Clopinet, malgré sa bonne santé, ne serait jamais un homme assez solide pour bêcher la terre et qu'il fallait lui faire apprendre l'état de tailleur, qui est un bon état dans les campagnes.

Aussi, un jour que le tailleur était venu dans la famille, comme il avait coutume de venir tous les ans, le père Doucy lui dit : — *Tire-à-gauche*, mon ami, — on appelait ainsi le tailleur parce qu'il était gaucher et tirait l'aiguille au rebours des autres, — nous n'avons pas d'ouvrage à te donner cette année; mais voilà un petit qui aurait bonne envie d'apprendre ton état. Je te paierai quelque chose pour son apprentissage, si tu veux être raisonnable et te contenter de ce que je t'offrirai. Dans un an d'ici, il pourra t'aider, faire tes commissions, être enfin ton petit serviteur et gagner chez toi sa nourriture.

— Combien donc est-ce que vous donneriez ? dit le tailleur en regardant Clopinet du coin de l'œil, d'un air un peu dédaigneux, comme pour déprécier d'avance la marchandise.

Pendant que le paysan et le tailleur discutaient à voix basse les conditions du marché, et se tenaient à deux livres tournois de différence, Clopinet, tout interdit, car jamais il n'avait eu la moindre envie de coudre et de tailler, essayait de regarder tranquillement le patron auquel on était en train de le vendre. C'était un petit homme bossu des deux épaules, louche des deux yeux, boiteux des deux jambes. Si on eût pu le détortiller et l'étendre sur une table, il eût été grand; mais il était si cassé et si soudé aux angles que, quand il marchait, il n'était pas plus haut que Clopinet lui-même, qui avait alors douze ans et n'était pas très-grand pour son âge. Tire-à-gauche, lui, pouvait bien avoir la cinquantaine ; sa tête, énorme en longueur, jaune et chauve, ressemblait à un gros concombre. Il était sordidement vêtu des guenilles qui n'avaient pu resservir dans les vêtements de ses pratiques et que l'on eût jetées aux fumiers, s'il ne les eût réclamées ; mais ce qu'il y avait en lui de plus horrible, c'était ses pieds et ses mains, d'une longueur démesurée et très-agiles, car, avec ses bras en fuseau et ses jambes en équerre, il travaillait et marchait plus vite qu'aucun autre. L'œil pouvait à peine suivre l'éclair de sa grosse aiguille quand il cousait et le tourbillon de poussière qu'il soulevait en rasant la terre pour courir.

Clopinet avait vu plusieurs fois Tire-à-gauche, et

n'avait jamais manqué de le trouver fort laid; mais ce jour-là il le trouva épouvantable, et la peur qu'il en avait toujours eue devint si forte qu'il se serait sauvé, s'il n'eût pensé à ces ailes de peur qu'on lui reprochait d'avoir aux épaules.

Quand le marché fut conclu, Doucy et le tailleur se tapèrent dans la main, burent en trinquant un demi-broc de cidre, et la mère Doucette, avertie de ce qui se passait, s'en alla, sans rien dire, dans l'autre chambre pour faire le paquet du pauvre enfant que le tailleur allait lui prendre pour trois ans.

Jusque-là, Clopinet n'avait pas compris ce qui lui arrivait. Il avait bien entendu dire une ou deux fois à son père qu'on songerait à le pourvoir d'un métier manuel à cause de la faiblesse de sa jambe; mais il ne pensait pas que cela dût être réglé sitôt et contre son gré. Donner un démenti à son père, faire résistance, c'était là une chose à laquelle il ne pouvait pas songer non plus, car il était doux et soumis, et pendant un moment il crut que rien ne serait décidé sans son consentement; mais quand il vit sa mère sortir de la chambre sans le regarder, comme si elle eût craint de pleurer devant lui, il comprit son malheur, et s'élança après elle pour la supplier de le secourir.

Il n'en eut pas le temps. Le tailleur allongea son bras, et le saisit comme une araignée prend une mouche; puis, le plantant sur sa bosse de derrière et lui serrant les jambes qu'il avait ramenées sur sa bosse de devant, il se leva en disant au père Doucy :

— C'est bien, c'est entendu. Nous laisserons pleurer

la mère, elle pleurera moins quand elle ne le verra plus. Elle en a pour une heure à empaqueter ses nippes; vous m'enverrez ça demain à Dives, où je vais passer trois jours. Çà, petit, tenez-vous coi, et ne criez point, ou avec mes bons ciseaux, que vous voyez là pendus à ma ceinture, je vous coupe la langue.

— Traitez-le avec douceur, dit le père; il n'est point méchant et fera toutes vos volontés.

— C'est bon, c'est bon, reprit le tailleur, ne soyez point en peine de lui, j'en fais mon affaire. En route, en route! ne vous attendrissez pas, ou je renonce à le prendre.

— Souffrez au moins que je l'embrasse, dit le père Doucy; un enfant qui s'en va...

— Eh! vous le reverrez; il reviendra travailler avec moi chez vous. Bonjour, bonjour, point de scène, point de pleurs, ou je vous le laisse. Pour ce que vous payez, je n'y tiens déjà pas tant.

En parlant ainsi, Tire-à-gauche franchit la porte de la maison et se mit à courir, avec Clopinet sur son dos, à travers les pommiers. L'enfant essaya de crier; mais il avait la gorge serrée et ses dents claquaient de peur. Il se retourna avec angoisse vers sa maison. Ce n'était pas tant d'obéir qui le chagrinait, que de ne pouvoir embrasser ses parents et leur dire adieu; c'est cette cruauté-là qui lui semblait impossible à comprendre. Il vit sa mère qui accourait sur la porte et qui lui tendait les bras. Il réussit à s'écrier : *Maman!* au milieu d'un sanglot étouffé; elle fit quelques pas comme si elle eût voulu le rattraper;

mais le père la retint, et elle tomba, pâle comme si elle eût été morte, dans les bras de François, son fils aîné, qui jurait de chagrin et montrait le poing au tailleur d'un air de menace. Tire-à-gauche ne fit qu'en rire, d'un rire affreux qui ressemblait au bruit d'une scie dans la pierre, et il doubla le pas, ce pas gigantesque, fantastique, qu'il était impossible de suivre.

Clopinet, croyant que sa mère était morte et voyant que rien ne pouvait le sauver, souhaita de mourir aussi, laissa tomber sa tête sur l'épaule monstrueuse du tailleur et perdit connaissance.

Alors le tailleur, le trouvant trop lourd et le jugeant endormi, le mit sur son âne, qu'il avait laissé paître dans la prairie, et qui était aussi petit, aussi laid et aussi boiteux que lui. Il lui allongea un grand coup de pied pour le faire marcher et ne s'arrêta plus qu'à trois lieues de là, dans les dunes.

Là il se coucha pour faire un somme, sans se soucier de voir si l'enfant dormait tout de bon, ou s'il était malade. Clopinet, en ouvrant les yeux, se crut seul, et regarda autour de lui sans comprendre où il était; c'était un endroit singulier qu'il n'avait jamais vu et qui ne ressemblait à aucun autre. Il se trouvait comme enfermé dans un creux de gazon épais et rude, qui croissait en grosses touffes sur un terrain inégal, relevé de tous côtés en pointes crochues; c'étaient les déchirures des grandes marnes grises qui s'étendent, entre Villers et Beuzeval, sur le rivage de la mer et qui là cachent aux regards quand on les suit par le milieu de leur épaisseur.

Après s'être etonné un peu, Clopinet retrouva la mémoire, et son cœur se serra au souvenir de son enlèvement par le tailleur; mais il bondit de joie en s'imaginant que son ravisseur l'avait abandonné, et qu'en cherchant un peu il retrouverait le chemin de sa maison.

Aussitôt pensé, aussitôt fait. Il se releva et fit quelques pas sur le sentier assez large qui s'offrait à lui; mais il s'arrêta glacé d'épouvante en voyant Tire-à-gauche étendu à deux pas de lui, dormant d'un œil et de l'autre surveillant tous ses mouvements. L'âne broutait un peu plus loin.

Clopinet se recoucha aussitôt et se tint tranquille, quoique le cœur lui battît bien fort. Tout à coup il entendit un grognement clair, comme si un corbeau coassait non loin de lui. Il se retourna et vit que le tailleur ronflait et dormait pour tout de bon avec un œil ouvert. C'était son habitude, cet œil crevé ne se fermait plus; mais il n'en dormait pas moins. Il était fatigué, car il faisait chaud.

Clopinet se traîna sur ses genoux jusqu'auprès de lui, toujours terrifié par ce vilain œil qui le regardait. Il passa sa main devant, l'œil ne bougea pas, l'œil ne voyait pas. Alors l'enfant, se traînant toujours, sortit du creux en suivant le chemin et se trouva dans un autre creux plus grand, que le chemin traversait aussi. Il ôta et abandonna ses sabots pour mieux courir, et tout à coup, se jetant dans les herbes, il quitta le sentier, gagna la hauteur, et se mit à la descendre aussi vite qu'un lièvre, dans un fouillis de buissons et de plantes folles où il se trouva perdu et couvert par-dessus la tête. Il courut longtemps ainsi; puis, s'avisant que, si le tailleur le cherchait, il verrait remuer les herbes et les feuilles, il s'arrêta, se blottit au plus épais, et resta immobile retenant sa respiration.

Tout cela lui réussit très-bien. Tire-à-gauche, après avoir dormi assez longtemps, s'éveilla, vit que son prisonnier lui avait échappé, trouva les sabots, ne daigna pas les ramasser, suivit quelque temps la trace des pieds nus, et continua son chemin en ricanant, car ce chemin conduisait à Dives, où le tailleur comptait aller passer la nuit. Cet imbécile d'enfant, pensait-il, s'est imaginé suivre le chemin de sa maison; il n'a pas su qu'il lui tournait le dos; en quatre enjambées je l'aurai rattrapé.

Et le tailleur, battant et chassant devant lui son âne, se mit à raser le terrain avec ses grandes jambes tordues, qui s'agitaient comme deux faux et qui allaient aussi vite que deux ailes; mais, grâce à la bonne idée que l'enfant avait eue de prendre en sens contraire, plus le tailleur avançait, plus il s'éloignait de lui.

II

Il faisait nuit quand Clopinet se sentit assez rassuré pour sortir de sa cachette. C'était une douce soirée de printemps, tranquille et voilée. Il écouta avant de bouger et fut très-effrayé d'un bruit singulier. Il s'imagina que c'était le terrible pas du tailleur qui faisait crier le sable au-dessous de lui; et puis, comme cela ressemblait par moments à une étoffe qu'on déchire, il pensa encore au tailleur déchirant les étoffes avant d'y mettre ses terribles ciseaux. Mais cela recommençait toujours sans augmenter ni diminuer de force et de vitesse, sans se rapprocher et sans jamais s'arrêter. C'était la mer brisant au bas de la grève. Clopinet ne connaissait pas ce bruit-là; il essaya de voir et s'assura, aussi bien que possible dans l'obscurité, que personne autre que lui n'était dans ce désert. C'était pour lui un lieu incompréhensible. D'où il était, en sortant la tête des buissons, il voyait un grand demi-cercle de dunes dont il ne pouvait distinguer les plis et les ressauts, et qui lui paraissait être une immense muraille ébréchée s'écroulant dans le vide. Ce vide, c'était la mer; mais, comme il ne s'en faisait aucune idée et que la brume du soir lui cachait l'horizon, il ne la distinguait pas du ciel et s'étonnait seulement de voir des étoiles dans le haut et de singulières clartés dans le bas. Était-ce des éclairs de chaleur? Mais comment se trouvaient-ils sous ses pieds? Comment comprendre tout cela quand on n'a rien vu, pas même une grande rivière ou une petite montagne? Clopinet marcha un peu dans les grosses herbes sans oser descendre plus bas, il avait peur et il avait faim. — Il faut, se dit-il, que je cherche un endroit pour dormir, car au petit jour je veux demander le chemin de chez nous et retourner voir si ma pauvre mère n'est pas morte. — Cette idée le fit pleurer, mais en se souvenant qu'il avait été comme mort lui-même sur le dos du tailleur, il espéra que sa mère en reviendrait aussi.

Il n'osait pas dormir au premier endroit venu, de peur d'être surpris par l'horrible patron qu'il supposait toujours lancé à sa recherche, et il ne se trouvait pas assez loin du chemin par où il eût pu revenir vers lui. Il descendit donc avec précaution, et vit que cela était plus difficile qu'il ne l'avait pensé. Le rebord de la dune n'était pas un mur où il pût se laisser glisser. C'était un terrain tout coupé, tout crevassé et tout hérissé, comme une châtaigne, de pointes mal solides qui cédaient sous la main quand on voulait s'y accrocher; puis il rencontrait de grandes fentes cachées par l'herbe et les épines, et il craignait d'y tomber. Il ne put en éviter quelques-unes qui avaient de l'eau au fond, et qui par bonheur n'étaient pas profondes; mais la nuit, la solitude et le danger de ce terrain perfide, si nouveau pour un habitant des plaines et si difficile pour un boiteux, lui causèrent une grande tristesse et peu à peu un grand effroi. Il renonça à descendre et voulut remonter. Ce fut pire. Si le dessus du terrain était séché par le soleil et un peu consolidé par l'herbe épaisse, le flanc de cette fausse roche était humide et glissant, le pied n'y pouvait trouver d'appui, de gros morceaux de marne épaisse se détachaient et laissaient crouler de gros cailloux qui étaient comme tombés du ciel de place en place. Épuisé de fatigue, l'enfant se crut perdu; il ne savait pas si les loups ne viendraient pas le manger.

Il se jeta tout découragé sur une mousse épaisse qu'il rencontra et essaya de s'endormir pour tromper la faim ; mais il rêva qu'il glissait, et quelque chose qui passa sur lui en courant, peut-être un renard, peut-être un lièvre, lui fit une telle peur qu'il s'enfuit, sans savoir où, au risque de tomber dans une fente et de s'y noyer. Il n'avait plus sa raison et ne reconnaissait plus les choses qu'il avait vues au jour. Il allait d'un creux à l'autre, s'imaginant qu'au lieu de courir il volait au-dessus de la terre. Il rencontrait ces grandes crêtes de la dune qui l'avaient étonné, et il les prenait pour des géants qui le regardaient en branlant la tête. Chaque buisson noir lui paraissait une bête accroupie, prête à s'élancer sur lui. Il lui venait aussi des idées folles et des souvenirs de choses qu'il avait oubliées. Une fois son oncle le marin avait dit devant lui : « Quand on s'est donné aux esprits de la mer, les esprits de la terre ne veulent plus de vous. » Et cette parole symbolique lui revenait comme une menace. — J'ai trop pensé à la mer, se disait-il, et voilà que la terre me renvoie et me déteste ; elle se déchire et se fend de tous les côtés sous mes pieds, elle se dresse en pointes qui ne tiennent à rien et qui veulent m'écraser. Je suis perdu, je ne sais pas où est la mer, qui peut-être serait meilleure pour moi ; je ne sais pas de quel côté est mon pays et si je retrouverai jamais ma maison. Peut-être que la terre s'est aussi fâchée contre mes parents et qu'ils n'existent plus !

Comme il pensait cela, il entendit passer au-dessus de sa tête quelque chose de très-surprenant. C'était une quantité de petites voix plaintives qui semblaient appeler du secours; ce n'était pas des cris d'oiseau, c'était des voix de petits enfants, si douces et si tristes, que le chagrin et la détresse de Clopinet en augmentèrent et qu'il cria : — Par ici, par ici, petits esprits, venez pleurer avec moi ou emmenez-moi pleurer avec vous, car au moins vous êtes tous ensemble pour vous plaindre, et moi je suis tout seul.

Les petites voix continuaient à passer, et il y en avait tant que cela passa pendant un quart d'heure sans faire attention à Clopinet, bien que peu à peu sa voix, à lui, se fût mise à l'unisson de cette douce plainte. Enfin elles devinrent plus rares, la grande troupe s'éloignait; il ne passa plus que des voix isolées qui étaient en retard et appelaient d'un accent plein d'angoisse pour qu'on les attendît. Quand Clopinet, qui courait toujours sans pouvoir les suivre, entendit passer celle qu'il jugea devoir être la dernière, il fut désespéré, car ces compagnons invisibles de son malheur avaient adouci son chagrin, et il se retrouvait dans l'horreur de la solitude. Alors il s'écria : — Esprits de la nuit, esprits de la mer peut-être, ayez pitié, emportez-moi !

En même temps il fit en courant un grand effort, comme pour ouvrir ses ailes, et, soit que le désir qu'il en avait lui en eût fait pousser, soit que tout ceci fût un rêve de la fièvre et de la faim, il sentit qu'il quittait la terre et qu'il s'envolait dans la direction que suivaient les esprits voyageurs. Emporté dans l'air grisâtre, il crut voir distinctement des petites flèches noires qui volaient devant lui ; mais bientôt il ne vit plus rien que du brouillard et il appela en vain pour qu'on l'attendît. Les voix avançaient toujours, pleurant toutes ensemble, mais allant plus vite que lui et se perdant à travers la nue. Alors Clopinet sentit ses ailes se fatiguer, son vol s'appesantir, et il descendit, descendit, sans tomber, mais sans pouvoir s'arrêter, jusqu'au pied de la dune. Dès qu'il toucha la terre, il agita ses bras, et s'imagina que c'était toujours des ailes qui pourraient repartir quand il ne serait plus fatigué. Au reste, il n'eut pas le loisir de s'en tourmenter, car ce qu'il voyait l'occupait tellement qu'il ne songeait presque plus à lui-même.

La nuit était toujours voilée, mais pas assez sombre pour l'empêcher de distinguer les objets qui n'étaient pas très-éloignés. Il était assis sur un sable très-fin et très-doux, parmi de grosses boules rondes et blanchâtres qu'il prit d'abord pour des pommiers en fleurs. En regardant mieux et en touchant celles qui étaient près de lui, il reconnut que c'était de grosses roches pareilles à celles qu'il avait vues sur le haut des dunes, et qui avaient glissé, il y avait peut-être longtemps, jusque sur la plage.

C'était une belle plage, car en cet endroit-là la mer venait chaque jour jusqu'au pied de la dune balayer la boue qui tombait de cette montagne marneuse. Le sable était d'ailleurs lavé en mille endroits par de petits filets d'eau douce qui filtrait le long de la hauteur et se perdaient sans bruit et sans bouillonnement dans l'eau salée ; mais, comme la marée n'était pas encore tout à fait montée, tout en entendant le bruit de la vague qui approchait, Clopinet ne voyait encore que cette longue et pâle bande de sable humide que perçait une multitude de masses noires plus ou moins grosses et toutes plus ou moins arrondies. Clopinet n'avait plus peur ; il regardait ces masses immobiles avec étonnement. C'était comme un troupeau de bêtes énormes qui dormait devant lui. Il voulut les voir de près et avança sur le sable jusqu'à ce qu'il put en toucher une. C'était une roche pareille à celle qu'il venait de quitter ; mais pourquoi était-elle noire, tandis que celles du rivage étaient blanches ? Il toucha encore et amena à lui quelque chose comme une énorme grappe de raisins noirs. Il avait faim, il y mordit, et ne trouva sous sa dent que des coquilles assez dures ; mais ses dents étaient bonnes et entamaient de petites moules excellentes. Aussitôt il les ouvrit avec son couteau et apaisa sa faim, car il y avait de ces moules à l'infini et c'était ce revêtement épais de coquillages qui rendait noirs les cailloux blancs tombés comme les autres du sommet et des flancs de la dune.

Quand il eut bien mangé, il se sentit tout ranimé et redevint raisonnable. Il ne se souvint plus d'avoir eu des ailes et pensa qu'il avait roulé doucement le long des marnes en croyant voler dans les nuages.

Alors il monta sur une des plus grosses roches noires et regarda ce qu'il y avait au delà. Il revit passer ces longs éclairs pâles qu'il avait déjà vus d'en haut et qui paraissaient raser le sol. Qu'est-ce que ce pouvait être? Il se rappela que son oncle avait dit devant lui que l'eau de mer brillait souvent comme un feu blanc pendant la nuit, et il se dit enfin que ce qu'il voyait devait être la mer. Elle était tout près et avançait vers les roches, mais si lentement et avec un mouvement si régulier et un bruit si uniforme que l'enfant ne se rendit pas compte du terrain qu'elle gagnait et resta bien tranquille sur son rocher, à la regarder aller et venir, avancer, reculer, se plisser en grosses lames, s'élever pour s'abattre aussitôt et recommencer jusqu'à ce qu'elle vînt s'aplatir sur la grève avec ce bruit sec et frais qui n'est pas sans charme dans les nuits tranquilles et appelle le sommeil, pour peu qu'on y soit disposé.

Clopinet n'y put résister; il était peut-être dix heures du soir, et jamais il n'avait veillé si tard. Son lit de roches et de coquillages n'était pas précisément mollet; mais quand on est bien las, où ne dormirait-on point? Pendant quelques instants, il fixa ses yeux appesantis sur cette mince nappe argentée qui s'étend mollement sur le sable, qui avance encore au moment où la vague recule déjà, qui est reprise et poussée plus avant quand elle revient. Rien n'est moins effrayant que cette douce et perfide invasion de la marée montante.

Clopinet vit bien que la bande de sable se rétrécissait devant lui et que de petits flots commençaient à laver le pied de son rocher. Ils étaient si jolis avec leur fine écume blanche qu'il n'en prit aucun souci.

C'était la mer, il la voyait, il la touchait enfin! Elle n'était pas bien grande, car au-delà de cinq ou six lames il ne voyait plus rien qu'une bande noire perdue dans la brume. Elle n'avait rien de méchant, elle devait bien savoir qu'il avait toujours souhaité de vivre avec elle. Sans doute elle était raisonnable, car l'oncle marin parlait souvent d'elle comme d'une personne majestueuse et respectable! Cela fit songer à Clopinet qu'il ne l'avait pas encore saluée, et que ce n'était point honnête. Tout appesanti par le sommeil qui le gagnait, il souleva poliment son bonnet de laine, et, laissant retomber sa tête sur son bras gauche étendu, il s'endormit en tenant toujours son bonnet dans la main droite.

III

Cependant, au bout de deux heures, il fut réveillé par un bruit singulier. La mer battait le rocher avec tant de force qu'il paraissait trembler, et même Clopinet ne vit plus de rocher; il vit un gros ourlet d'écume tout autour de lui. La marée était haute, et l'enfant ne comprenait rien à ce qui lui arrivait. Il voulut se sauver du côté par où il était venu, mais il y avait autant d'eau d'un côté que de l'autre, et toutes les roches noires avaient absolument disparu. Le flot montait jusqu'au pied des roches blanches, et semblait vouloir monter encore plus haut. Clopinet essaya de mettre ses jambes dans l'eau pour voir si elle était profonde. Il ne sentit pas le fond, mais il sentit que, s'il lâchait le rocher, la vague allait l'emporter. Alors il se jugea décidément perdu, pensa à sa mère et ferma les yeux pour ne pas se voir mourir.

Tout d'un coup il entendit au-dessus de lui les petites voix qui l'avaient appelé sur la dune, et le courage lui revint. Il avait déjà volé pour descendre de là-haut, il pouvait bien voler encore pour y retourner. Il imita le cri de ces esprits invisibles, et il les entendit planer sur lui comme s'ils tournaient en rond pour l'appeler et l'attendre. Il fit de nouveau un grand effort avec ses bras, qui le soutinrent comme des ailes, et il s'éleva dans les airs; mais il sentit qu'il ne volait pas bien haut et qu'il planait sur la mer, allant, venant, effleurant les vagues, se reposant sur le rocher, se remettant à voltiger, à nager, et trouvant à cela un plaisir extrême. L'eau de mer lui semblait tiède, il s'y soutenait sans effort comme s'il n'eût fait que cela toute sa vie, et puis il eut envie de voir dedans. Il ferma ses ailes et y plongea la tête. L'eau était tout en feu blanc qui ne brûlait pas. Enfin il se sentit fatigué, et, revenant à son rocher, il s'y rendormit profondément, bercé par le beau bruit des vagues et par la douce voix des esprits, qui continuaient à faire de petits cris d'enfant dans les airs.

Quand il s'éveilla, le soleil se levait dans un brouillard argenté qui s'en allait par grandes bandes autour de l'horizon. Un vent frais plissait la mer verte, et du côté du levant elle avait de grandes lames roses et lilas; l'horizon se dégageait rapidement, et le rocher où Clopinet avait dormi était assez élevé pour qu'il vît combien la mer était grande. Elle était moins tranquille que la veille, mais elle était beaucoup plus loin, et il voulut la voir de près en plein jour. Il courut sur le sable, peu soucieux de mouiller ses jambes dans les grandes flaques qu'elle avait laissées, et il ne fut content que lorsqu'il en eut jusqu'aux genoux. Il ramassa quantité de coquillages différents qui tous étaient bons et jolis; puis il retourna au pied de la dune pour boire aux petites sources un peu saumâtres, mais moins âcres que l'eau de mer qu'il avait goûtée. Il était si content de voir cette grande chose dont il avait tant rêvé, qu'il ne pensait plus à retourner chez lui. Il avait presque oublié tout ce qui lui était arrivé la veille. Il allait et venait sur le rivage, regardant tout, touchant à tout, essayant de se rendre compte de tout. Il vit au loin passer des barques, et il comprit ce que c'était en distinguant les hommes qui les montaient et les voiles que le vent enflait. Il vit même un navire à l'horizon et crut que c'était une église ;. mais cela marchait comme les barques, et son cœur battit bien fort. C'était donc là un vaisseau, une de ces maisons flottantes sur lesquelles son oncle avait voyagé! Clopinet eût voulu être sur ce bâtiment et voir où finissait la mer, au-delà de la ligne grise qui la séparait du ciel.

Il ne pensait plus au tailleur, lorsque la peur lui revint à cause d'une personne qu'il aperçut au loin, marchant sur le rivage et se dirigeant de son côté ; mais il se rassura bien vite en voyant que c'était un homme fait comme les autres, et même il lui sembla reconnaître son frère aîné François, celui qui, la veille, avait montré le poing au tailleur, car François détestait le tailleur et chérissait son petit Clopinet.

C'était lui, c'était bien lui, et Clopinet courut à sa rencontre pour se jeter dans ses bras. — Et d'où viens-tu, d'où sors-tu ? s'écria François en l'embrassant. Il n'est que sept heures du matin ; tu ne viens pas de Dives. Où donc as-tu passé la nuit ?

— Là, sur cette grosse pierre noire, dit Clopinet.

— Comment ! sur la Grosse-Vache ?

— Ce n'est pas une vache, mon François, c'est une pierre pour de vrai.

— Eh ! je le sais bien ! Toi, tu ne sais pas qu'on appelle ces pierres-là les Vaches-Noires ? Mais pendant la marée où étais-tu ?

— Je ne sais point ce que tu veux dire.

— La mer qui monte jusqu'ici, jusqu'à ces pierres qu'on appelle les Vaches-Blanches ?

— Ah ! oui, j'ai vu cela, mais les esprits de la mer m'ont empêché de me noyer.

— Il ne faut pas dire de folies, Clopinet ! il n'y a pas d'esprits sur la mer ; sur la terre, je ne dis pas...

— Qu'ils soient de la terre ou de la mer, reprit Clopinet vivement, je te dis qu'ils m'ont porté secours.

— Tu les as vus ?

— Non, je les ai entendus. Enfin me voilà, et même j'ai bien dormi tout au beau milieu de l'eau.

— Alors tu peux dire que tu as eu une fière chance! Je sais bien que cette Grosse-Vache-là, étant la plus haute, est la seule que la marée ne couvre pas tout à fait quand la mer est tranquille; mais s'il était venu le moindre coup de vent, elle eût monté par-dessus, et c'était fini de toi, mon pauvre petit.

— Bah! bah! je sais très-bien nager, plonger, voler au-dessus des vagues, c'est très-amusant.

— Allons! allons! tu me dis des bêtises. Tes habits ne sont pas mouillés. Tu as eu peur, tu as eu faim et froid; pourtant tu n'as pas l'air malade. Mange le pain que je t'apporte, et bois un bon coup de cidre que j'ai là dans ma gourde, et puis tu me raconteras raisonnablement comment tu as quitté ce chien de tailleur, car je vois bien que tu t'es sauvé de ses griffes.

Clopinet raconta tout ce qui s'était passé. — Eh bien! répondit François, j'aime autant qu'il n'ait pas eu le temps de te faire souffrir, car c'est un méchant homme, et je sais qu'il a fait mourir des apprentis à force de les maltraiter et de les priver de nourriture. Notre père ne veut pas croire ce que je lui dis, et il a persuadé à notre mère que j'en voulais à cet homme-là et ne disais point la vérité. Tu sais qu'elle craint beaucoup le père et veut tout ce qu'il veut. Elle a beaucoup pleuré hier et n'a pas soupé; mais ce matin elle l'a écouté, et tous deux s'imaginent que ton chagrin est passé comme le leur, que tu es déjà habitué à ton patron. Il n'y a pas moyen de leur

13.

faire penser le contraire, et, si tu reviens chez nous, tu es bien sûr que le père te corrigera et te reconduira lui-même ce soir à Dives, où le tailleur, qui ne demeure nulle part, doit, à ce qu'il a dit, passer deux jours. La mère ne pourra pas te défendre, elle ne fera que pleurer. Si tu m'en crois, tu iras trouver ton oncle Laquille, qui demeure à Trouville. Tu lui diras de te faire entrer mousse dans la marine, et tu seras content, puisque c'est ton idée.

— Mais on ne voudra pas de moi pour marin, répondit Clopinet tout abattu. Papa l'a dit, un boiteux n'est pas un homme, on n'en peut faire qu'un tailleur.

— Tu n'es pas si boiteux que ça, puisque tu as couru toute la nuit sans sabots dans ce vilain endroit qu'on appelle le désert. Est-ce que tu as attrapé du mal?

— Nenni, dit Clopinet, seulement je suis plus fatigué de ma jambe droite que de la gauche.

— Ce n'est rien, tu n'as pas besoin d'en parler. Çà, que veux-tu faire? Si le père était là, il me commanderait de te reconduire bon gré mal gré au tailleur, et je ne le ferais point avec plaisir, car je sais ce qui t'attend chez lui; mais il n'y est pas, et, si tu veux, je vais te conduire à Trouville. Ce n'est pas loin d'ici, et je serai encore revenu chez nous ce soir.

— Allons à Trouville, s'écria Clopinet. Ah! mon François, tu me sauves la vie! Puisque la mère n'est pas malade de chagrin, puisque le père n'a pas de chagrin du tout, je ne demande qu'à m'en aller sur la mer, qui me veut bien et qui n'a pas été méchante pour moi.

Ils arrivèrent à Trouville au bout de trois heures ; c'était dans ce temps-là un pauvre village de pêcheurs, où l'oncle Laquille, établi sur la grève, avait une petite maison, une barque, une femme et sept enfants. Il reçut très-bien Clopinet, l'approuva de ne pas vouloir descendre à l'ignoble métier de tailleur, écouta avec admiration le récit de la nuit qu'il avait passée sur la Grosse-Vache, et jura par tous les jurons de terre et de mer qu'il était destiné aux plus belles aventures. Il promit de s'occuper dès le lendemain de son admission soit dans la marine marchande, soit dans celle de l'État.

— Tu peux, ajouta-t-il en s'adressant à François, retourner chez tes parents, et, comme je sais que le père Doucy a la tête dure, tu feras aussi bien de lui laisser croire que le petit est avec son patron. Je le connais, ce crabe de tailleur, c'est un mauvais drôle, avare, cruel avec les faibles, poltron avec les forts. J'avoue que je serais humilié d'avoir un neveu élevé si salement. Va-t'en, François, et sois tranquille, je me charge de tout. Voilà un garçon qui fera honneur à sa famille. Laisse-leur croire qu'il est à Dives. Il se passera peut-être deux ou trois mois avant que Tire-à-gauche retourne chez vous. Quand ton père saura que le petit a filé, il sera temps de lui dire qu'il est sur la mer et qu'il n'y reçoit de coups que de mains nobles, — des mains d'homme, des mains de marin ! La dernière des hontes, c'est d'être rossé par un bossu.

François trouva tout cela fort juste et Clopinet aussi. L'idée d'être corrigé sans être coupable n'entrait pas dans ses prévisions. Le tailleur seul était capable d'une cruauté gratuite. François s'en retourna donc et fit comme il était convenu. En partant, il remit à son petit frère un paquet de hardes que la mère Doucette avait bien rapiécées, des chaussures neuves et un peu d'argent, auquel il ajouta de sa poche deux beaux grands écus de six livres et un petit sac de liards, afin que Clopinet n'eût à changer son argent que dans les grandes occasions. Il l'embrassa sur les deux joues, et lui recommanda de se bien conduire.

L'oncle Laquille était un homme excellent, très-exalté, même un peu braque, doux comme quelqu'un qui a beaucoup souffert et beaucoup peiné avec patience. Il avait voyagé et savait pas mal de choses, mais il les voyait en beau, en grand, en laid ou en bizarre dans ses souvenirs, et surtout quand il avait bu beaucoup de cidre, il lui était impossible de les dire comme elles étaient. Clopinet l'écoutait avec avidité et lui faisait mille questions. A l'heure du souper, madame Laquille rentra et Clopinet lui fut présenté. C'était une grande femme sèche, vêtue d'un vieux jupon sale et coiffée d'un bonnet de coton à la mode du pays; elle avait plus de barbe au menton que son mari et ne paraissait point habituée à lui obéir. Elle ne fit pas un très-bel accueil à Clopinet et Laquille fut obligé de lui dire bien vite que sa présence chez eux n'était pas pour durer; elle lui servit à souper en rechignant et en remarquant avec humeur qu'il avait un appétit de marsouin.

Le lendemain, Laquille fit ce qu'il avait promis.

Il conduisit Clopinet chez divers patrons de barque, qui, le voyant boiter, le refusèrent. Il en fut de même quand il le présenta aux hommes chargés de recruter pour la marine du roi. Le pauvre Clopinet rentra bien humilié au logis de son oncle, et celui-ci fut forcé d'avouer à sa femme qu'ils n'avaient réussi à rien, parce que l'enfant avait une jambe faible, et que, n'ayant pas été élevé au bord de la mer, il n'avait pas non plus la mine hardie et la tournure leste qui conviennent à un marin.

— J'en étais bien sûre, répondit madame Laquille. Il n'est bon à rien, pas même à faire un lourdaud de paysan. Tu as eu grand tort de t'en charger, tu ne fais que des sottises quand je ne suis pas là. Il faut le conduire au tailleur ou à ses parents. J'ai assez d'enfants comme ça et ne me soucie point d'un inutile de plus à la maison.

— Patience, ma femme! répondit Laquille. Il est possible que quelqu'un veuille de lui pour aller à la pêche de la morue.

Madame Laquille haussa les épaules. Le village regorgeait d'enfants déjà dressés à la pêche, et personne ne voudrait de celui-ci qui ne savait rien et n'intéressait personne. Laquille s'obstina à essayer dès le lendemain, mais il échoua. Tout le monde avait plus d'enfants que d'ouvrage à leur donner. Madame Laquille s'écria que, pour son compte, elle en avait trop et n'entendait pas en nourrir un de plus. Laquille lui demanda de prendre patience encore quelques jours et mena Clopinet à la pêche. Ce fut un grand plaisir pour l'enfant, qui oublia tous ses chagrins en se sentant enfin ballotté sur cette grande eau qu'il aimait tant. — C'est pourtant un gars solide, disait Laquille en rentrant; il n'a peur de rien, il n'est pas malade en mer, et même il a le pied marin. Si je pouvais le garder, j'en ferais quelque chose.

Madame Laquille ne répondit rien; mais, quand la nuit fut venue et que tous les enfants furent couchés, Clopinet, qui ne dormait pas, car l'inquiétude le tenait éveillé, entendit la femme au bonnet de coton dire à son mari : — En voilà assez! Le tailleur doit passer ici demain matin pour aller chercher des marchandises à Honfleur; j'entends que tu lui rendes son apprenti; il saura bien le mettre à la raison. Il n'y a rien de tel pour rendre les enfants gentils que de les fouailler jusqu'au sang.

Laquille baissa la tête, soupira et ne répondit point. Clopinet vit que son sort était décidé, et que, pas plus que sa mère, son oncle ne le préserverait du tailleur. Alors, résolu à se sauver, il attendit que tout le monde fût endormi et se leva tout doucement. Il mit ses habits, prit son paquet qui lui servait d'oreiller et s'assura que son argent était dans sa poche, se disposant à quitter son lit. C'était un drôle de lit, je dois vous le dire. Comme tous les enfants de Laquille étaient couchés bien serrés avec le père et la mère dans les deux seules couchettes qu'il y eût dans la maison, on avait mis une botte d'algues pour Clopinet dans une petite soupente qui donnait contre une lucarne et où il fallait monter avec une échelle. Il allongea donc un pied dans l'obscurité pour trouver le barreau de cette échelle; mais il ne sentit rien, et se souvint que madame Laquille l'avait retirée pour grimper à son grenier, qui était en face, à l'autre bout de la chambre. Clopinet souleva une petite loque qui servait de rideau à sa lucarne et vit qu'il faisait une nuit claire. Il put s'assurer ainsi que l'échelle était hors de portée et qu'il n'était pas possible de sauter de si haut dans la chambre sans se casser le cou.

Chose singulière, il ne pensa point à ses ailes. Son frère s'étant moqué de lui à ce sujet, il n'avait osé en reparler à personne et il se disait qu'il les avait peut-être rêvées. Pourtant il fallait partir et ne pas attendre le jour. Il ouvrit la lucarne et s'assura que son corps pouvait y passer; mais, en mettant la tête dehors, il vit que c'était beaucoup trop haut pour sauter. La mer était encore loin. Il avait remarqué, la veille au soir, que la marée venait battre les pieux qui soutenaient la maison; mais quand reviendrait-elle? On lui avait dit : une fois toutes les vingt-trois heures; Clopinet ne savait pas assez compter pour faire son calcul.

— Pourtant si la mer venait me chercher, se disait-il, je sauterais bien dedans; je n'ai pas peur d'elle, elle est bonne pour moi.

Il y avait longtemps qu'il songeait ainsi, toujours tenant son paquet, tantôt dormant malgré lui, tantôt rêvant qu'il était sur la barque de son oncle, quand un coup de vent ouvrit la lucarne qu'il avait mal refermée. Il s'éveilla tout à fait et entendit passer les voix enfantines des petits esprits de la nuit. Il comprenait cette fois leur chanson. — Viens, viens, disaient-elles, à la mer, à la mer! Allons, ne te rendors pas, ouvre tes ailes et viens avec nous, à la mer, à la mer!

Clopinet sentit son cœur battre et ses ailes s'ouvrir. Il sauta de la lucarne, et de là sur un vieux mât qui était attaché à la maison et qui servait de perchoir aux pigeons ; puis il se laissa glisser ou s'envola comme c'était son idée, et se trouva dans la mer sur la barque de son oncle.

Elle était bien amarrée avec une chaîne et un cadenas. Il n'y avait pas moyen de s'en servir; mais l'eau ne faisait que lécher le rivage, elle n'était pas profonde, et Clopinet, soit qu'il nageât à la manière des oiseaux, soit qu'il fût porté par le vent, arriva sans mouiller son corps dans une grande plaine de sables et de joncs marins très-sèche où il n'était point aisé de marcher vite. D'ailleurs c'était l'heure de dormir, et Clopinet avait veillé au-delà de ses forces. Il se coucha dans ce sable fin et chaud et ne s'éveilla qu'au lever du soleil, bien reposé et bien content de se sentir libre. Sa joie fut vite troublée par une découverte fâcheuse : il avait cru voler et marcher du côté de Honfleur, dont il avait vu le phare, et il s'était trompé. Il se reconnaissait, il avait passé là l'avant-veille avec son frère François. Il était revenu par là de Villers et des Vaches-Noires. Il y retournait! C'est par là que le tailleur devait revenir de Dives, il risquait de le rencontrer. Retourner à Trouville n'était pas plus rassurant. On l'y verrait, on ne manquerait pas de livrer sa piste à l'ennemi.

Il prit le parti de continuer du côté des dunes en

se tenant loin du chemin plus élevé qui traverse les sables, et en rasant la grève. Son oncle lui avait appris que le tailleur avait la mer en aversion ; il en avait une peur bleue, il disait n'avoir jamais pu mettre le pied sur une barque sans être malade à en mourir. La vue seule des vagues suffisait pour lui tourner le cœur, et quand il cheminait sur la côte, il se gardait bien de suivre les plages, il allait toujours par le plus haut et par le plus loin.

Clopinet arriva ainsi à Villers, où, après avoir bien regardé autour de lui, il acheta vite un grand pain, et tout aussitôt il reprit sa route le long des dunes jusqu'aux Vaches-Noires, où il se retrouva seul, dans son désert, avec un plaisir comme s'il eût revu sa maison et son jardin.

Cependant il ne souhaitait plus retourner chez ses parents. Ce que son frère lui avait dit lui ôtait toute espérance d'attendrir son père et de trouver protection auprès de la mère Doucette. Il mangea en regardant la côte ; le peu de jours qu'il avait passés avec son oncle lui avait donné quelques notions du pays. La journée était claire, il vit comme l'embouchure de la Seine était loin, et que pour gagner Honfleur il fallait traverser des pays plats et découverts. Les dunes où il se trouvait étaient les seules du voisinage où il pût se cacher, s'abriter et vivre seul. Le pauvre enfant avait peur de tout le monde, madame Laquille ne l'avait pas réconcilié avec le genre humain. D'ailleurs il était très habitué à la solitude, lui qui n'avait encore fait que de garder les vaches dans un pays où il ne passait jamais personne. Enfin, depuis qu'il avait commerce avec les esprits, il n'avait plus aucune peur de la vie sauvage.

Toutes ces réflexions faites, il résolut de parcourir ce revers de la dune et de s'y établir pour toujours. — Pour toujours! Vous allez me dire que ce n'était pas possible, que l'hiver viendrait, que les deux ou trois écus de Clopinet s'épuiseraient vite. Puis, eût-il eu beaucoup d'argent, comment faire pour manger et s'habiller dans un désert où il ne pousse que des herbes dont les troupeaux mêmes ne veulent pas? Il y avait bien la mer et ses inépuisables coquillages, mais on s'en lasse, surtout quand on n'a à boire que de l'eau qui n'est pas bien bonne. — Je vous répondrai que Clopinet n'était pas un enfant pareil à ceux qui à douze ans savent lire et écrire. Il ne savait rien du tout, il ne prévoyait rien, il n'avait jamais réfléchi, peut-être n'avait-il même pas l'habitude de penser. Sa mère avait toujours songé à tout pour lui, et malgré lui il s'imaginait qu'elle était toujours là, à deux pas, prête à lui apporter sa soupe et à le border dans son lit. Ce n'est que par moments qu'il se souvenait d'être seul *pour toujours;* mais, à force de se répéter ce mot-là, il s'aperçut qu'il n'y comprenait rien et que l'avenir ne signifiait pour lui qu'une chose : échapper au tailleur.

Il s'enfonça dans les déchirures de la dune. Auprès des Vaches-Noires, elle était haute de plus de cent mètres et toute coupée à pic, très-belle, très-sombre, avec des parois bigarrées de rouge, de gris et de brun-olive, qui lui donnaient l'air d'une roche bien solide. C'est par là qu'il aurait voulu se nicher, mais il ne paraissait point possible d'y aller. Qui sait pourtant s'il n'y avait pas quelque passage? Son frère lui avait tant dit qu'il ne fallait pas dormir sur les Vaches-Noires qu'il avait promis de ne plus s'y risquer. Et puis le jour il redevenait un peu craintif et ne croyait plus beaucoup à ce qu'il avait vu la nuit. Il grimpa donc les endroits praticables de la dune et les trouva moins effrayants et moins difficiles qu'il ne l'avait pensé. Bientôt il en connut tous les endroits solides et comment on pouvait traverser sans danger les éboulements en suivant les parties où poussaient certaines plantes. Il connut aussi celles qui étaient trompeuses. Enfin il pénétra dans la grande dune et vit qu'elle était toute gazonnée dans certaines fentes et qu'il y pouvait marcher sans trop glisser et sans enfoncer beaucoup. Après avoir erré longtemps, très-longtemps, au hasard, dans ces éboulements plus ou moins solidifiés, il arriva sur une partie rocheuse et vit devant lui un enfoncement en forme de grotte, maçonnée en partie. Il y entra et trouva que c'était comme une petite maison qu'on aurait creusée là pour y demeurer. Il y avait un banc de pierre et un endroit noirci comme si on y eût allumé du feu; mais il y avait bien longtemps qu'on n'y demeurait plus, car le beau gazon fin qui entourait l'entrée ne portait aucune trace de foulure ; même il y avait de grandes broussailles qui pendaient devant l'ouverture et que personne ne se donnait plus la peine de couper.

Clopinet s'empara de cet ermitage abandonné depuis bien des années à cause des éboulements du terrain environnant. Il y plaça son paquet et coupa des herbes sèches pour se faire un lit sur le banc de pierre. — A présent, se dit-il, le tailleur ni ma tante Laquille ne me trouveront jamais. Je suis très-bien, et si j'avais seulement une de nos vaches pour me tenir compagnie, je ne m'ennuierais point.

Il regrettait ses vaches, que pourtant il n'avait jamais beaucoup aimées, et la tristesse le gagnait. Il prit le parti de dormir, car il avait assez de pain pour deux jours, et il s'était promis de ne pas se montrer tant que le tailleur pourrait être dans les environs. Il dormit longtemps, et, le soir étant venu, il était rassasié de sommeil. Encouragé par l'obscurité, il parcourut ce qu'il lui plut d'appeler son jardin, car il y avait beaucoup de fleurs. C'était tout de même un drôle de jardin; cela était fait comme un fossé de verdure entre des talus tout droits qui ne laissaient voir qu'un peu de ciel. On y était dans un trou, mais ce trou, placé très-haut sur la dune, n'avait pas de chemin pour monter ni descendre, et Clopinet, ne se souvenant pas bien comment il y était arrivé, se demanda s'il retrouverait le moyen d'en sortir.

Comme il avait l'esprit assez tranquille, ne souffrant plus ni de faim ni de fatigue, il s'essaya pour la première fois à raisonner et à prévoir. Il n'y a rien de tel pour cela que d'y être forcé. Il se dit que quelqu'un ayant demeuré là, il devait toujours être possible de s'y reconnaître. Il se dit aussi qu'il devait être proche de la mer, puisqu'il s'était tenu dans l'épaisseur de la dune loin du petit chemin qui en

occupait à peu près le milieu, ce même chemin où
il avait échappé au tailleur ; mais pourquoi ne voyait-
il pas la mer? — La ravine où il se trouvait tournait
un peu à sa droite, et à sa gauche c'était comme un
chemin naturel. Il le suivit, et arriva bientôt à une
sorte de petit mur évidemment construit de main
d'homme et percé d'un trou par où il regarda. Alors
il vit la mer à cent pieds au-dessous de lui et la lune
qui se levait dans de gros nuages noirs. Il fut content d'avoir à son gré la vue de cette mer qu'il
aimait tant, dont il entendit la voix qui montait et
qui promettait de le bercer plus doucement qu'autour de la Grosse-Vache. Il examina bien la paroi
extérieure de la falaise, car en cet endroit la dune
était assez solide pour être une vraie falaise, toute
droite et tout à fait inaccessible. Celui qui avait demeuré là avant lui avait donc eu aussi des raisons
de se bien cacher, puisqu'il s'était fait un guettoir
dans un lieu si escarpé et si sauvage.

Alors Clopinet voulut voir l'autre bout de cette
ravine tournante où il se trouvait comme enfermé,
et, revenant sur ses pas, il y alla ; mais il fut vite
arrêté par une fente profonde et une muraille naturelle toute droite. Enfin il chercha au clair de la
lune, qui n'était pas bien brillant, à reconnaître l'endroit par où il avait pénétré dans cette cachette. Il
s'engagea en tâtonnant dans plusieurs fentes fer-
mées par des éboulements si dangereux qu'il n'osa
plus essayer, et se promit de vérifier cela au jour.
La lune se voilait de plus en plus, mais le peu de
ciel qu'il voyait au-dessus de sa tête était encore

clair; il en profita pour rentrer dans sa grotte, car son jardin sauvage n'était pas uni et facile à parcourir. Il n'avait pas sommeil, il s'ennuya de ne rien voir et devint triste; il espéra que les petits esprits viendraient lui tenir compagnie : il n'entendit que le mugissement de l'orage qui montait et couvrait celui de la mer. Alors il s'endormit, mais d'un sommeil léger et interrompu souvent.

Il n'avait jamais rêvé, tant il avait l'habitude de bien dormir, ou, s'il avait rêvé, il ne s'en était jamais rendu compte en s'éveillant. Cette nuit-là, il rêva beaucoup; il se voyait encore une fois perdu dans les dunes sans pouvoir en sortir, et puis il se trouvait tout-à-coup transporté dans son pays, dans sa maison, et il entendait son père qui comptait de l'argent en répétant sans cesse le même nombre, *dix-huit, dix-huit, dix-huit.* — C'était dix-huit livres qui avaient été promises au tailleur pour la première année d'apprentissage, et le tailleur en voulait vingt. Le père Doucy s'était obstiné, et il avait répété « dix-huit » jusqu'à ce que la chose fût acceptée. — Clopinet crut alors sentir la terrible main crochue du tailleur qui s'abattait sur lui. Il fit un grand cri et s'éveilla. — Où était-il? Il faisait noir dans sa grotte comme dans un four. Il se souvint et se rassura; mais tout aussitôt il ne sut que penser, car il entendit bien distinctement, et cette fois bien éveillé, une voix qui parlait à deux pas de lui et qui répétait *dix-huit, dix-huit, dix-huit.*

Clopinet en eut une sueur froide sur tout le corps; ce n'était pas la voix forte et franche de son père,

c'était une voix grêle et cassée, toute pareille à celle
du tailleur au moment où il avait dit : dix-huit, dix-
huit,... va pour dix-huit! — Il était donc là! il avait
découvert la retraite de son apprenti, il allait l'emporter? Clopinet éperdu sauta de son lit de rocher.
Quelque chose tourbillonna bruyamment autour de
lui et sortit de la grotte en répétant d'une voix aigre
qui se perdit dans l'éloignement : dix-huit,... dix-
huit!...

Le tailleur était donc venu là, peut-être pour s'y
réfugier contre l'orage? il n'avait pas vu Clopinet endormi, et à son réveil il en avait eu peur, puisqu'il
se sauvait! Cette idée que le tailleur était poltron,
peut-être plus poltron que lui, enhardit singulièrement Clopinet. Il se recoucha avec son bâton à côté
de lui, résolu à taper ferme, si l'ennemi revenait.

Quand il eut sommeillé un bout de temps, il s'éveilla encore ; l'orage avait passé, la lune brillait sur
le gazon, à l'entrée de la grotte. Il avait plu, et les
feuillages qui pendaient devant l'ouverture reluisaient comme des diamants verts. Alors Clopinet fut
très-étonné d'entendre, dans le calme de la nuit, le
mugissement du taureau, le bêlement des chèvres et
l'aboiement des chiens à très-peu de distance. Il
écouta, et cela se répéta si souvent qu'en fermant les
yeux il aurait juré qu'il était dans sa maison et qu'il
entendait ses bêtes. Pourtant il était bien dans sa
grotte et dans le désert; comment une habitation et
des troupeaux pouvaient-ils se trouver si près de lui?

D'abord ces bruits lui furent agréables, ils adoucissaient l'effroi de la solitude; mais le *dix-huit* se fit encore entendre, répété à satiété par plusieurs voix qui partaient de différents côtés; on aurait dit une bande de tailleurs éparpillés sur les pointes de la dune, qui le menaçaient en se moquant de lui. Clopinet ne put se rendormir; il attendit le jour sans bouger et n'entendit plus rien. Il sortit de la grotte, regarda partout et ne vit personne. Seulement il y avait beaucoup d'oiseaux de mer et de rivage qui avaient dormi sur le haut des dunes et qui passaient au-dessus de lui. Il vit des vanneaux, au plumage d'émeraude, qui voltigeaient en faisant dans l'air mille cabrioles gracieuses, des *barges* de diverses espèces et un grand *butor* qui passait tristement, le cou replié sur son dos et les pattes étendues. Il ne connaissait pas ces oiseaux-là par leurs noms, il n'en avait jamais vu de près, parce qu'il n'y avait ni étang ni rivière dans son endroit et que les oiseaux de passage ne s'y abattaient pas. Il prit plaisir à les regarder, mais tout cela ne lui expliquait pas les bruits qui l'avaient étonné, et il résolut de savoir s'il y avait un endroit habité dans son voisinage.

Il s'agissait de sortir de son trou. Au grand jour, rien n'était plus facile, quoique le passage fût étroit et embrouillé de buissons épineux. Il le remarqua bien, et, sûr de ne plus se tromper, même la nuit, il monta sur un endroit plus élevé d'où il vit tout le pays environnant. Aussi loin que sa vue pût s'étendre, il ne trouva que le désert et pas la moindre trace de culture et d'habitation.

Il s'imagina alors que les diables de la nuit avaient voulu l'effrayer. Son frère François lui avait dit :

« Il n'y a pas d'esprits sur la mer, sur la terre je ne dis pas ! » et ses parents croyaient à toute sorte de lutins, bons ou mauvais, qui donnaient la maladie ou la santé à leurs bêtes. Clopinet ne se piquait pas d'en savoir plus long qu'eux. Il n'avait jamais eu affaire à des esprits quelconques avant d'avoir passé la nuit dehors ; mais depuis ce moment là il croyait aux esprits de la mer ; il pouvait donc bien croire à ceux de la terre, et il s'en inquiéta, car il avait lieu de les croire mal disposés pour lui. Peut-être voulaient-ils l'empêcher de demeurer dans la falaise, peut-être le tailleur était-il sorcier et avait-il le pouvoir de venir en esprit le tourmenter pendant la nuit. Tout cela était bien confus dans sa tête ; mais après tout, le fantôme qui disait *dix-huit* s'était enfui devant lui, et les autres n'avaient pas osé paraître. Ils s'étaient contentés d'imiter des cris d'animaux, peut-être pour le faire sortir de son refuge et l'égarer pendant la nuit. — Une autre fois, pensa-t-il, ils diront tout ce qu'ils voudront, je ne bougerai mie, je ne me perdrai plus dans la dune, je la connais à présent, et, si les lutins entrent dans ma grotte, je les battrai ; mon oncle l'a dit, il me poussera des ailes de courage.

IV

Il se mit à chercher de l'eau à boire. L'eau ne manquait pas, il en sortait de tous les côtés. Il remarqua que plus il montait, plus elle était douce ; cependant elle avait un goût terreux qui n'était point agréable. Enfin il découvrit un petit filet qui sortait de l'endroit rocheux et qui sentait le thym sauvage ; mais cette bonne eau tombait goutte à goutte, comme si elle eût voulu se faire prier, et il eût fallu un vase pour la recueillir. Il avisa en plusieurs endroits de grandes huîtres de pierres qui étaient engagées dans les marnes ; elles étaient presque toutes cassées ; la mer avait monté jusque-là autrefois, et les avait roulées. En cherchant mieux, il en trouva plusieurs très-larges et entières. Il les adapta bien adroitement les unes au-dessus des autres dans le passage du filet d'eau, de manière qu'elles pussent se remplir toutes et lui fournir une provision toujours prête et toujours renouvelée. Il attendit et en emporta une bien pleine pour déjeuner dans son jardin. Il n'avait que du pain sec, mais il n'était pas habitué aux confitures et savait fort bien s'en passer.

Il ne trouva pas la journée longue. Il faisait un temps charmant, et il s'amusa à regarder les plantes qui poussaient dans son gazon et qui ne ressemblaient pas à celles des herbages de la plaine. Il y en avait de désagréables, tout hérissées d'épines et de dards, mais il leur pardonna ; c'était comme des gardiens chargés de le défendre contre les visites fâcheuses. Il y en avait d'autres très-jolies qui lui plurent beaucoup et sur lesquelles il eut soin de ne pas marcher ni s'asseoir, car elles égayaient les alentours de son refuge et il se serait reproché de les abîmer.

Ce jour-là, par le trou pratiqué dans le vieux pan
de mur au flanc de la falaise et qu'il appela sa fenêtre, il se rassasia de regarder la mer. Il la trouva plus
belle qu'il ne l'avait encore vue. Il contempla au
loin des embarcations de différentes grandeurs;
aucune n'approchait des Vaches-Noires, l'endroit
était réputé dangereux. Aujourd'hui on y va de
tous côtés recueillir des moules. Dans ce temps-là,
la côte était déserte, on n'y voyait pas une âme.
Cette grande solitude l'enhardit. Vers le soir, il alla
ramasser des coquillages sur la grève pour son souper et il regarda bien si du dehors on pouvait voir
sa fenêtre. Cela était impossible; elle était trop
haute, trop petite, le mur était trop bien caché par
la végétation. Il ne put la retrouver avec ses yeux.
Cette nuit-là, il dormit bien tranquille. Il avait
tant marché, tant grimpé pour connaître tous les
recoins du désert qu'il n'eut aucun besoin d'être
bercé. Si les lutins s'amusèrent à crier et à parler
comme la veille, il ne les entendit pas.

Le troisième jour fut employé à explorer le bas de
la dune, afin d'avoir là une bonne cachette en cas
de surprise sur la plage. Il en trouva dix pour une,
et, tout étant ainsi arrangé et prévu, il se sentit aussi
libre qu'un petit animal sauvage qui connaît son lieu
de promenade et son terrier. Il pensa aussi à faire
sa provision de coquillages pour avoir de quoi déjeuner ou dîner dans sa grotte, s'il ne lui plaisait pas
de redescendre pour chaque repas à la mer. Il y
avait beaucoup de joncs sur la côte, des genêts, des
saules nains, des arbustes flexibles; il en emporta

les rameaux et travailla chez lui (il disait déjà *che moi*) à se faire un beau grand panier assez solide. Il se fit aussi un lit excellent avec des algues que la mer apportait sur le rivage. Enfin il s'imagina de chasser, et, comme il était adroit à lancer des pierres, il abattit, après l'avoir guettée longtemps, une perdrix de mer qu'il voyait courir et jouer sur la grève. C'était un joli oiseau très-gras; il s'agissait de le faire cuire. Clopinet n'était pas embarrassé pour allumer du feu. Il avait dans son paquet une chose que dans ce temps-là on appelait un *fusil*, et dont tout le monde était muni en voyage. C'était un anneau de fer et un morceau d'amadou. Avec un caillou, on avait du feu presque aussi vite qu'à présent. Il fit un tas de feuilles et de broussailles sèches, et réussit à cuire son oiseau. Je ne réponds pas que la chair fût bien bonne et ne sentît pas la fumée, mais il la trouva excellente et regretta de ne pouvoir en offrir une aile à sa mère et une cuisse à son frère François. La perdrix de mer n'est point du tout une perdrix, c'est plutôt une hirondelle. Elle vit de coquillages et non de grain. Elle est très-jolie avec son bec et son collier, qui ressemblent un peu en effet à ceux des perdrix. Elle est à peu près grosse comme un merle. On voit que Clopinet ne risqua pas d'avoir une indigestion.

Il avait vu, en chassant ce gibier, beaucoup d'autres oiseaux qui l'avaient bien tenté, des guignettes, des pluviers, des alouettes de mer, qui ne sont pas non plus des alouettes, mais qui sont une sorte de petits bécasseaux, — des huîtriers ou pies de mer, des harles, des tourne-pierres, des mauves, des plongeons, enfin une quantité de bêtes enplumées qu'il ne connaissait pas, et qui, aux approches du soir, venaient s'ébattre avec des cris bruyants sur le sable. Il en remarqua de très-gros qui nageaient au large et qui, au coucher du soleil, s'éloignaient encore plus, comme s'ils eussent eu l'habitude de dormir sur la mer. D'autres revenaient à terre et se glissaient dans les fentes de la dune ; d'autres prenaient leur vol, s'élevaient très-haut et semblaient disparaître le matin dans les petits nuages blancs qui flottaient comme des vagues dans le ciel rose. Le soir, ils semblaient en redescendre pour souper sur les rochers et dans les sables. Clopinet se figura d'abord qu'ils passaient la journée dans le ciel, mais il en vit un très-grand qui était perché sur le plus haut de la dune et qui s'en détacha pour faire un tour dans les airs et descendre à son lieu de pêche. Après celui-là, et partant toujours du sommet de la dune, un oiseau pareil fit le même manége, et puis un autre ; Clopinet en compta une vingtaine. Il en conclut que ces oiseaux nichaient là-haut et qu'ils étaient nocturnes comme les chouettes.

Clopinet qui de sa lucarne faisait beaucoup d'observations et voyait les oiseaux de très-près sans en être aperçu, apprit une chose qui l'amusa beaucoup. Les hirondelles de mer, qui décrivaient de grands cercles autour de lui, laissaient tomber souvent de leur bec quelque chose qui ressemblait à des coquillages ou à de petits poissons, et comme elles se balançaient en même temps sur place en jetant un certain cri, elles avaient l'air de le faire exprès et d'avertir. Il en suivit de l'œil une en particulier et regarda en bas. Alors il vit remuer quelque chose par terre, comme si c'eût été le petit monde qui venait ramasser la nourriture que les mères leur jetaient du haut des airs. Quand il retourna à la grève, il put s'assurer qu'il ne s'était pas trompé; mais quand il voulut s'approcher des petits pour les prendre, car ils ne volaient pas encore, la mère hirondelle jeta un autre cri qui, au lieu de les appeler sur le sable, les fit fuir vers la terre. Clopinet les chercha sous les herbes où ils s'étaient tapis et se tenaient immobiles. Il les trouva, et ne voulut point les prendre pour ne ne pas faire de chagrin à leur mère, qui en savait probablement le compte.

Tout en regardant comment les oiseaux s'y prenaient pour pêcher, il apprit à pêcher lui-même. Il n'y avait pas que des coquillages sur la rive : il y avait sur les sables, au moment où la marée se retirait, quantité de petits poissons très-jolis et très-appétissants. Il ne s'agissait que de se trouver là pour les prendre avant que le flot qui les poussait ne les eût emportés. Il vit comme les oiseaux pêcheurs étaient adroits et rusés. Il fit comme eux; mais la marée était brutale, et Clopinet, sans en avoir peur, voyait bien maintenant que les ailes lui manquaient pour sauter par-dessus la vague et qu'il ne suffirait plus de son caprice pour devenir oiseau. Il n'avait eu cette faculté que dans les moments de grand danger ou de grand désespoir et il ne souhaitait point trop de s'y retrouver. Il aimait mieux s'apprendre à nager lui-même, et comme il se fiait à la mer, en un jour il nagea comme une mouette et sans savoir lui-même comment cela lui venait. Il faut croire que l'homme nage naturellement comme tous les animaux, et que c'est la peur seule qui l'en empêche.

Cependant comme les oiseaux nageaient plus longtemps que lui sans se fatiguer et voyaient mieux à travers l'eau de mer, il était loin de prendre autant de poisson qu'eux. Il renonça donc à lutter avec ces habiles plongeurs et il observa d'autres oiseaux qui ne plongeaient pas et fouillaient le sable encore mouillé avec leurs longs becs. Il fouilla aussi avec une petite pelle qu'il se fabriqua, et il trouva des équilles à discrétion ; l'équille est une petite anguille excellente qui abonde sur cette côte, et il en fit cuire pour son souper. S'il avait eu du pain, il se fût trouvé nourri comme un roi ; mais le sien était fini, et il n'osait pas encore se montrer pour en aller acheter à Villers.

Il résolut de s'en passer le plus longtemps qu'il pourrait et se mit en tête de trouver des œufs. C'était le temps des nids ; il ne savait pas que la plupart des oiseaux de mer n'en font pas, qu'ils pondent à nu ou presque à nu sur le sable ou dans les rochers. Il en trouva donc par hasard là où il n'en cherchait pas, mais ils étaient si petits que cela ne comptait guère ; les gros oiseaux qui devaient donner de gros œufs pondaient probablement tout en haut de la falaise, et il ne semblait pas possible à une personne d'aller jusque-là, car, si du côté du désert elle était de moitié moins haute que de celui de la mer, elle offrait encore par là un escarpement si raide, avec des veines de terre si friables, que le vertige vous prenait rien que de la regarder d'en bas.

Mais chaque jour qui s'écoulait rendait Clopinet moins poltron. Il apprenait à devenir prudent, c'est-à-dire brave avec tranquillité, et à raisonner le danger au lieu de le fuir aveuglément. Il étudia si bien les contours et les anfractuosités de la grande falaise, qu'il monta presque au faîte sans accident. Il fut bien récompensé de sa peine, car il trouva dans un trou quatre beaux œufs verts qu'il mit dans son panier, dont il avait garni le fond avec des algues. Il trouva là aussi de belles plumes, et il en ramassa trois qu'il mit à son bonnet. C'était trois plumes longues, minces et fines, blanches comme la neige, et qui paraissaient venir de la tête ou de la queue du même oiseau. Comme les œufs étaient tout chauds, il pensa bien alors que les mères venaient pondre ou couver la nuit et qu'il pourrait les surprendre et s'en emparer; mais il pensa aussi que, pour un oiseau ou deux de pris, il effraierait tous les autres et risquerait de leur faire abandonner ce campement. Il préféra y trouver des œufs à discrétion quand il lui plairait d'y revenir et il les laissa tranquilles.

Huit jours s'étaient déjà passés, et Clopinet n'avait vu personne ni sur le rivage ni sur les dunes. Il avait été si occupé qu'il n'avait pas eu le temps de s'ennuyer; mais quand il se fut bien installé et à peu près assuré de sa nourriture, quand les dunes et le rivage n'eurent plus un seul recoin qu'il n'eût exploré et fouillé, il en vint à trouver la journée longue et à ne trop savoir que faire du repos. Déjà il connaissait à peu près les habitudes de toutes les bêtes au milieu desquelles il vivait; il eut souhaité connaître leurs noms, de quels pays elles venaient, raconter les observations qu'il avait faites, causer enfin avec quelqu'un. Le temps était très-beau, le pied boueux des dunes séchait au soleil de mai et la plage redevenait un chemin praticable, aux heures de marée basse. Il vit donc apparaître quelques passants, et le cœur lui battit bien fort de l'envie d'aller leur parler, ne fût-ce que pour leur dire : « Il fait beau temps, il y a du plaisir à marcher. » Il n'osa pas, car, si on venait à lui demander qui il était et ce qu'il faisait là, que répondrait-il ? Il savait qu'on blâme les vagabonds et que parfois on les ramasse pour les mettre en prison. Il était trop simple et trop honnête pour se donner un faux nom et inventer une fausse histoire ; il aima mieux ne pas se montrer.

Cependant, un matin le vent d'est lui apporta un son de cloches et lui apprit que c'était dimanche. Par habitude il mit ses meilleurs habits, et puis il attacha les trois plumes blanches à son bonnet, il se chaussa bien proprement, et, bien peigné, bien lavé, il se mit à marcher sans trop savoir où il allait. Il avait coutume d'aller à la messe le dimanche. C'était jour de rencontre et de causerie avec les jeunes gars de sa paroisse, parents ou amis. On jouait aux quilles, on dansait quelquefois. Cette cloche qui sonnait, c'était un appel à la vie commune ; Clopinet ne comprenait pas qu'on pût rester seul le dimanche.

Qui sait s'il ne rencontrerait pas encore son frère François ? Il eût risqué beaucoup pour avoir des nouvelles de ses parents, il se risqua donc ; le tailleur devait être bien loin du côté d'Honfleur. Il coupa à vol d'oiseau à travers le désert et se trouva bientôt à deux pas au-dessus de Villers. Comme il n'y connaissait personne et que personne ne l'y connaissait, il espéra passer inaperçu, voir des figures de chrétiens et entendre le son de la voix humaine sans qu'on fît attention à lui. Cela lui était déjà arrivé dans cet endroit, puisqu'il y avait passé deux fois ; mais cette fois-ci il fut très-étonné de voir que tout le monde le regardait et se retournait même pour le suivre des yeux.

V

Cela l'inquiéta, et il pensait à s'en retourner ; mais, comme il passait devant un boulanger, l'envie de manger du pain fut si grande qu'il s'arrêta sur la porte pour en demander.

— Combien en veux-tu, mon garçon ? lui demanda le boulanger, qui l'examinait d'un air de surprise enjouée.

— Pouvez-vous m'en donner un bien gros ? dit Clopinet, qui désirait en avoir pour plusieurs jours.

— Certainement, répondit le boulanger, et même deux, et même trois, si tu as la force de les emporter.

— Eh bien ! donnez-m'en trois, reprit Clopinet ; je les porterai bien.

— Il y a donc bien du monde à nourrir chez vous ?

— Apparemment, répondit l'enfant, qui ne voulait pas faire de mensonges.

— Oh ! oh ! tu es bien fier ! Tu n'aimes pas à causer ? Tu ne veux pas dire qui tu es et où tu demeures, car je ne te connais point, et tu n'es pas du pays ?

— Non, je ne suis point d'ici, répondit Clopinet ; mais je n'ai pas le temps de causer. Donnez-moi mes trois pains, s'il vous plaît, et dites-moi ce qu'il faut vous donner d'argent.

— Ah dame ! ça fait de l'argent, car le pain est très-cher ici ; mais, si tu veux me donner les trois plumes que tu as à ton bonnet, tu pourras revenir tous les dimanches pendant un mois chercher autant de pain qu'aujourd'hui sans que je te demande d'argent. Tu vois que je suis raisonnable, et tu dois être content.

Clopinet crut d'abord que le boulanger se moquait de lui ; mais, comme cet homme insistait, il lui vint tout à coup assez de jugement dans l'esprit pour se dire que ses trois plumes devaient être quelque chose de rare et que c'était cela que le monde regardait et non pas lui. Il les ôta vitement, et le boulanger tendait déjà la main pour les prendre quand Clopinet, qui ne tenait pas à l'argent, parce qu'avec ses deux gros écus il se croyait riche pour toute sa vie, refusa de donner ces plumes si belles et qu'il avait été chercher si haut, au péril de sa vie. — Non, dit-il, voilà de l'argent ; payez-vous de vos trois pains, j'aime mieux garder mes trois plumes.

— Veux-tu du pain deux fois par semaine au lieu d'une seule fois?

— Non, merci, j'aime mieux payer.

— Veux-tu quatre pains par semaine pendant deux mois?

— Je vous dis que non, répondit Clopinet, j'aime mieux mes plumes.

Le boulanger lui donna les trois pains, Clopinet paya et s'éloigna ; mais, comme pour reprendre le chemin du désert il devait tourner la rue, il se retrouva derrière la maison du boulanger et il entendit que cet homme disait : — Non ! pour quarante-huit livres de pain, il n'a pas voulu me céder ses plumes!

Clopinet s'arrêta sous la fenêtre et entendit une voix de femme qui disait : — Était-ce bien des plumes de roupeau?

— Oh! des vraies, et des plus belles que j'aie jamais vues!

— Diantre! reprit la femme, ça devient rare ; les roupeaux ne nichent plus sur la plage, et à présent il y a de ces aigrettes qu'on paie un louis la pièce. Ça t'aurait fait trois louis! Eh bien il faut courir après ce petit et lui offrir un écu de trois livres pour chaque plume ; peut-être aimera-t-il mieux de l'argent blanc qu'un crédit de pain.

Clopinet, on l'a vu, ne tenait pas à l'argent blanc. Il doubla le pas, et pendant que le boulanger le cherchait d'un côté, il se sauva de l'autre et retourna vers son désert.

Cette aventure lui donnait bien à penser. — Pourquoi donc, se disait-il, ces plumes de roupeau, puisque roupeau il y a, sont-elles si précieuses? comment est-il possible que des plumes d'oiseau puissent valoir un louis d'or la pièce? J'aurais cru que cela ne pouvait servir que d'amusette à se mettre sur la tête, et voilà que, si j'avais demandé au boulanger de me nourrir pendant un an, il aurait peut-être dit oui pour avoir mes trois plumes!

N'ayant pas encore connu la misère, Clopinet n'était pas intéressé. Il était bien plus sensible au plaisir de posséder une chose rare qui avait peut-être une vertu merveilleuse, inconnue. Comme il était absorbé par ces réflexions et suivait, sans plus se méfier de rien, le chemin du milieu des dunes, il entendit derrière lui une voix aigre et criarde qui disait: — Vous dites qu'il a pris par là; soyez tranquille, je le rattraperai bien, et s'il ne veut pas vendre ses plumes, je les lui arracherai; comme ça nous les aurons pour rien et c'est la meilleure manière de faire les affaires.

Cette voix était encore loin, mais elle était si perçante qu'elle portait à bonne distance, et comme elle était de celles qu'on n'oublie pas, Clopinet reconnut que le tailleur en personne était à sa poursuite. Tout aussitôt ses ailes de peur l'emportèrent bien loin du chemin dans les buissons; mais, quand il fut là, il se sentit très-honteux d'être si lâche devant un bossu, lui qui était monté à la grande dune et qui avait nagé dans la mer, deux choses que Tire-à-gauche n'eût jamais osé tenter. — Il faut, pensa-t-il, que je devienne un homme et que je cesse de craindre un autre homme; sans cela, je serai toujours malheureux et ne pourrai aller où bon me semble. Je suis aussi grand et aussi fort que cet avorton de tailleur, et mon oncle Laquille assure qu'il n'est brave qu'avec ceux qui ne le sont pas. Finissons-en, allons! et que les bons esprits de la mer me protégent!

Il remit fièrement ses trois plumes à son bonnet, posa ses trois pains sur l'herbe, et, ramassant son bâton qui était solide et ferré au bout, il s'en alla tout droit au-devant du tailleur, résolu à taper dessus et à le dégoûter de courir après lui. Quand il le vit en face, le cœur lui manqua et il faillit s'enfuir encore; mais tout aussitôt il agita ses bras en se disant que c'était des ailes de courage, et il fit faire à son bâton un moulinet rapide très-bien exécuté. Le tailleur s'arrêta net, et, faisant deux pas en arrière: — Tiens! dit-il en ricanant comme pour faire le gracieux; c'est mon petit apprenti! Holà! Clopinet, mon mignon, reconnais-moi, je suis ton ami et ne te veux point de mal.

— Si fait, répondit Clopinet, vous voulez me voler mes trois plumes. Je le sais.

— Oui-da! reprit le tailleur tout étonné, qui a pu te dire pareille chose?

— Les esprits apparemment, — répondit Clopinet

qui se tenait sur une grosse pierre au bord du chemin, toujours en position pour défendre son trésor et sa liberté. Aussitôt qu'il eut dit ces mots, il vit Tire-à-gauche pâlir et trembler, car ce bossu croyait aux esprits plus que personne : — Voyons, petit, reprit-il, tu es bien méchant! Dis-moi où nichent les roupeaux qui te donnent de pareilles aigrettes, je ne te demande pas autre chose.

— Ils nichent, répondit Clopinet, dans un endroit où les oiseaux et les esprits peuvent seuls monter. C'est vous dire que je ne vous crains pas et que, si vous tentez encore quelque chose contre moi, je vous y porterai comme un roupeau y porte un crabe et vous ferai rouler au fond de la mer.

Clopinet parlait ainsi, poussé par je ne sais quel vertige de colère et de fierté. Le tailleur crut tout de bon qu'il s'était donné aux lutins, et, tournant les talons, marmottant je ne sais quelles paroles, il reprit le chemin de Villers à toutes jambes. Clopinet, émerveillé de sa victoire, rentra dans le travers de la dune, ramassa ses pains et les porta lestement dans sa grotte.

Là, il se parla tout haut à lui-même, car il avait absolument besoin de parler : — C'est fini, dit-il; je n'aurai plus peur de rien et personne ne m'emmènera jamais où je ne voudrai pas aller. Me voilà délivré et si c'est l'esprit de la mer qui m'a donné du courage, je ne veux plus jamais perdre ce qu'il m'a donné. A présent, se dit-il encore, je chercherai d'autres plumes de cet oiseau merveilleux dont l'aigrette, je ne sais pourquoi, fait tant d'envie au monde; quand j'en aurai beaucoup, je les vendrai, et j'irai dire à mon père : Je n'ai pas besoin d'être tailleur, et, tout boiteux que je suis, me voilà capable de gagner plus d'argent en un jour que mes frères en un an. Comme cela, le père sera content et me laissera vivre à mon idée.

Il se retrouva donc dans sa solitude avec plaisir. Il était si content d'avoir du pain, et celui qu'il avait acheté était si bon, qu'il ne se régala pas d'autre chose ce jour-là. La crainte de trop jeûner ou d'être trop absorbé par le souci de pêcher chaque repas l'avait un peu inquiété les jours précédens. Sûr désormais de circuler sans crainte et d'acheter ce qu'il voudrait, il ne borna plus son ambition à prendre des petits oiseaux et des petits poissons pour ses repas. Il voulut avoir des choses de luxe, des aigrettes à rendre jaloux tous les habitans du pays et à faire crever de rage le sordide tailleur.

Le lendemain, il fit une chose périlleuse et difficile. Il n'attendit pas le jour pour monter tout au beau milieu des grands pics déchiquetés de la falaise, et il y monta si adroitement et si légèrement qu'il ne réveilla pas un seul oiseau. Alors il se coucha doucement sur le côté, de manière à bien voir sans avoir à faire aucun mouvement. Il ne s'était pas aventuré jusque-là la première fois; il fut surpris d'y trouver une ruine qu'on ne voyait qu'en y touchant et dont il put s'expliquer la destination. L'endroit était fort bien choisi pour servir de refuge à des oiseaux qui aiment à percher. On avait établi là autrefois une *vigie*, c'est ce qu'on appelle aujourd'hui un sémaphore; vous en avez vu un dans une autre partie de ces mêmes dunes. Cela sert à noter tout ce qui se passe sur la mer et à transmettre des avis. Jadis c'était une simple baraque d'observation pour empêcher le vol du sel, qui était une contrebande très-répandue sous le nom de *faux saulnage*.

La baraque en question s'était écroulée avec un pan de la grande falaise. Ses ais disjoints et sa charpente étaient restés en partie debout, engagés dans une fente, et les roupeaux, qui aiment les arbres, mais qui avaient été très-pourchassés dans les bois et les étangs du pays à cause de leur précieux plumage, avaient établi leur colonie sur cette ruine invisible du dehors et depuis longtemps oubliée. Un petit marécage s'était formé à une certaine distance de l'éboulement, et beaucoup d'autres oiseaux aquatiques avaient transporté de ce côté leur domicile.

Cette vigie expliquait l'ermitage et la lucarne d'observation situés au-dessous et de même abandonnés. Sans doute, c'était un refuge que les guetteurs, condamnés à vivre dans ce poste dangereux, s'étaient creusé et construit en secret pour se mieux abriter des tempêtes sans être réprimandés par leurs chefs.

Clopinet, qui avait rapporté de son court séjour à Trouville des notions un peu plus nettes qu'auparavant, fut content de voir qu'il était seul en possession du secret de sa demeure et de celle des roupeaux. Il observa leurs nids, grossièrement construits avec des branches et tous placés dans les bifurcations des bois de charpente. Il n'y vit que des femelles qui couvaient sans se déranger, mais peu à peu les mâles arrivèrent pour se reposer de leur chasse nocturne; c'est à cause de leurs habitudes et aussi à cause de leur cri que les anciens naturalistes les ont appelés *nycticorax*, corbeaux de nuit. Ils appartiennent à la même famille que les hérons; leur vrai nom est *bihoreaux*. Leur plumage est épais, et leur vol est sans bruit comme celui des oiseaux nocturnes. Cependant, lorsqu'ils ont des petits, ils chassent aussi le jour; mais il n'y en avait pas encore de nés dans la colonie, et ces messieurs y venaient dormir après avoir fait manger ces dames. Clopinet, qui, les voyant d'abord en dessous, les avait crus tout blancs, reconnut qu'ils n'avaient de blanc que le cou et le ventre. Leurs ailes étaient gris de perle; un joli manteau vert sombre leur couvrait le dos, et de leur bonnet, vert aussi, tombait sur le dos, cette longue et fine aigrette invariablement composée de trois plumes. Les mâles seuls paraissaient avoir cette riche coiffure; cependant Clopinet vit que plusieurs ne l'avaient pas encore ou ne l'avaient plus. C'était le moment de la mue, et beaucoup de ces plumes précieuses, éparses sur les rochers, étaient le jouet du vent. Clopinet ne bougea pourtant pas pour les ramasser, voulant voir les habitudes de ces rôdeurs de nuit, qui, sans faire attention à lui, apportaient aux couveuses les poissons, coquillages et insectes qu'ils avaient pris. Le repas terminé, ils s'aperçurent de la présence de l'étranger, et tous en même temps, avertis par le cri de l'un deux, tournèrent la tête de son côté.

D'abord Clopinet fut un peu ému de voir tous ces grands yeux rouges qui le regardaient. Les mâles étaient bien là une cinquantaine, gros comme de jeunes dindons, armés de longs becs et de griffes pointues. Si tous se fussent mis après l'enfant curieux, ils eussent pu lui faire un mauvais parti; mais ils le contemplèrent d'un air de stupéfaction, et, ne le voyant pas remuer, ils ne s'occupèrent plus que de se quereller entre eux à coups d'aile et sans se blesser, puis ils se mirent à se gratter, à s'étendre, même à bâiller comme des personnes fatiguées; enfin, chacun cherchant un endroit commode, tous s'endormirent sur une patte au lever du soleil. Alors Clopinet se leva doucement et fit sa récolte de plumes sans les déranger, après quoi il redescendit, sagement résolu à ne pas les dégoûter de leur campement et à ne plus prendre les œufs des femelles.

Il y retourna la nuit suivante avant que les mâles fussent revenus de leur chasse nocturne. Il n'éveilla pas les couveuses et mit du pain devant leurs nids, pensant qu'elles le trouveraient bon et lui en sauraient gré. Il ne se trompait pas, bien que ce fût une idée d'enfant. Presque tous les oiseaux aiment le pain, quelque différente que soit leur nourriture, et le matin suivant il vit que le sien avait été mangé. Il continua ainsi, et bientôt tous les bihoreaux, mâles et femelles, furent habitués à le voir, se sauvèrent peu loin à son approche, enfin ne se sauvèrent plus du tout. Il en était né de jeunes qui, le connaissant avant de connaître la peur de l'homme, se trouvèrent si bien apprivoisés qu'ils venaient à lui, se couchaient sur ses genoux, mangeaient dans sa main, et le suivaient jusqu'au bord de la dune quand il les quittait.

Il prit tant de plaisir à cette occupation qu'il ne s'ennuyait plus du tout. Il commençait à aimer ces oiseaux sauvages comme il n'avait jamais aimé ses pigeons et ses poules; il méprisait ces amitiés banales et se sentait fier d'avoir apprivoisé des animaux méfians, dont les gens du pays cherchaient en vain la retraite et ne pouvaient approcher. Il se prit aussi d'affection pour tous les autres oiseaux, car il s'aperçut que, semant du pain partout dans ses promenades, marchant posément et sans bruit, n'attaquant et n'effrayant aucun d'eux, il arrivait à ne plus les mettre en fuite et à les voir se poser, voltiger et s'ébattre tout près de lui. Il se reprocha le meurtre de la perdrix de mer, et s'en alla acheter du fromage et de la viande, afin de ne plus être tenté de tuer les compagnons de sa solitude.

Il n'alla pas faire ses provisions à Villers, où il craignait d'être reconnu, tourmenté, et peut-être suivi par le boulanger. Il avait remarqué un hameau plus proche, puisqu'il est situé sur la dune même, du côté où elle s'abaisse vers la terre ferme. Je crois que ce hameau s'appelle Auberville. Il y trouva tout ce qu'il souhaitait et même des pommes bien conservées qu'il paya cher. Il n'était pas assez raisonnable pour ne pas faire quelques folies. Il y but un pichet de cidre; il l'aimait tant! Il eut bien soin de ne pas arborer son aigrette et de ne point causer inutilement. Il avait désormais deux secrets à garder,

son nom et son pays, afin de n'être pas reconduit de
force chez ses parens, — son domicile dans la falaise,
afin de n'y pas attirer les enfants curieux ou les chasseurs amateurs d'aigrettes ; mais en écoutant causer
il apprit plusieurs choses sur le pays, et il vit que les
jeunes habitants de ce village connaissaient assez
bien les mœurs des oiseaux de la côte. Ils n'en
citaient que deux espèces précieuses : les roupeaux
ou bihoreaux, qu'on ne pouvait plus atteindre, ils
se cachaient trop bien ou ne nichaient plus dans le
pays ; et les petits grèbes, qui ne faisaient que passer
et auxquels on avait tant fait la chasse qu'ils étaient
devenus rares et méfiants. Clopinet fit des questions
sur ces grèbes et apprit encore que le plumage épais
et brillant de leur ventre se vendait comme fourrure d'ornement aux marchands plumassiers, qui
passaient deux fois l'an. Comme il avait déjà une
douzaine d'aigrettes, Clopinet souhaitait beaucoup
de savoir le jour et l'heure où passeraient ces brocanteurs, afin de faire affaire avec eux ; mais il
craignait d'adresser trop de questions et il se promit de mieux s'informer un autre jour.

VI

Il s'étonnait qu'on n'eût pas encore été chercher
les bihoreaux où il les avait trouvés, et à ce sujet
il entendit raconter une chose qui ne laissa pas de

l'inquiéter un peu. Autrefois, disait quelqu'un, on trouvait ces bêtes sur les arbres de la grande falaise; mais depuis qu'il en est tombé un grand morceau dans la mer et qu'il n'y a plus d'arbres pour retenir les terres, on n'y va plus. On prétend que le poids d'une personne suffirait pour faire ébouler le reste. Clopinet s'en alla un peu tourmenté, lui qui demeurait dans cette falaise et qui presque tous les matins montait au faîte!

La nuit, il eut peur. Il y eut de la houle, et le bruit de la mer arrivait à lui comme par rafales; à chaque instant il s'éveillait, croyant que c'était la falaise qui s'écroulait. Il avait trop bien examiné l'endroit pour n'être pas sûr que son ermitage était absolument de la même nature que les gros cailloux appelés les Vaches-Noires et les Vaches-Blanches, lesquels avaient été autrefois portés par les terres et s'étaient écroulés avec elles. La mer continuait à ronger le pied des dunes, et chaque hiver, disait-on, elle en mangeait de bons morceaux. Ces gros cailloux qui paraissaient faire la sécurité du refuge de Clopinet pouvaient bien reposer sur un sol aussi fragile que les terres qui le couvraient; puis, à supposer qu'elles ne dussent pas se dérober sous lui, celles d'au-dessus pouvaient s'effondrer, lui fermer le passage et l'ensevelir vivant dans sa grotte. Il ne dormit guère, car, à mesure que la réflexion lui venait, il sentait bien que, si le raisonnement est une chose nécessaire, il est aussi une chose triste et une source de mille appréhensions. Heureusement cet enfant-là avait dans la tête une passion qui était plus forte que la crainte du danger : c'était de vivre libre et maître de lui-même dans la nature. Il ne connaissait pas ce mot-là, la nature, mais il se sentait épris de la vie sauvage et comme orgueilleux de résister à la tentation de retourner au repos des champs et aux douceurs de la famille. Il resta donc dans son nid d'oiseau, s'imaginant que, puisque les oiseaux nichaient au-dessus de lui, c'est qu'ils en savaient plus long que les hommes et avaient l'instinct de connaître que la montagne était solide.

Il passa là tout l'été, s'approvisionnant tantôt dans un endroit, tantôt dans un autre, ne se faisant connaître nulle part, s'habituant de plus en plus à ne vivre que des produits de la mer et de fruits sauvages, afin d'éviter d'être l'esclave de son ventre. Il devint peu à peu si sobre que la gourmandise ne l'attira plus du côté de la campagne. Il réussit à rencontrer les marchands plumassiers en tournée et à s'aboucher avec eux sans témoins. Il eut assez de raisonnement pour ne pas montrer trop d'exigence, afin d'établir des rapports pour l'avenir. Il se contenta d'un gros écu pour chaque plume, et, comme il en avait recueilli une cinquantaine, il lui fut compté en beaux louis d'or trois cents livres, somme énorme pour ce temps-là, et qu'un petit paysan de son âge n'avait certes jamais gagnée.

Quand il se vit à la tête d'une telle fortune, il résolut d'aller la porter à ses parents ; mais auparavant il souhaita revoir son oncle Laquille, et, aux approches de l'hiver, il se mit en route pour Trouville. Comme il voulait se présenter convenablement à sa famille, et que ses habits, même les meilleurs, étaient très-avariés par l'escalade continuelle et le manque d'entretien, il se commanda à Dives, où il avait fait quelques apparitions, un habillement tout neuf, un peu de linge et de bonnes chaussures. Il paya tout très-honnêtement, et, son bâton à la main, son argent en poche, il se dirigea sur Trouville, où il rencontra son oncle tout en larmes, revenant de l'église. Il venait d'enterrer sa femme, et, bien qu'elle l'eût rendu aussi malheureux qu'il lui avait été possible, le pauvre homme la pleurait comme si c'eût été un ange. Il fut bien étonné de revoir Clopinet, qu'il croyait retourné chez ses parents, et qu'il hésitait à reconnaître, tant il était changé. Sans s'en apercevoir, Clopinet avait grandi, il avait le teint hâlé que donne l'air de la mer; à force de grimper et d'agir, il avait pris de la force, sa jambe faible était devenue aussi bonne que l'autre, il ne boitait plus du tout. Sa figure aussi avait pris un autre air, un regard vif, pénétrant, une expression assurée et sérieuse. Ses habits, mieux faits que ceux que Tire-à-gauche fabriquait de routine aux paysans, lui donnaient aussi meilleure tournure et meilleure mine que par le passé. Laquille en fut frappé tout de suite.

— D'où sors-tu, s'écria-t-il, tu ne viens pas de chez tes parents?

— Non, dit Clopinet, mais donnez-moi vitement de leurs nouvelles; nous parlerons de moi après.

— Je ne puis t'en donner, répliqua l'oncle; quand

tu t'es sauvé de chez nous pendant la nuit, il y a bientôt... six mois... je pense...

— Oui, mon oncle, j'ai compté les lunes.

— Eh bien! j'ai été inquiet de toi et je t'ai cherché autant que j'ai pu; mais, une douzaine de jours après, le tailleur a repassé par ici, disant qu'il t'avait vu en bonne santé auprès de Villers et qu'il n'avait pas voulu te contraindre à le suivre, pensant que ta famille t'avait repris et t'envoyait là en commission. Alors je ne me suis plus tourmenté à ton sujet, et, ma pauvre femme étant tombée malade, je n'ai plus quitté le pays que pour aller à la mer quand il le fallait, de sorte que je n'ai rien su de ta famille. Bien sûr, elle te croit embarqué, puisqu'il était convenu avec ton frère François que tu le serais et qu'il aura dit comme cela, le croyant aussi pour son compte. A présent je pense que tu peux aller chez toi sans crainte d'être recédé au tailleur. Je ne sais pas ce que tu lui auras dit quand tu l'as rencontré; il a juré qu'il aimerait mieux prendre le diable en apprentissage qu'un gars aussi bizarre et aussi revêche que toi. J'ai pensé que tu lui avais montré les dents, et je ne t'en ai pas blâmé.

— Je lui ai montré mon bâton, reprit Clopinet; vous l'aviez prédit, mon oncle, il m'a poussé des ailes de courage. — Et là-dessus il raconta toute son histoire et fit voir ses cent écus au marin émerveillé.

— Eh bien! s'écria l'oncle Laquille, voilà que tu es riche, et tu peux faire de ta vie ce que tu voudras. Du moment que tu peux te rendre utile, personne ne refusera de t'embarquer, et tu peux t'en aller dans les pays lointains où il y a des oiseaux bien autrement rares et superbes que tes roupeaux : des paille-en-queue, des aigrettes blanches d'Amérique, des oiseaux de paradis, des phénix qui renaissent de leurs cendres, des condors qui enlèvent des bœufs, et cent autres dont tu n'as pas seulement l'idée.

— C'est vrai que c'est là ce qui me manque, reprit l'enfant. Je ne sais rien, et il faudrait savoir.

— On apprend tout en voyageant.

Cette belle parole de l'oncle ne persuada pas beaucoup le neveu. Laquille avait fait le tour du monde sans avoir appris à lire, et Clopinet commençait à voir, en causant avec lui, qu'il avait les notions les plus fausses sur les choses les plus simples, comme de croire que certains oiseaux ne mangeaient pas et vivaient de l'air du temps, que d'autres ne se reproduisaient pas et naissaient des anatifes, mollusques à tubercules qui s'attachent à la carène des navires. Clopinet avait l'esprit très-romanesque, il croyait volontiers aux oiseaux fées, c'est-à-dire aux génies prenant des formes et des voix d'oiseau ; mais il avait déjà trop observé les lois de la vie pour partager les erreurs et préjugés de son oncle.

Pourtant l'idée de voyager le tentait bien. Pour se désennuyer dans sa solitude, il avait tant rêvé de voyages au long cours ! Laquille lui conseillait d'aller à Honfleur et de prendre passage sur quelque bâtiment partant pour l'Angleterre, il y en avait toujours. Les grèbes nichaient par là, et Clopinet en prendrait à discrétion; mais quand l'enfant sut qu'il fallait les tuer et les écorcher pour avoir leur plumage, il secoua la tête, cela lui faisait horreur.

Comme après souper il se promenait avec son oncle sur la grève, ils revinrent sur ce sujet, et Clopinet se sentit troublé et affolé par la vue des grosses barques qui se préparaient à partir dès le lendemain matin pour Honfleur. Il était presque décidé à s'arranger avec le patron d'une de ces embarcations, lorsqu'il entendit passer dans la nuit sombre les petites voix d'enfants qu'il connaissait si bien. — Les voilà! s'écria-t-il, les voilà qui viennent me chercher! — L'oncle, ne sachant ce qu'il voulait dire, restait bouche béante, attendant qu'il s'expliquât. Clopinet ne s'expliquait pas; il courait, les bras étendus, suivant le vol des esprits invisibles qui l'appelaient toujours. D'abord ils suivirent la grève, semblant se diriger vers le lieu d'embarquement; mais tout à coup ils firent un crochet, quittèrent le rivage et prirent à travers champs. Clopinet les suivit tant qu'il put, mais sans réussir à s'envoler, et il revint essoufflé vers son oncle, qui le croyait fou.

— Voyons, mon petit, lui dit le brave homme, est-ce que tout de bon tu prends les courlis pour des esprits?

— Les courlis? Que voulez-vous dire, mon oncle?

— Tu ne connais pas ces oiseaux-là? Il est vrai qu'ils ne voyagent que dans les nuits bien noires et qu'on ne les voit jamais. On ne les connaîtrait pas, si on n'en tuait point quelquefois en tirant au hasard dans le tas, ce qui est bien rare, car on dit qu'ils volent plus vite que les grains de plomb du fusil. Je conviens que ce sont des oiseaux extraordinaires, ils pondent dans les nuages, et c'est le vent qui les couve.

— Non, mon oncle, reprit vivement Clopinet; si ce sont des oiseaux, des courlis, comme vous les appelez, ils ne pondent pas dans les nuages, et si ce ne sont pas des oiseaux, si ces voix sont celles des esprits, comme j'en suis sûr, ils ne pondent pas du tout. Que leur chant ressemble à celui des courlis, c'est possible; moi aussi, la première fois que je les ai entendus, j'ai dit: Voilà des oiseaux de nuit qui passent; mais, en les écoutant bien, j'ai compris leurs paroles. Ils m'ont appelé, ils m'ont fait pousser des ailes, ils m'ont appris à courir sans me mouiller, sur la mer, la nuit que j'ai passée sur la Grosse-Vache-Noire; ils m'ont aidé à m'envoler de chez vous par la lucarne de votre maison, enfin ils m'ont secouru et consolé. Je crois en eux, je les aime, et partout où ils me diront d'aller, je les suivrai.

— Et pourtant, reprit l'oncle, tu ne les as pas suivis tout à l'heure?

— Ils n'ont pas voulu; mais ils m'ont bien montré, en quittant le bord de la mer, que je ne devais pas m'embarquer cette nuit. Ils ont volé de ce côté-ci, du côté du midi. Dites-moi si c'est par là que mon pays se trouve?

— C'est par là certainement, à trois lieues de la mer en droite ligne.

— Eh bien! c'est par là qu'il me faut aller dès demain matin. Je dois aller embrasser mes parens et leur donner l'argent que j'ai gagné.

— Très-bien, mais ils te le garderont, et tu ne pourras plus voyager.

— Je pourrai toujours retourner à mon trou de la falaise et faire une nouvelle provision de plumes; d'ici là, j'aurai leur permission pour me faire marin.

Clopinet suivit son idée. Il se fit enseigner son chemin, et dès le lendemain, vers midi, il se trouvait à la porte de son enclos.

VII

La première personne qu'il vit fut sa mère, qui le reconnut bien de loin malgré son changement, et pensa mourir de joie en le serrant dans ses bras. Clopinet en fut tout ému, car il s'était imaginé dans sa tristesse qu'elle ne l'aimait qu'un peu, et il vit bien qu'elle le chérissait d'autant plus qu'elle s'était fait violence pour le laisser partir. Le père Doucy, le frère François et les autres accoururent et lui firent grande fête, car de le voir si bien vêtu, si bien portant et si bien guéri de sa boiterie prouvait de reste qu'il n'avait pas souffert dans son voyage. On pensait qu'il arrivait de loin, et François lui-même le croyait, n'ayant pas été détrompé par l'oncle Laquille, qu'on n'avait point revu.

Le père Doucy gronda pourtant un peu Clopinet d'avoir disposé de lui-même contre le gré de sa famille, et il ne manqua pas d'ajouter que, s'il n'arrivait point à bien gagner sa vie, il serait une charge pour les siens. Clopinet prit la chose modestement, et, sans faire d'embarras, il présenta sa bourse à son père en lui disant : — J'espère continuer à gagner bien honnêtement ma vie sans faire de tort aux hommes ni aux bêtes. Voilà ce qui m'a été payé pour six mois de ma peine, et si cet argent-là vous fait besoin ou seulement plaisir, je vous prie de l'accepter, mon cher père. Je compte que l'an prochain je vous en apporterai davantage.

Toute la famille ouvrit de grands yeux en voyant les louis d'or de Clopinet, mais le père Doucy hocha la tête. — Où as-tu pris cet argent-là, mon garçon? Il faut t'expliquer là-dessus, car j'ai beau être un paysan et n'avoir couru ni la mer ni les villes, je sais fort bien qu'un apprenti mousse ou tout autre chose est assez payé quand, à ton âge, il gagne sa nourriture.

Clopinet, voyant que son père le soupçonnait d'avoir fait quelque chose de mal, lui dit la vérité sur la source de sa richesse et ne le trouva pas incrédule, car on savait dans le pays que certains plumages d'oiseau étaient fort recherchés par les plumassiers. Seulement le père Doucy observa que les roupeaux ne se voyaient plus au pays d'Auge, et que sans doute Clopinet avait dû les trouver au loin, car il s'obstinait à croire qu'il avait passé l'été en grands voyages. Clopinet avait refusé aux questions de son oncle Laquille, de révéler l'endroit précis du rivage où il avait passé l'été. Avec ses parents, il ne se départit point de cette réserve. Il savait que, s'il parlait des Vaches-Noires et de la grande falaise, personne chez lui ne lui permettrait de retourner vivre dans un endroit réputé si dangereux. Il laissa donc croire à ses parents qu'il arrivait de l'Écosse, — son oncle ayant prononcé devant lui le nom de ce pays-là, — et qu'il y avait fait bonne chasse.

Il se tira assez bien des nombreuses questions qu'on lui fit le premier jour. Comme on ne savait chez lui quoi que ce soit des pays étrangers, il n'eut point de longues histoires à inventer. Il répondit qu'en Écosse on mangeait du pain, des légumes et de la viande comme ailleurs, que les arbres ne poussaient pas la racine en l'air, enfin qu'il n'avait rien vu de merveilleux là ni ailleurs.

— C'est bien, c'est bien, lui dit le père à la fin du souper; ce qui me plaît de toi, c'est que tu ne dis pas des mensonges et des folies comme ton oncle Laquille. Continue à être raisonnable, et tout ira bien, puisque tu as de l'invention pour rapporter des choses à vendre et pour faire le commerce. Je ne veux point te priver de ton argent, il est à toi, je vais le placer en bonne terre qui t'appartiendra ; ce sera le commencement de ta fortune.

— Si vous n'en voulez point pour vous, répondit Clopinet, j'aimerais mieux m'en servir pour reprendre mes voyages et faire d'autres trouvailles.

Ce que Laquille avait prévu arriva. Le père Doucy ne voulut pas comprendre ce que lui disait son fils.

Il ne pouvait pas s'imaginer un autre placement que les carrés d'herbe et de pommiers avec des vaches dedans ; il ne jugeait pas bon pour un enfant d'avoir une somme comme celle-là à sa disposition. Il le complimenta d'avoir eu la sagesse de l'apporter à la maison, mais il ne le crut pas pour cela incapable de faire quelque folie, si on le lui rendait. Clopinet dut céder ; c'était le cas de dire qu'on lui coupait les ailes. Il s'en alla coucher tout triste, voyant ses futurs voyages retardés ; mais il rêva que les esprits lui parlaient et lui disaient : Espère, nous ne te quitterons pas ; puisque tu as fait notre volonté, nous saurons bien t'en récompenser.

Il se résigna donc, et ne fut point insensible, il faut en convenir, à la douceur de dormir sur une bonne couchette de plumes bien chaude. Depuis une quinzaine que la fraîcheur se faisait sentir, il n'avait pas été très-bien dans sa grotte, où il ne pouvait se défendre de l'humidité qui y suintait et du vent qui s'y engouffrait. On vivait bien chez le père Doucy, on n'était ni pauvre ni avare ; on n'épargnait ni le bon pain ni le bon cidre, et la mère Doucette avait un grand talent pour faire la soupe au lard. Clopinet était l'objet de ses préférences ; elle le caressait et le choyait si tendrement qu'il ne sut point y résister et se laissa amollir par la vie de famille, au point de concevoir l'idée de passer chez lui la mauvaise saison. Il voyait toutes les bandes d'oiseaux voyageurs venir de la mer et se diriger vers l'intérieur des terres, soit pour hiverner dans les marécages, soit pour aller chercher des mers plus chaudes. Il se disait que ce n'était pas la saison de trouver des nids vers le nord; il ne savait pas encore que certaines espèces s'envolent en sens contraire et vont chercher le froid.

Comme il n'avait pas voulu trop mentir, il avait dit à son père qu'aucun engagement ne le forçait de se remettre en mer. Il voulait amener ses parents à lui laisser sa liberté et à le voir repartir sans fâcherie; mais, comme il ne pouvait pas rester sans rien faire, il lui fallut bien se remettre à garder et à soigner les vaches, ce qui l'ennuya beaucoup. Ces bêtes lourdes et lentes lui plaisaient de moins en moins; ce pâturage plat et sans vue le rendait triste, son esprit voltigeait toujours sur la mer et sur les falaises. Un jour, son père l'envoya chercher à Dives un médicament chez l'apothicaire; dans ce temps-là, on ne disait point pharmacien, mais c'était la même chose, ou plutôt c'était quelque chose de plus. La médication étant plus compliquée, ceux qui fabriquaient et vendaient des remèdes étaient obligés à savoir plus de détails et à fournir plus de drogues différentes.

Dives était une très-ancienne ville; mais Clopinet, qui n'était pas antiquaire, trouva le pays fort laid, bien qu'il soit très-joli du côté de la campagne : lui qui ne regardait que du côté de la mer s'ennuya de voir cette côte plate et tout ensablée. Alors il vit dans l'étroit chenal qui remplace le grand port, d'où jadis la flotte de Guillaume le Conquérant partit pour l'Angleterre, de grosses barques qui faisaient encore un petit commerce avec Honfleur, et l'envie de s'en aller au moins jusque-là fut si forte qu'il pensa oublier sa commission. Pourtant il résista et se fit enseigner la maison de l'apothicaire. Là, pendant qu'on préparait la drogue, il faillit oublier qu'il devait la reporter à ses parents. L'objet qui absorbait son attention et qui le jetait dans un ravissement sans pareil, c'était un *combattant*, autrement dit *paon de mer*, perché sur un bâton et immobile dans la vitrine. L'apothicaire, s'amusant de sa suprise, prit l'oiseau, qui semblait bien vivant, car ses yeux brillaient et son bec était ouvert, et le lui fit toucher; il était empaillé. Clopinet n'avait pas idée d'un pareil artifice et se le fit expliquer; puis, avec une vivacité et un air de décision qui, de la part d'un garçon d'apparence si simple, étonna tout à coup l'apothicaire, il demanda si celui-ci voudrait bien lui apprendre à conserver et à empailler.

— Ma foi! répondit l'apothicaire, si tu veux m'aider dans cette besogne, tu me feras plaisir, pour peu que tu aies autant d'adresse que de résolution. — Il apprit alors à Clopinet que le curé de l'endroit et le seigneur du château voisin étaient grands amateurs d'ornithologie, c'est ainsi que l'apothicaire appelait la connaissance des oiseaux, de leur classement en familles, en genres et en espèces. Ces deux personnages s'en procuraient tant qu'ils pouvaient, le seigneur à tout prix, le curé au prix de tout l'argent qu'il pouvait y mettre. Le pays était très-riche en oiseaux de mer et de rivage, à cause des grands ensablements de la côte et des marécages formés par la Dive. Tous les chasseurs y guettaient ce gibier pour le porter au château, où le seigneur en faisait une collection empaillée. C'était lui, l'apothicaire, que l'on chargeait de la préparation, et il s'y entendait assez bien : mais il n'avait personne pour l'aider, et le temps lui manquait. S'il venait à trouver un élève soigneux et intelligent, il le paierait volontiers aussitôt qu'il saurait son affaire.

— Prenez-moi, monsieur, dit Clopinet, je suis sûr d'apprendre vite et bien ; même, si cela ne vous offense pas, je vous dirai que je connais les oiseaux mieux que vous. Voilà cette bête que vous appelez paon de mer et dont je ne savais pas le nom ; mais je l'ai vue cent fois en liberté, et je sais comment elle est faite et comment elle se tient. Vous avez voulu lui donner l'air qu'elle a quand elle se bat : ce n'est pas ça, et si c'était une chose qu'on puisse pétrir, je vous montrerais comment elle se pose pour de vrai.

L'apothicaire était homme d'esprit, ce qui fait qu'il comprenait vite l'esprit des autres. Il ne se fâcha point des critiques de Clopinet et lui dit : — Ma foi, essaie ; cela peut se pétrir, comme tu dis, c'est-à-dire qu'on peut changer le mouvement de l'oiseau en appuyant sur les fils de fer qui remplacent les os et les muscles. Essaie, te dis-je ; si tu le gâtes, tant pis ! Un paon de mer n'est pas une chose bien rare. — Clopinet hésita un moment, devint pâle, trembla un peu, réfléchit pour se bien rappeler ; puis tout à coup, saisissant l'oiseau avec beaucoup de délicatesse, mais avec une grande résolution, il lui donna une attitude si vraie et une tournure si fière sans lui gâter une seule plume, que l'apothicaire en fut tout surpris. — J'avoue, dit-il, que ton mouvement a l'air plus naturel que le mien. Pourtant le mien était plus énergique.

— Plaît-il, monsieur? dit Clopinet.

— Je veux dire que le mien avait l'air plus méchant. Ce sont des bêtes féroces que ces oiseaux-là !

— Et c'est en quoi vous vous trompez, monsieur, reprit Clopinet avec conviction. Les oiseaux ne sont pas méchants quand la faim ne les force pas à la bataille. Ceux-ci ne se battent pas pour se faire du mal, et ils ne s'en font presque jamais ; c'est un jeu qu'ils font par fierté quand on les regarde, et je vais vous dire : ils s'en vont, tous les mâles d'un côté et toutes les femelles de l'autre avec les petits. Ils choisissent des tas de sable où ils se mettent en rang, les femelles sur un autre tas les regardent. Alors les vieux disent aux jeunes : Allons, mes enfants, faites-nous voir comment vous savez vous battre. Et il en vient deux jeunes qui se gourment jusqu'à ce qu'ils tombent de fatigue, et puis il en vient deux autres ; quelquefois il y a deux paires qui se battent en même temps, mais toujours un contre un et jamais une bande contre une autre, ni à propos des femelles, ni pour la nourriture. Quand l'heure de cet amusement-là est finie, on va se promener ou manger ensemble, et on est bons amis.

— C'est possible, dit en riant l'apothicaire ; si tu as si bien regardé les oiseaux, tu en sais plus long que moi, et je reconnais que ce combattant me plaît mieux, tourné et dressé comme le voilà. Je pense que tu es un observateur et peut-être un artiste de naissance.

Clopinet ne comprit pas, mais son cœur battit de joie quand l'apothicaire lui dit : — Reviens demain, je t'apprendrai le métier, qui est très-facile, et, puisque tu as le sentiment, qui est un don de nature, je te ferai entrer chez le seigneur du château en qualité de préparateur. Tu apprendras l'histoire naturelle des oiseaux, et tu deviendras un jour conservateur de collections chez lui ou chez quelque autre. Qui sait si tu n'es pas né pour être savant?

Clopinet ne comprit bien qu'une chose, c'est qu'il allait voir des oiseaux nouveaux pour lui, et qu'il apprendrait les noms et les pays de ceux dont il connaissait les airs, les chants, le plumage et les habitudes. Il vola plutôt qu'il ne courut chez son père et obtint facilement la permission d'aller *travailler dans les oiseaux*.
— Puisque c'est son idée, dit le père Doucy avec un sourire en regardant sa femme, et que M. l'apothicaire est un grand brave homme, je pense, mère Doucette, que vous ne serez point fâchée de savoir cet enfant occupé dans un pays qui n'est pas loin, et où nous pourrons le voir souvent?

La mère Doucette eût préféré que l'enfant ne la quittât point du tout; mais, quand son mari avait parlé en l'honorant d'un sourire, elle ne savait qu'approuver en riant de toute sa bouche, ce qui n'était pas peu de chose. D'ailleurs elle tremblait toujours en songeant que Clopinet pouvait retourner dans ce pays d'Écosse, qu'elle croyait situé au bout du monde et où Clopinet n'avait jamais été.

Au bout d'un mois, Clopinet sut très-bien composer la préparation arsenicale avec laquelle on préserve les oiseaux de la pourriture et des mites. Il sut écorcher avec une propreté parfaite, en retournant la peau de l'oiseau comme on retourne un gant, sans salir ni froisser une seule plume. Il sut les petits os qu'il faut conserver pour assujettir les fils de fer, ceux qu'il faut couper, la manière de remplacer la charpente de l'animal par des fils de métal plus ou moins gros. Il sut distinguer dans la provision d'*œils de verre* ceux qui convenaient précisément à tel ou tel volatile. Il sut le rembourrer d'étoupes en lui conservant sa forme exacte, lui recoudre le ventre avec tant d'adresse qu'on ne pût soupçonner la couture, le dresser sur ses pieds, lui fermer ou lui ouvrir les ailes à son gré, et quant à lui donner la grâce ou la singularité de sa pose naturelle, il y fut passé maître dès le premier jour.

L'apothicaire, qui ne demandait qu'à vendre ses préparations et à débarrasser son laboratoire des travaux de l'empaillage, songea vitement à faire entrer Clopinet chez M. le baron de Platecôte, le seigneur épris d'ornithologie, pour qui l'enfant travaillait sans que ses talents fussent encore révélés au curé, car le curé, tout en faisant des recherches et des échanges avec le baron, était un peu jaloux de lui et eût essayé d'accaparer Clopinet pour son compte.

L'apothicaire était brave homme autant qu'homme d'esprit et il s'intéressait à Clopinet, dont la douceur et la raison n'étaient pas ordinaires. Il l'emmena donc au château du baron, et le présenta lui-même comme un garçon capable, entendu et laborieux.

— Je n'en doute pas, répondit poliment le baron, mais c'est un enfant. Il est très-propre et très-gentil, mais c'est un petit paysan qui ne sait rien.

— Monsieur le baron, qui sait tout, répliqua gracieusement l'apothicaire, lui apprendra ce qu'il voudra. Monsieur le baron n'a point d'enfant et pourrait s'occuper de celui-ci, qui lui deviendra un bon et fidèle serviteur ; j'engage fort monsieur le baron à mettre la main sur lui tout de suite, car M. le curé ne le laissera pas échapper, dès qu'il verra les préparations qu'il sait faire.

Là-dessus l'apothicaire ouvrit la boîte qu'il avait apportée, et plaça sur la table trois sujets différents, à chacun desquels Clopinet avait su si bien donner la physionomie qui lui était propre, que le baron, qui s'y connaissait, jeta des cris de surprise et d'admiration. — Je vois bien, dit-il, que ce n'est point vous, monsieur l'apothicaire, qui avez fait ce travail excellent. Pouvez-vous me jurer que c'est tout de bon l'enfant que voici ?

— Je le jure, monsieur le baron.

— Lui tout seul ?

— Lui tout seul.

— Eh bien ! je le prends ; laissez-le-moi, il n'aura point à regretter d'être à mon service.

VIII

Dès le jour même, Clopinet fut installé au manoir de Platecôte, dans une petite chambre située tout en haut des combles. La première chose qu'il fit avant de regarder la chambre, qui était fort gentille, fut de mettre la tête à la fenêtre et de prendre connaissance du pays. Il était des plus beaux, car le château était bâti sur une haute colline, d'où l'on découvrait d'un côté la vallée d'Auge, le cours de la Dive et celui de l'Orne, avec leurs bois et leurs prairies ondulées, de l'autre la mer et les côtes à une grande distance. Clopinet reconnut tout de suite les pointes dentelées de la grande falaise ; il les vit encore mieux en regardant dans une lunette d'approche, installée sur le belvédère du château, qui était encore plus haut perché que sa chambre. Il distingua avec ravissement les Vaches-Noires montrant leur dos au-dessus des vagues, et, du côté de la campagne, la maison de ses parents, dont le chaume perçait à travers les pommiers aux feuilles jaunies. Il se sentit comme ivre de joie de demeurer ainsi dans les airs et de pouvoir ajouter à sa bonne vue le merveilleux pouvoir de cette lunette, qui lui donnait une faculté de vision aussi puissante que celle des oiseaux. Il vit et reconnut toutes les anfractuosités, tous les hameaux et villages de la côte. Il retrouva Trouville et découvrit le cap derrière lequel Honfleur se cache.

Une autre joie fut d'être installé dès le lendemain dans la pièce qui lui fut donnée pour laboratoire, et où l'on avait déjà déposé les fioles, les matériaux et les outils que l'apothicaire avait envoyés et fournis pour son usage; de cette pièce, on entrait de plain-pied dans le musée de M. le baron, et Clopinet vit là, dans de grandes armoires garnies de vitres, une quantité d'oiseaux étrangers et indigènes plus ou moins précieux, mais tous très-intéressans pour qui voulait apprendre leurs noms et leur classement.

Le baron étant venu le trouver là pour lui expliquer de quelle besogne il comptait le charger, Clopinet, qui avait la confiance que donne la simplicité du cœur, lui dit: — Monsieur le seigneur, votre provision d'oiseaux est mal rangée. En voilà un petit qu'on a mis avec les autres parce qu'il est petit; mais ça ne va pas du tout. Il doit être à côté de ces gros-là parce qu'il est de leur famille, je vous en réponds. Il a leur bec, leurs pattes, et il se nourrit comme eux, je le sais, je le reconnais, ou si ce n'est pas absolument celui-là, c'en est un qui lui ressemble et qui doit être son cousin ou son neveu.

Le baron fit babiller Clopinet, qui n'était pas du tout causeur, mais qui, sur le chapitre des oiseaux, avait toujours beaucoup à dire; il admira son bon raisonnement et la sûreté de ses observations, celle non moins remarquable de sa mémoire, car en une matinée il connut tous les noms que le baron voulut bien lui dire, et il les repassa sans faire aucune erreur ; mais tout à coup, voyant que le baron bâillait, prenait force prises de tabac et s'ennuyait de faire le professeur avec un ignorant : — Mon bon seigneur, lui dit-il, c'est encore trop tôt pour que j'entre à votre service, vous n'aurez point de plaisir à m'instruire. Il faut que je sois en état de m'instruire tout seul, et pour cela il me faut savoir lire. Laissez-moi aller chez M. le curé, c'est son métier d'avoir de la patience ; quand je saurai, je reviendrai chez vous.

— Non pas, non pas! dit le baron, tu n'iras pas chez le curé. Mon valet de chambre est assez instruit, il t'instruira.

Le valet de chambre lisait couramment, il avait une bonne écriture et savait assez de français pour écrire une lettre passable sous la dictée de M. le baron, qui était savant et bel esprit, mais qui était de trop bonne maison pour connaître l'orthographe ; ce n'était pas la mode en ce temps-là pour les gens du grand monde. M. de La Fleur, c'était le nom du valet de chambre, fit donc le maître d'école avec le petit paysan, tout en rechignant un peu et en y mettant fort peu de patience. Il faut de la patience avec la plupart des enfants; mais pour ceux qui ont comme Clopinet une grande ardeur au travail et qui craignent de voir l'occasion s'échapper, un professeur indolent ou irritable convient assez ; Clopinet fit des efforts de grande volonté pour ne point lasser la médiocre volonté de M. de La Fleur, et au bout d'un an il sut lire, écrire et compter aussi bien que lui.

Cela ne lui suffisait point. Les noms scientifiques des oiseaux sont latins et beaucoup des ouvrages qui traitent des sciences naturelles sont écrits en latin. Clopinet, dont le dimanche était libre, alla empailler des oiseaux chez le curé, à la condition que pendant son travail celui-ci lui enseignerait le latin. En une autre année, il sut tout le latin vulgaire dont il avait besoin pour son état.

Tout en s'instruisant ainsi, il empaillait toutes les bêtes que lui envoyaient ou lui apportaient, tant du pays que de l'étranger, les fournisseurs et correspondants du baron; il réparait ou renouvelait celles de la collection qui étaient mal préparées ou détériorées; il procédait aussi à un meilleur rangement après des discussions, quelquefois très-animées, avec son patron, car celui-ci croyait en savoir bien long et n'admettait pas aisément qu'il pût s'être trompé; mais Clopinet, avec la résolution entêtée de son caractère et la droiture de son esprit naturel, arrivait toujours à le persuader; alors le baron, qui n'était point sot, haussait les épaules, et, feignant d'y mettre de la lassitude ou de la complaisance, disait:
— Fais donc comme tu voudras! Pour si peu de chose, je ne veux ni te fâcher, ni me fâcher moi-même. — Ce n'était pourtant pas peu de chose. Le curé, qui, pour être moins riche en échantillons, ne laissait pas que d'être plus instruit et plus intelligent que le baron, tenait Clopinet en grande estime, et déclarait que, si M. de Buffon venait à le connaître, il lui ferait faire son chemin.

Clopinet n'en était pas plus fier. Il savait bien le

respect qu'on doit à M. de Buffon, dont il lisait avec ardeur le magnifique ouvrage; mais il avait l'esprit fait de telle sorte que rien ne le tentait dans le monde, hormis les choses de la nature. Il ne se souciait ni d'argent, ni de renommée; il continuait à ne rêver que voyages, découvertes et observations faites par lui-même et tout seul.

Aussi pensait-il sans cesse à son ermitage de la grande falaise, et plus il faisait connaissance avec le bien-être de la vie de château, plus il regrettait son lit de rochers, ses fleurs sauvages, le chant des libres oiseaux et surtout l'amitié qu'il avait su leur inspirer. Le souvenir de cette intimité bizarre lui serrait parfois le cœur. — Où sont à présent, se disait-il, tous ces pauvres petits compagnons de ma solitude? où sont mes barges, qui contrefaisaient si bien le bêlement des chèvres et l'aboiement des chiens? Où est le grand butor solitaire qui mugissait comme un taureau? Où sont les jolis vanneaux espiègles qui me criaient aux oreilles, en empruntant la voix du tailleur, *dix-huit, dix-huit?* Où sont les courlis dont les douces voix d'enfant m'appelaient dans les nuits sombres, et me faisaient pousser des ailes enchantées, des ailes de courage?

On voit que Clopinet ne croyait plus aux esprits de la nuit. Il n'en était pas plus content pour cela; il regrettait le temps où il avait cru distinguer les paroles de ses petits amis du ciel noir et du vent d'orage. Le milieu où il se trouvait transplanté ne le portait point au merveilleux. A ce moment-là, tout le monde se piquait d'être philosophe, même le curé, et surtout M. de La Fleur, qui parlait beaucoup de M. de Voltaire sans l'avoir jamais lu, et qui affectait un grand mépris pour les superstitions rustiques.

Quand Clopinet eut atteint au service du baron l'âge de quinze à seize ans, il se trouva avoir épuisé, en fait d'ornithologie, toute l'instruction qu'il pouvait recevoir dans le château et dans le voisinage, et il fut pris du désir invincible d'aller demander à la nature les secrets qu'on ne trouve pas toujours dans les livres. Il se sentait malade, et tout le monde remarquait sa pâleur. Il songea donc sérieusement à se rendre libre, et, bien qu'il fût très-content de son patron et qu'il lui fût attaché, il lui déclara sa résolution de faire un voyage, promettant de lui rapporter tout ce qu'il pourrait recueillir d'intéressant pour son musée. Le baron lui reprocha d'abandonner son service, l'instruction qu'il prétendait lui avoir donnée et le manque de reconnaissance pour ses bontés. Il lui offrit, pour le retenir, de porter ses appointements au même chiffre que ceux de La Fleur et même de ne plus le faire manger à l'office. Clopinet se trouvait bien assez payé et ne se sentait pas humilié de manger à l'office; il remercia et refusa.

— Peut-être, dit le baron, es-tu fâché de porter la livrée? Je t'autorise à te faire faire un petit habillement noir comme celui de l'apothicaire. — Clopinet refusa encore, il ne se trouvait que trop richement habillé. Alors le baron se fâcha, le traita d'ingrat et de maniaque, le menaça de l'abandonner et lui déclara qu'il rayerait de son testament la petite rente qu'il y avait inscrite en sa faveur. Rien n'y fit. Clopinet lui baisa les mains en lui disant que, déshérité ou non, il l'aimerait toujours autant et lui resterait dévoué, mais qu'il mourrait s'il demeurait enfermé comme il l'était depuis trois ans, qu'il était de la nature des oiseaux et qu'il lui fallait l'espace et la liberté, fût-ce au prix de toutes les misères.

Le baron, voyant qu'il n'y pouvait rien, se résigna et le congédia avec bonté en lui payant ses gages et en y ajoutant un joli cadeau. Clopinet refusa le cadeau en argent et demanda au baron de lui donner une longue-vue portative et quelques outils. Le baron les lui donna et l'obligea de garder aussi l'argent.

Alors Clopinet, le voyant si bon, se jugea véritablement ingrat, et, se jetant à ses pieds, il renonça à tous ses rêves; il demanda seulement huit jours de congé, jurant de revenir et de faire tout son possible pour s'habituer à la vie de château, que son protecteur lui faisait si douce. Le baron attendri l'embrassa, et le munit de tout ce qui lui était nécessaire pour une tournée de huit jours.

Par une belle matinée de printemps, Clopinet, après avoir donné une journée à ses parents, partit seul pour la grande falaise. Il avait été si assidu au travail que lui confiait le baron et si acharné à s'instruire avec le curé, qu'il ne s'était jamais permis de perdre une heure en promenade pour son plaisir. Il n'avait donc pas revu les Vaches-Noires, et il était impatient de s'assurer de près des ravages que la mer avait dû faire en son absence. On avait parlé chez le baron et chez l'apothicaire d'éboulements considérables; mais, comme du belvédère, Clopinet avait constaté que les sommets dentelés de la grande falaise existaient toujours, il ne croyait qu'à demi à ce que l'on rapportait.

Vêtu d'un fort sarrau de villageois, chaussé de gros souliers et de bonnes guêtres de toile, coiffé d'un bonnet de laine qui ne craignait pas les coups de vent, portant sur son dos un solide sac de voyage qui contenait ses outils, un ou deux volumes de catalogues, sa longue-vue et quelques aliments, il fut vite rendu aux dunes, mais sans pouvoir suivre la plage, qui se trouva obstruée en divers endroits par le glissage des marnes. A mesure qu'il avançait en se tenant à mi-côte, il s'apercevait d'un changement notable dans ces masses crevassées. Là où il y avait eu des plantes, il n'y avait plus que de la boue très-difficile à traverser sans s'y perdre ; là où il y avait eu des parties molles, le terrain s'était durci et couvert de végétation. Clopinet ne se reconnaissait plus. Ses anciens sentiers, tracés par lui et connus de lui seul, avaient disparu. Il lui fallait faire un nouvel apprentissage pour se diriger et de nouveaux calculs pour éviter les fentes et les précipices. Enfin il gagna la grande falaise, qui était bien toujours debout, mais dont les flancs dénudés et coupés à pic ne lui permettaient plus de monter à son ermitage.

IX

Il faillit y renoncer, mais il s'était fait une telle joie de retrouver son nid, qu'il s'y acharna, et qu'à force de chercher de nouveaux passages il réussit à en trouver un pas bien difficile et pas trop dangereux. Il s'y risqua et arriva enfin à la partie rocheuse, où, avec une vive satisfaction, il retrouva son jardin, sa galerie, sa lucarne et sa grotte à peu près intacts. Aussitôt il s'occupa d'y refaire son installation : son lit d'herbes sèches fut vite coupé et dressé ; après un grand nettoyage, car divers oiseaux avaient laissé leur trace dans sa demeure, il coupa plusieurs brassées de joncs marins desséchés, et alluma du feu pour bien assainir la grotte. Il y brûla même des baies de genévrier pour la parfumer. Il y prit son frugal repas, puis, s'étendant sur l'herbe de son jardin sauvage, où les mêmes fleurs qu'il avait aimées fleurissaient plus belles que jamais, il fit un bon somme, car il s'était levé de grand matin et s'était beaucoup fatigué pour traverser les dunes bouleversées.

Dès qu'il fut reposé, il voulut essayer l'ascension de la grande falaise pour savoir si elle était encore habitée par les mêmes oiseaux. Il y parvint avec mille peines et mille dangers ; mais il n'y trouva plus trace de nids, et il n'y put ramasser une seule plume. Les roupeaux avaient abandonné la place ; c'était signe qu'elle menaçait ruine, leur instinct les en avait avertis. Où s'étaient-ils réfugiés ? Clopinet ne tenait plus à reprendre son bon petit commerce d'aigrettes, il se trouvait assez riche ; mais il eût souhaité revoir ses anciens amis et savoir s'ils le reconnaîtraient après cette longue absence, ce qui n'était guère probable.

En cherchant des yeux, il vit qu'une grande fente s'était ouverte à la déclivité de la falaise, et il s'y engagea avec précaution. C'était comme une rue nouvelle qui s'était creusée dans sa cité déserte ; elle l conduisit à des blocs inférieurs où il fut tout surpris de se retrouver auprès de son ermitage et de voir les roches toutes blanchies par le *laisser* des oiseaux. Il ne lui en fallut pas davantage pour découvrir quantité de nids où les œufs, chauffés par le soleil, attendaient la nuit pour être couvés, et autour desquels mainte plume révélait le passage des mâles. Ainsi les bihoreaux avaient déménagé, et le choix qu'ils avaient fait du voisinage de la grotte prouvait qu'elle était encore solidement assise dans les plis de la falaise. Content de cette découverte, Clopinet rentra chez lui facilement en franchissant un petit pli de terrain, et il se réjouit d'avoir ses anciens amis pour ainsi dire sous la main.

Décidément Clopinet aimait la solitude, car cette journée dans le désert lui fit l'effet d'une récompense après un long exil courageusement supporté. Il refit connaissance avec tout le prolongement des dunes et se mit bien au courant de leur nouvelle disposition. Il revit avec joie ses bonnes Vaches-Noires, toujours couvertes de coquillages ; il se baigna dans la mer avec délices et refit toutes ses anciennes observations sur les oiseaux qui habitaient ce rivage ou qui y campaient en passant. Il n'avait plus rien à apprendre sur leur compte, sinon que ce n'était plus les mêmes individus ou qu'ils n'avaient pas de mémoire, car ils ne parurent pas du tout le reconnaître et ne voulurent point approcher du pain qu'il leur montrait. Pourtant c'était encore pour eux un régal, et sitôt qu'il s'éloignait un peu, ils se jetaient sur les miettes qu'il avait semées et se les disputaient avec de grands cris. Il ne désespéra pas de les apprivoiser de nouveau pendant le peu de temps qu'il passerait dans la falaise, car il souhaitait d'y rester tout le temps de son congé, sans trop savoir pourquoi il s'y plaisait tant.

Il est certain que, quand on est jeune, on se laisse aller à son caractère, sans bien s'en rendre compte. Clopinet n'était pourtant pas le même enfant qui avait mené six mois cette vie de sauvage; il était maintenant relativement très-instruit, il savait le pourquoi des choses qui lui avaient plu autrefois. Il avait aimé la mer, les rochers, les oiseaux, les fleurs et les nuages avant de savoir en quoi ces choses sont belles. L'étude et la comparaison lui avaient appris ce que c'est que le beau, le terrible et le gracieux. Il en jouissait donc doublement, et il eût pu se savoir quelque gré d'avoir aimé la nature avant de la comprendre; mais il était modeste comme tous ceux qui vivent de contemplation et d'admiration : c'est la nature qu'il remerciait d'avoir bien voulu se révéler à lui sans le secours de personne.

Comme si cette puissante dame nature eût voulu lui faire fête en lui donnant le spectacle dont elle l'avait régalé trois ans auparavant, le premier soir de son installation dans la falaise, il y eut au coucher du soleil un grand entassement de nuages noirs bordés de feu rouge, et la mer fut toute phosphorescente.

Quand il fut retiré dans la grotte, le vent s'éleva et la fête devint un peu brutale. Des torrents de pluie ruisselèrent autour de l'ermitage; mais la lune aimable et coquette quand même mit encore des diamants verts dans le feuillage qui en festonnait l'entrée. Clopinet dormit au milieu du vacarme, et il prenait plaisir à se trouver réveillé de temps en temps par le fracas du tonnerre. Un de ces éclats de foudre fut pourtant si violent qu'il en ressentit la commotion et se trouva sans savoir comment debout à côté de son lit. Mille cris plaintifs remplissaient l'air au-dessus de lui, et un instant après il se sentit littéralement fouetté par une quantité de grandes ailes qui s'agitaient sans bruit autour de lui dans sa grotte. C'était le campement de ses voisins qui avait été frappé par la foudre. Les femelles éperdues avaient quitté leurs œufs brisés, et, poussées par le vent, elles venaient s'abattre dans le jardin de Clopinet et se réfugier, avec des clameurs d'épouvante et de désolation, presque dans sa demeure. Il en eut une grande pitié, et, se gardant bien de les repousser, il se recoucha et se rendormit au milieu de ces pauvres oiseaux dont quelques-uns à demi morts gisaient sur son lit.

Dès que le jour parut, tout ce qui avait encore des ailes s'envola, mais plusieurs étaient démontés, quelques-uns éborgnés, d'autres morts ou mourans. Clopinet soigna de son mieux ses tristes hôtes et alla ensuite voir le désastre de la colonie. Il fut témoin des cris et des lamentations des couveuses cherchant en vain leurs œufs, et il essaya de réparer quelques nids; mais le fluide électrique avait cuit ce qui n'était pas brisé, et la colonie, voyant qu'il n'y avait plus d'espérance, s'appela avec de certains cris de détresse, se rassembla sur une roche où elle parut tenir conseil, puis avec des sanglots d'adieu, prit son vol sur la mer et disparut dans les brumes, sans qu'il fût possible de voir ce qu'elle était devenue.

Clopinet, ne les voyant pas revenir le lendemain ni les jours suivants, pensa qu'ils avaient dit adieu, pour toujours peut-être, à cette côte inhospitalière. Il retourna à ses malades, et en peu de temps ils se trouvèrent apprivoisés, mangèrent dans sa main, se laissèrent toucher, gratter et réchauffer, puis se mirent à marcher autour de lui, et à s'installer, les uns dans la grotte pour dormir, les autres dans le jardin pour se ranimer au soleil. Chose étrange, ils parurent avoir oublié le désastre de leur progéniture, n'essayèrent pas d'aller voir ce qu'elle était devenue, répondirent par de petites notes tristes et enrouées à l'appel bruyant de ceux qui partaient, et se résignèrent à la domesticité comme à une existence nouvelle contre laquelle il était inutile de protester.

Clopinet se trouvait à même d'étudier une chose qui l'avait toujours passionné, le degré d'intelligence qui se développe chez les animaux quand l'instinct ne peut plus suffire à leur conservation. Il passa la journée tantôt à observer ces convalescents plus ou moins estropiés qui se donnaient à lui, tantôt à recueillir des hôtes emplumés d'autres espèces qu'il trouva gisants de tous côtés en parcourant la falaise.

La tempête en avait amené qu'il n'avait pas encore vus de près, des spatules, des cormorans et des blongios. Le soir, sa grotte en était remplie, il dut leur donner tout le reste de son pain et se coucher à jeun.

Le lendemain au matin, il courut déjeuner à Auberville, le village où il s'était approvisionné autrefois, et il en rapporta de quoi pourvoir aux besoins de son infirmerie. Il y eut dans la journée des décès et des guérisons. Il alla encore recueillir des estropiés sur les hauteurs et il put voir les individus libres et bien portants guetter son passage pour recueillir les miettes qu'il laissait derrière lui. Quelque jours suffirent pour les rendre familiers comme autrefois. Clopinet crut reconnaître dans ceux qui s'apprivoisèrent le plus vite les mêmes qui avaient été déjà apprivoisés par lui.

Mais il remarqua toujours une grande différence de caractère entre les oiseaux qui, tout en s'habituant à l'approcher, restèrent indépendants et ceux que des blessures ou l'évanouissement produit par la foudre avaient mis sous sa dépendance. Ces derniers devinrent confiants avec lui jusqu'à l'importunité. La privation du vol ou de la marche rapide développa en eux un sentiment d'égoïsme et de gourmandise insatiable, tandis que les premiers restaient actifs et fiers. Clopinet se prit de préférence pour ceux-ci, et, bien qu'il soignât davantage ceux qui avaient plus besoin de lui, il ne pouvait s'empêcher de mépriser un peu leur abnégation facile.

Pourtant la pitié le retenait auprès d'eux, il espérait les remettre tous en état de se reprendre à la vie sauvage. Il était trop exercé à reconstruire leur charpente osseuse pour ne pas connaître très-bien leur anatomie, et il réussissait avec une merveilleuse adresse à remettre les pattes et les ailes cassées; mais ceux qui furent ainsi raccommodés, et qui, au bout de bien peu de jours, furent capables d'aller chercher leur vie, furent si mal accueillis par les libres, qu'ils revinrent tout penauds se réfugier dans les jambes de Clopinet, et qu'il eut à repousser et à réprimander vertement les insulteurs qui voulaient les plumer ou les mettre en pièces. Dans ces combats étranges où il dut prendre part, je vous laisse à penser s'il observa avec intérêt toutes les allures et manières de ces personnages emplumés.

Enfin Clopinet songea, au bout de la semaine, à quitter la falaise et à retourner chez son patron. Il était dans tous les cas bien temps de songer à la retraite, la falaise avait été fort endommagée par le dernier orage. Près du nid foudroyé des roupeaux, une nouvelle fissure s'était faite, et les marnes délayées par la pluie commençaient à couler jusque dans le jardin de Clopinet. Ce fut un chagrin pour lui, car ce petit creux était rempli de bonne terre végétale où jadis il s'était amusé à cultiver les plus jolies plantes des terrains environnants, des genêts, des vipérines superbes, des érythrées maritimes d'un jaune éclatant, de délicieux statices d'un lilas pur et d'une taille élégante, et ces jolis liserons-soldanelle, à corolle rose vif rayée de blanc, à feuilles épaisses et lustrées, qui étalent leurs festons gracieux jusque dans les sables mouillés par la marée. En l'absence de Clopinet, tout cela avait prospéré et s'était répandu jusqu'au seuil de la grotte, et tout cela allait pour jamais disparaître sous l'envahissement implacable de la marne lourde et compacte, stérile par elle-même et stérilisante quand elle n'est pas mêlée et bien incorporée à des terres d'autre nature. Et puis, avec un peu de temps, ou peut-être très-vite, sous l'action des agents extérieurs comme la pluie et la foudre, elle devait combler tout le jardin et toute la grotte. Clopinet était trop attentif et trop habitué à surveiller l'état des glissements de cette marne pour craindre d'être trop brusquement surpris par elle. Pourtant il ne dormait plus, comme on dit, que d'un œil, et il comptait les jours en se disant : — Voici encore une belle journée qui sèche toute cette boue; mais, s'il pleut demain, il me faudra peut-être déloger vite et regarder la fin de mon petit monde.

Dans cette attente, pour sauver ses oiseaux du désastre, il résolut de les porter au curé de Dives, sachant qu'il aimait à conserver des bêtes vivantes, tandis que le baron de Platecôte les aimait mieux mortes et empaillées. Le curé était plus naturaliste, le baron plus collectionneur. Clopinet, certain que le curé donnerait des soins à ces volatiles, s'en alla couper des bûchettes dans la campagne et se mit à confectionner un panier assez grand pour emporter tout son monde sans l'étouffer; mais il songea que ce serait trop lourd pour lui seul, car il y avait de très-grands oiseaux, et il s'en alla louer un âne qu'il fit grimper jusqu'à l'entrée de son jardin, prêt à se mettre en route avec lui le lendemain matin.

X

La nuit fut très-mauvaise et la marne gagna beaucoup. Clopinet dut se lever avant le jour; il rassembla toutes ses bestioles, les fit déjeuner, les mit avec soin dans le panier garni d'herbe, les chargea sur le bât de l'âne, qu'il fit bien déjeuner aussi, et, le soutenant de son mieux, il lui fit descendre la falaise jusqu'au bord de la mer. Il avait calculé son temps de manière à se trouver là au moment où la marée, commençant à descendre, lui permettrait de suivre la plage pour gagner Dives ; mais quand l'âne entendit la mer de si près, car il faisait encore trop sombre pour qu'il pût bien la voir, il fut pris d'une si belle peur qu'il resta tout tremblant, les oreilles couchées en arrière, sans vouloir avancer ni reculer. Clopinet était fort patient, et au lieu de le battre il le caressa, afin de lui donner le temps de s'habituer au bruit des vagues.

En ce moment, il lui sembla voir sur la grande Vache-Noire, qui montrait toujours son dos au-dessus des vagues, quelque chose de fort extraordinaire. Il ne faisait pas encore assez clair pour qu'il pût distinguer ce que c'était. Cela avait comme un petit corps avec de longues pattes qui remuaient. Clopinet pensa que c'était un poulpe gigantesque, et la curiosité de voir un animal si extraordinaire lui fit abandonner l'âne et avancer de ce côté. Cela remuait toujours, tantôt une patte, tantôt l'autre, mais le corps semblait collé au rocher. Clopinet craignait pourtant que cet animal incompréhensible ne s'en détachât avant qu'il eût pu l'observer et le définir. Il se déshabilla vite, jeta ses vêtements sur l'âne, qui ne bougeait point, et se mit à la mer; mais la houle était très-forte et l'empêchait d'avancer autrement qu'en s'accrochant aux roches éparses et submergées qu'il connaissait parfaitement. Enfin il put aller assez près pour voir que ce poulpe était un homme cramponné au sommet de la Grosse-Vache et donnant des signes non équivoques de détresse; mais quel homme singulier! Il était si effroyablement bâti que, malgré l'émotion qu'il éprouvait, Clopinet songea au tailleur grotesque qui avait été la terreur de son enfance. Lui seul pouvait être aussi laid que l'être difforme dont il apercevait la grosse tête et les longs membres étiques à travers ses habits mouillés et collants. Il nagea vers lui, et crut entendre une voix qui lui criait : A moi, à moi! Clopinet atteignit la dernière roche qui s'élève avant la Grosse-Vache et qui se montrait à son tour au-dessus de l'eau. Il n'était plus qu'à une très-courte distance du naufragé, et il put s'assurer, grâce au jour qui augmentait rapidement, que c'était bien le misérable bossu dont il avait conservé un souvenir plein de dégoût et d'aversion, quoiqu'il ne l'eût pas revu depuis trois ans. Il lui cria : — Ne bougez pas, attendez-moi!

Ce fut inutile ; soit que Tire-à-gauche n'entendît pas, soit que la marée en se retirant l'emportât malgré lui, il fit un suprême effort pour tendre ses longs bras à Clopinet, et lâcha prise; en un clin d'œil, il fut entraîné par la vague qui tourbillonnait autour du rocher et disparut. Clopinet, debout sur celui où il s'était arrêté pour reprendre haleine, resta un moment indécis et comme glacé par l'effroi de la mort. On pense vite dans ces moments-là ; il comprit que le tailleur éperdu allait, s'il lui portait secours, se cramponner, s'enlacer à lui comme une véritable pieuvre et l'entraîner au fond en l'empêchant de nager. Mourir comme cela tout d'un coup, d'une mort affreuse, lui si jeune et si curieux de la vie, pour avoir voulu porter un secours inutile à un être aussi sournois, aussi méchant et aussi laid que ce tailleur, c'était de la folie. Clopinet hésita un instant, — un instant bien court, car il se fit dans ses oreilles un bruit mélodieux qu'il reconnut aussitôt : c'était le chant énergique et tendre de ses petits amis les esprits ailés de la mer, et ces voix caressantes lui disaient : — Tes ailes, ouvre tes ailes! nous sommes là !

Clopinet sentit ses ailes de courage s'ouvrir toutes grandes, grandes comme celles d'un aigle de mer, et il sauta dans la vague furieuse. Il ne sut jamais comment il avait pu ressaisir le tailleur au milieu de l'écume qui l'aveuglait, lutter avec lui, vaincre avec une force surnaturelle la lame énorme qui l'emmenait au large, enfin revenir à la Grosse-Vache et y tomber épuisé sur le corps du naufragé évanoui.

Tout cela se passa comme dans un rêve ; mais dans ce moment-là, malgré toute l'instruction qu'il avait acquise, personne n'eût pu persuader à Clopinet que les bons génies qui l'avaient assisté autrefois ne s'en étaient point mêlés encore cette fois-ci. Il se releva vite en leur criant : — Merci, merci, mes bien-aimés !

— Il retourna le tailleur sur le ventre et le tint couché, la tête en bas, pour lui faire rendre l'eau qu'il avait bue; il le frotta de toute sa force jusqu'à ce qu'il vit qu'il retrouvait la respiration. Au bout de cinq minutes, Tire-à-gauche revint tout à fait à lui, et, voulant parler, fit de grands cris par suite du dernier étouffement qu'il avait à combattre. Il voulait se rejeter à l'eau pour gagner plus vite la terre; il était comme fou. Clopinet réussit à le maintenir en le battant ferme du plat de la main, ce qui acheva de le ranimer.

— Ayez confiance, lui dit Clopinet quand il put lui faire comprendre quelque chose; dans un instant, cette roche sera toute découverte, et nous retournerons à pied sec à la côte. J'ai réussi à vous réchauffer un peu; si vous vous refroidissez à présent, vous mourrez.

Tire-à-gauche se soumit, et au bout d'un quart d'heure il était sur le rivage et se séchait à fond, tout en mangeant le pain de Clopinet devant un bon feu d'herbes sèches que ce brave enfant avait allumé sur un ressaut de la dune où la marée ne montait pas.

C'est alors que le tailleur put raconter à Clopinet comment, malgré son horreur pour la mer, il s'était laissé surprendre et emporter par elle. — Il faut, lui dit-il, que je t'avoue une chose. Je vivais mal de mon état, et depuis le jour où je t'avais vu paré de trois belles plumes de roupeau, je n'avais plus d'autre ambition que celle de découvrir la cachette de ces oiseaux précieux. J'en voyais bien voler au-dessus et autour de cette maudite falaise, mais je n'osais point m'y risquer; quoique je marche et grimpe très-joliment, Dieu ne m'a point donné le courage, et je n'osais ni me risquer tout seul, ni me donner comme toi au diable.

— Monsieur le tailleur, dit Clopinet en lui passant sa gourde, buvez un coup; vous avez besoin d'éclaircir vos idées, car vous êtes un imbécile de croire au diable, et, quand vous prétendez que je me suis donné à lui, je vous déclare, sans vouloir vous offenser, que vous mentez comme un chien.

Le tailleur, qui était querelleur et vigoureux au combat, baissa la tête et fit des excuses, car il avait trouvé son maître.

— Mon cher monsieur Clopinet, dit-il, je vous dois de faire encore l'ornement de ce monde, je vous en suis reconnaissant, et les femmes vous béniront.

— Puisque vous avez de l'esprit et que vous vous moquez agréablement de vous-même, je vous pardonne, reprit Clopinet.

Mais le tailleur ne se moquait point. Il se croyait très-bien de sa personne, et il assura très-sérieusement que les belles le trouvaient aimable et se disputaient son cœur. Clopinet fut alors pris d'un si bon rire qu'il en tomba sur le dos en se tenant les flancs et tapant des pieds. Le tailleur se fût bien fâché s'il l'eût osé, mais il n'osa pas et continua son récit.

— Ce sont les aventures qui m'ont perdu, dit-il; vous pouvez en rire, mais il n'est que trop vrai que j'ai quitté le pays pour obéir à une veuve qui voulait m'épouser. Elle m'avait fait accroire qu'elle était riche, et j'allais consentir, quoiqu'elle ne fût pas de la première jeunesse, quand je découvris qu'elle n'avait pas le sou, pas même de quoi me payer une misérable dette de cabaret! Je l'ai donc plantée là, et je revenais par ici, la mort dans l'âme, le gousset vide et le ventre creux, forcé de demander un morceau de pain au boulanger de Villers, lorsque hier soir l'idée me vint de chercher les plumes de roupeau auxquelles j'avais toujours songé. Ce boulanger m'apprit que vous en aviez vendu pour trois mille écus au seigneur de Platecôte, lequel vous avait adopté pour son domestique et son héritier. Voilà du moins ce qu'on raconte dans le pays. Alors je me mis en tête, dussé-je me tuer, de trouver les roupeaux que l'on voyait voler par ici et qu'il fallait surprendre avant le jour lorsqu'ils quittent le bord de la mer. Je partis de Villers à minuit, pensant arriver aux Vaches-Noires avant la marée; mais il faut croire que le coucou du boulanger retarde, ou qu'il m'avait fait un peu boire, car c'est un homme d'esprit qui aime les gens instruits et qui n'a pas été fâché de me faire goûter son cidre, tout en causant le soir avec moi. Enfin, que le cidre ou le coucou, ou le diable s'en soit mêlé, j'ai été surpris par la marée avant que le jour ne parût, et emporté sur cette roche où sans vous je serais mort.

— C'est-à-dire, répondit Clopinet, qu'avec un peu de sang-froid et de raisonnement vous fussiez resté sans danger jusqu'au départ de la marée. Enfin vous voilà sain et sauf, prenez ces deux écus et allez en paix, j'ai assez de votre compagnie.

Le tailleur se confondit en remercîments; il eût baisé les mains de Clopinet, si Clopinet l'eût laissé faire. La mer était loin, l'âne se trouvait tout rassuré et tout disposé pour transporter à Dives la ménagerie destinée à M. le curé; Clopinet avait aussi ramassé beaucoup de plantes que son ami le pharmacien lui avait désignées en le priant de les lui rapporter; il y en avait une grosse botte attachée sur le derrière du baudet. Le tailleur, bien que congédié, ne s'en allait pas, et regardait la cage et la gerbe de plantes avec une curiosité pleine de convoitise.

— Vous pouvez, lui dit Clopinet, vous rendre utile et gagner quelque chose en ramassant des herbes comme celles-ci; quant aux oiseaux de la dune, quels qu'ils soient, je vous défends de leur tendre des piéges et de troubler leurs couvées.

— Pourtant, dit avec une timidité sournoise le tailleur attentif, les oiseaux du rivage sont à tout le monde. Il y a là, dans cette cage, des roupeaux magnifiques. Vous les avez pris, ils sont à vous; mais il en reste, et si vous aviez pitié d'un pauvre homme, vous lui diriez où ces oiseaux se cachent pendant le jour, et par quel moyen on peut y arriver sans périr, car enfin vous voilà, et vous venez de faire cette riche capture.

— Monsieur Tire-à-gauche, répondit Clopinet, vous voulez faire ce que je vous défends et vous ne craignez pas de me déplaire après ce que j'ai fait pour vous. Eh bien! écoutez ce qui vous attend, si vous voulez escalader la falaise!

— Quoi donc? dit le tailleur incrédule.

— Vous n'entendez rien?

— J'entends qu'il tonne du côté de Honfleur.

— Il ne tonne pas, c'est la falaise qui croule, marchons!

Clopinet fit doubler le pas à son âne, et le tailleur prit sa course en avant. Quand il se vit loin du danger, il s'arrêta terrifié par un bruit formidable, et, se retournant, il vit crouler tout un pan de cette montagne avec un banc de roches énormes qui furent lancées au loin dans la mer, où elles mêlèrent un effrayant troupeau de vaches blanches au sombre troupeau des vaches noires, leurs devancières. Clopinet s'était arrêté et retourné aussi. Il avait vu rouler, avec ce banc de roches, les débris de maçonnerie de son ermitage et de son observatoire.

— Monsieur Tire-à-gauche, dit-il au tailleur quand il l'eût rejoint, j'avais là une maison de campagne, un jardin, et les roupeaux à discrétion tout près de moi; allez en prendre possession, si vous voulez!

Le tailleur confus secoua la tête. Il était à

jamais guéri de la fantaisie de surprendre les oiseaux de mer et d'escalader les falaises.

Clopinet fut triste en continuant sa route. Il avait aimé cet ermitage comme on aime une personne. Les privations qu'il y avait subies, les dangers qu'il y avait bravés, les rêves agréables ou effrayants qu'il y avait eus se représentaient à lui comme des liens de cœur qu'un désastre inévitable et longtemps prévu venait de rompre sans retour. Dame nature, pensa-t-il, n'est pas toujours une hôtesse bien commode, elle a des lois très-rudes qu'on prendrait pour des caprices, si on ne les comprenait pas. Il faut l'aimer quand même, car ce qu'elle vous ôte quelque part, elle vous le rend ailleurs, et je retrouverai bien quelque jour un trou où je pourrai vivre encore tête à tête avec elle.

Clopinet fit l'école buissonnière le long de la plage. C'était son dernier jour de congé, et il n'arriva à Dives que le soir, afin qu'on ne vît pas son chargement d'oiseaux. Il le porta mystérieusement au presbytère en priant le curé de ne pas dire au baron d'où lui venait cette richesse. — Je m'en garderai bien! s'écria le curé enchanté. Il n'aurait pas de repos qu'il ne m'eût arraché toutes ces charmantes bêtes vivantes pour en faire des momies. Il ne les verra pas, sois tranquille!

Clopinet laissa le curé et sa servante se démener bien avant dans la soirée pour bien loger leurs nouveaux hôtes, et il alla porter les plantes à l'apothicaire; enfin il s'en retourna coucher, le cœur gros, au manoir de Platecôte.

XI

Le lendemain, le baron le trouvait à son poste au laboratoire. Il avait bonne mine et paraissait guéri ; mais deux jours plus tard le pauvre enfant était aussi pâle et aussi accablé qu'auparavant. Pressé de questions, il répondit enfin à son protecteur : — Monsieur le baron, il faut me laisser partir, je ne peux plus vivre ici. J'ai cru qu'un peu d'air et de promenade suffirait à ma guérison, je me suis trompé. Il me faut plus de temps que cela. Il me faut un an, peut-être davantage, je ne sais pas. Retirez-moi vos bienfaits, je n'en suis plus digne ; mais ne me haïssez pas, j'en mourrais de chagrin et ne pourrais profiter de la liberté que vous m'auriez laissée.

Le baron, voyant Clopinet si affecté, se montra tout à fait brave homme, et, le consolant de son mieux, lui jura qu'il ne cesserait jamais de s'intéresser à lui ; mais, avant de se rendre à la nécessité de le voir partir pour longtemps, peut-être pour toujours, car la vie de voyages est pleine de dangers, il exigea que l'enfant lui ouvrît tout à fait son cœur. Il lui supposait quelque arrière-pensée et ne comprenait pas du tout son amour pour la solitude.

— Eh bien ! répondit Clopinet, je vais tout vous dire, au risque de vous paraître idiot ou fou. J'aime les oiseaux, entendons-nous, les oiseaux vivants, et il me faut vivre avec eux ; j'aime bien à les voir en peinture, car la peinture donne une idée de la vie, et il me semble qu'un jour je pourrais devenir capable de représenter par le dessin et la couleur les êtres que j'aurai eu le temps de bien voir et de bien comprendre ; mais l'empaillage m'est devenu odieux. Vivre au milieu de ces cadavres, disséquer ces tristes chairs mortes, faire le métier d'embaumeur, je ne peux plus, il me semble que je bois la mort et que je me momifie moi-même. Vous admirez la belle tournure et le lustre que je sais donner à ces oiseaux. Pour moi, ce sont des spectres qui me poursuivent dans mes rêves et me redemandent la vie que je ne puis leur donner et quand je passe le soir dans la galerie vitrée, il me semble les entendre frapper le verre de leurs becs pour me réclamer la liberté de leurs ailes, que j'ai liées avec mes fils de fer et de laiton. Enfin ces fantômes me font horreur, et je me fais horreur à moi-même de les créer. Je n'ai pourtant pas à me reprocher leur mort, car je n'ai jamais tué qu'un oiseau, un seul, pour le manger, pressé que j'étais par la faim. Je ne me le suis jamais pardonné, et j'ai juré de n'en pas tuer un second ; mais il n'en est pas moins vrai que je vis de la mort de tous ceux que je prépare, et cette idée me trouble et me poursuit comme un remords. Et puis,... et puis... il y a encore autre chose que je n'ose pas, que je ne saurais peut-être pas vous dire.

— Qu'est-ce qu'il y a encore? demanda le baron ; il faut me dire tout comme à ton meilleur ami.

— Eh bien! repartit Clopinet, il y a sur la mer et sur ses rivages des voix qui me parlent et que personne autre que moi ne sait entendre. On croit et on dit que les oiseaux font entendre des cris d'amour ou de peur, de colère ou d'inquiétude, qui ne s'adressent jamais aux êtres d'une autre espèce, et que les hommes n'ont pas besoin de comprendre. C'est possible ; mais comme il y en a que je comprends et qui me disent ce que je dois faire quand j'hésite devant mon devoir, je pense qu'il y a autour de nous de bons génies qui prennent à nos yeux certaines formes et empruntent certaines voix pour nous montrer leur amitié et nous bien conduire. Je ne prétends pas qu'ils fassent des miracles, mais ils nous en font faire en changeant, par leurs bonnes inspirations, nos instincts d'égoïsme et de lâcheté en élans de courage et de dévoûment. Cela vous étonne, mon cher patron, et pourtant je vous ai quelquefois entendu dire en beau langage que, dans l'étude de la science, la nature nous parlait par toutes ses voix, qu'elle nous détachait ainsi de l'ambition et de la vanité, enfin qu'elle nous conservait purs et nous rendait meilleurs. J'ai bu vos paroles, et ces voix de la nature, je les ai entendues. Je me suis enivré de leur magie, je ne puis vivre sans les écouter. Elles ne me parlent point ici ; laissez-moi partir. Elle me commanderont certainement de revenir vous apporter le résultat de mes découvertes, comme déjà elles m'ont commandé d'aller faire soumission à mes parents, et je reviendrai ; mais laissez-moi les suivre, car en ce moment elles m'appellent et veulent que je devienne un vrai savant, c'est-à-dire un véritable élève de la nature.

Le baron jugea que Clopinet était jusqu'à un certain point dans le vrai, mais qu'il avait l'imagination malade et qu'il fallait le laisser se distraire par le mouvement des voyages. Il s'occupa avec lui de tout ce qui pouvait lui faciliter une traversée, et, l'ayant bien muni d'argent, d'effets et d'instruments, il l'embarqua sur un de ces gros bateaux qui, deux ou trois fois par an, font encore le voyage de Dives à Honfleur. Là, Clopinet s'embarqua lui-même pour l'Angleterre, d'où il passa en Écosse, en Irlande et dans les autres îles environnantes. Libre et heureux dans les sites les plus sauvages, étudiant tout et se rendant compte de toutes choses par lui-même, il songea au retour et revint au bout d'un an, rapportant au baron un trésor d'observations nouvelles qui contredisaient souvent les affirmations des naturalistes, mais n'en étaient pas moins aussi vraies qu'ingénieuses.

L'année suivante, après avoir passé quelques semaines dans sa famille et chez ses amis, Clopinet s'en alla en Suisse, en Allemagne et jusque dans les provinces polonaises, russes et turques. Plus tard, il visita le nord de la Russie et une partie de l'Asie, achetant partout les oiseaux que les gens du pays tuaient à la chasse, et les momifiant pour les envoyer au baron, dont la collection devint une des plus belles de France; mais Clopinet se tint à lui-même la parole qu'il s'était donnée de ne rien tuer et de ne rien faire tuer pour son service. C'était sa manie, et la science y perdit peut-être quelques échantillons précieux qu'avec moins de scrupule il eût ou se procurer. En revanche, il l'enrichit de tant de documents justes et nouveaux qui redressaient des erreurs longtemps consacrées, que le baron n'eut point à se plaindre. Il se fit longtemps honneur de toutes les découvertes de son élève, et publia ses notes sous forme d'ouvrages scientifiques où il oublia de le nommer. Clopinet n'y trouva point à redire, n'ayant aucune ambition personnelle et se trouvant parfaitement heureux de satisfaire sa passion pour la nature. Le baron, parvenu à une certaine réputation, ce qui avait été le but de toutes ses dépenses et de toutes ses commandes, ne fut pourtant pas ingrat envers Clopinet : il mourut en l'instituant son légataire universel. Ses neveux intentèrent un grand procès à ce misérable petit cuistre, qui avait capté, selon eux, la faveur du défunt : le testament était en bonne forme, et Clopinet eût peut-être emporté gain de cause; mais il n'aimait pas les querelles, et il accepta la première transaction qui lui fut offerte. On lui laissa le manoir et le musée, avec assez de terre pour y vivre modestement et pouvoir voyager avec économie.

Il se tint pour privilégié de la fortune et de la destinée. Il put faire le tour du monde pendant que sa famille et celle de son oncle Laquille habitaient son château, où il revint de temps en temps pour entretenir avec un soin pieux la collection de son bienfaiteur. Il vieillit dans ce mouvement perpétuel, disparaissant des années entières sans donner de ses nouvelles, car il faisait de longues stations dans des endroits si sauvages, qu'il lui était impossible de correspondre avec personne. Il revenait toujours doux, tranquille, facile à vivre, obligeant et généreux au-delà de ses moyens. Des naturalistes qui l'avaient rencontré dans ses lointaines excursions, entre autres M. Levaillant, racontèrent de lui des traits d'une grande bonté et d'un courage extraordinaire ; cependant, comme il n'en parla jamais lui-même, on ne sut pas bien si cela était arrivé.

Il vécut longtemps sans infirmités, mais une fatigue excessive et le froid qu'il éprouva en étudiant les mœurs de l'eider en Laponie le rendirent boiteux comme il l'avait été dans son enfance. Habitué à un grand exercice et ne pouvant plus s'y livrer, il songea qu'il n'avait plus beaucoup d'années à vivre, et s'occupa d'envoyer à divers musées les oiseaux de sa collection et une foule de notes anonymes que les savants estimèrent beaucoup sans savoir d'où elles leur venaient.

Autant la plupart des autres aiment à se produire et à faire parler d'eux, autant Clopinet aimait à se cacher. Il ne pouvait pourtant pas s'empêcher a être aimé et respecté par les gens du pays, qui l'appelaient M. le baron, et se seraient jetés à la mer seulement pour lui faire plaisir. Il fut donc très-heureux, occupa ses derniers loisirs à faire d'excellents dessins qui furent vendus cher et fort admirés après sa mort Quand il se sentit près de sa fin, affaibli et comme averti, il voulut revoir la grande falaise. Il n'était pas très-vieux, et sa famille n'avait pas d'inquiétude réelle sur son compte. Ses fidèles amis, le pharmacien et le curé, étaient beaucoup plus âgés que lui, mais ils étaient encore verts, et ils lui offrirent de l'accompagner. Il les remercia en priant qu'on le laissât seul. Il promettait de ne pas aller loin sur la plage, on connaissait son goût pour la solitude, on ne voulut pas le gêner.

Le soir venu, comme il ne rentrait pas, ses frères, ses neveux et ses amis s'inquiétèrent. Ils partirent avec des torches, le curé et le pharmacien suivirent François du mieux qu'ils purent. On chercha toute la nuit, on explora la côte tout le lendemain et on s'informa tous les jours suivants. Les dunes furent muettes, la mer ne rejeta aucun cadavre. Une vieille femme, qui pêchait des crevettes sur la grève au lever du jour, assura qu'elle avait vu passer un grand oiseau de mer dont elle n'avait jamais vu le pareil auparavant, et qu'en rasant presque sa coiffure, cet oiseau étrange lui avait crié avec la voix de *M. le baron :* — Adieu, bonnes gens ! ne soyez point en peine de moi, j'ai retrouvé mes ailes.

LE GÉANT YÉOUS

A MA PETITE FILLE

GABRIELLE SAND

Et toi aussi, mon petit enfant rose, tu casseras des pierres sur le chemin de la vie avec tes mains mignonnes, et tu les casseras fort bien, parce que tu as beaucoup de patience. En écoutant l'histoire du géant Yéous tu vas comprendre ce que c'est qu'une métaphore.

I

Lorsque j'habitais la charmante ville de Tarbes, je voyais toutes les semaines à ma porte un pauvre estropié appelé Miquelon, assis de côté sur un petit âne et suivi d'une femme et de trois enfants. Je leur donnais toujours quelque chose, et j'écoutais toujours sans impatience l'histoire lamentable que Miquelon récitait sous ma fenêtre, parce qu'elle se terminait invariablement par une métaphore assez frappante dans la bouche d'un mendiant. « Bonnes âmes, disait-il, assistez un pauvre homme qui a été un bon ouvrier et qui n'a pas mérité son malheur. J'avais une cabane et un bout de terre dans la montagne; mais un jour que je travaillais de grand cœur, la montagne a croulé et m'a traité comme me voilà. Le géant s'est couché sur moi. »

La dernière année de mon séjour à Tarbes, je remarquai que, depuis plusieurs semaines, Miquelon n'était pas venu chercher son aumône, et je demandai s'il était malade ou mort. Personne n'en savait rien. Miquelon était de la montagne, il demeurait loin, si toutefois il demeurait quelque part, ce qui était douteux. Je mis quelque insistance à m'informer, je m'intéressais surtout aux enfants de Miquelon, qui étaient beaux tous trois. J'avais remarqué que l'aîné, qui avait déjà une douzaine d'années, était très-fort, paraissait fier et intelligent, que par conséquent il eût pu commencer à travailler. J'avais fait reproche aux parents de n'y pas songer. Miquelon avait reconnu son tort, il m'avait promis de ne pas trop prolonger cette école de la mendicité, qui est la pire de toutes. Je lui avais offert de contribuer et de faire contribuer quelques personnes à l'effet de placer cet enfant dans une école ou dans une ferme. Miquelon n'était pas revenu.

Quinze ans plus tard, ayant depuis longtemps quitté ce beau pays, je m'y retrouvai de passage, et, comme je pouvais disposer de quelques jours, je ne voulus pas quitter les Pyrénées sans les avoir un peu explorées. Je revis avec joie une partie des beaux sites qui m'avaient autrefois charmé.

Un de ces jours-là, voulant aller de Campan à Argelez par un chemin nouveau pour moi, je m'aventurai à pied dans les vallées encaissées entre les contre-forts du pic du Midi et ceux du pic de Mont-Aigu. Je ne pensais pas avoir besoin de guide : les torrents, dont je n'avais qu'à suivre le lit avec mes jambes ou avec mes yeux, me semblaient devoir être les fils d'Ariane destinés à me diriger dans le labyrinthe des gorges. J'étais jeune encore, rien ne m'arrêtait : aussi, quand j'eus gravi jusqu'au charmant petit lac d'Ouscouaou, je me laissai emporter par la tentation d'explorer la crête rocheuse au revers de laquelle je devais trouver un autre lac et un autre torrent, le lac et le torrent d'Isaby et par conséquent les sentiers qui redescendent vers Villongue et Pierrefitte. Pensant que j'aurais toujours le temps de reprendre cette direction, je pris sur ma droite et m'enfonçai dans une coulisse resserrée que côtoyait, en s'élevant, un sentier de plus en plus escarpé.

C'est là que je me trouvai en face d'un beau montagnard, très-proprement vêtu de laine brune, avec la ceinture rouge autour du corps, le béret blanc sur la tête et les espadrilles de chanvre aux pieds. Comme nous ne pouvions nous croiser sur ce sentier sans que l'un de nous s'effaçât, le dos un peu serré à la muraille de roches, je pris position pour laisser passer cet homme, qui paraissait plus pressé que moi ; mais, tout en soulevant son bonnet d'un air poli, il s'arrêta au lieu de passer et me regarda avec une attention singulière. Je l'examinais aussi, croyant bien ne pas rencontrer son regard pour la première fois, mais ne pouvant me rappeler où et quand j'avais pu remarquer sa figure.

— Ah ! s'écria-t-il tout à coup d'un ton joyeux, c'est vous ! je vous reconnais bien ; mais vous ne pouvez pas vous rappeler... Pardon ! je passe devant; inutile de nous croiser, à deux pas d'ici le chemin est plus commode; je veux vous demander de vos nouvelles. Je suis content, bien content de vous retrouver !

— Mais qui êtes-vous, mon ami? lui dis-je; j'ai beau chercher...

— Ne causez pas ici, reprit-il; vous avez pris un mauvais sentier; vous n'êtes pas un montagnard. Il faut penser où l'on met le pied. Suivez-moi; avec moi, il n'y a pas de danger.

En effet, le sentier devenait vertigineux; mais j'étais jeune et j'étais naturaliste, je n'avais pas besoin d'aide. Cinq minutes plus tard, le sentier tourna et entra dans une des rainures sauvages qui aboutissent en étoile au massif du Mont-Aigu. Là il y avait assez d'espace pour marcher côte à côte, et je pressai mon compagnon de se nommer.

— Je suis, me dit-il, Miquel Miquelon, le fils aîné du pauvre Miquelon, le mendiant qui allait vous voir tous les jours de marché à Tarbes, et à qui vous donniez toujours avec un air d'amitié qui me faisait plaisir, car dans ce malheureux métier-là on est souvent humilié, ce qui est pire que d'être refusé.

— Comment? C'est vous, mon brave, qui êtes ce petit Miquel?.. En effet, je reconnais vos yeux et vos belles dents.

— Mais pas ma barbe noire, n'est-ce pas? Tutoyez-moi encore, s'il vous plaît, comme autrefois. Je n'ai pas oublié que vous me vouliez du bien; vous n'étiez pas riche, je voyais ça, et pourtant vous auriez payé pour me mettre à l'école; mais le pauvre père est mort là-dessus, et il s'est passé bien des choses.

— Raconte-les-moi, Miquel, tu parais sorti de la misère, et je m'en réjouis. Pourtant, si je puis te rendre quelque service, l'intention y est toujours.

— Non, merci ! Après bien des peines, tout va bien pour moi à présent. Cependant vous pourriez me faire un grand plaisir.

— Dis !

— Ce serait de venir dîner chez moi !

— Volontiers, si ce n'est pas trop loin d'ici, et si je peux arriver ce soir à Argelez, ou tout au moins à Pierrefitte.

— Non, il n'y faut pas songer. Ça n'est pas bien loin, ma maison, mais c'est un peu haut ; il est déjà quatre heures, et pour redescendre de ce côté-ci au soleil couché, non, c'est trop dangereux ! Je vois bien que vous avez bon œil et bon pied ; mais je ne serais pas tranquille. Il faut que vous passiez la nuit chez moi. Voyons, faites-moi cet honneur-là ! Vous ne serez point trop mal. C'est pauvre, mais c'est propre. Oh ! j'ai trop souffert des vilains gîtes dans mon enfance pour ne pas aimer la propreté. D'ailleurs vous ne mourrez pas de faim : j'ai tué un isard, il n'y a pas huit jours ; la viande est à point. Venez, venez ! Si vous refusez, j'en aurai un chagrin que je ne peux pas vous dire.

Ce bon Miquel était si sincère, il avait une si agréable figure que j'acceptai de grand cœur, et j'aurais accepté de même, s'il eût fallu coucher sur la litière et souper avec le lait aigre et le pain dur des chalets.

Tout en marchant, je le questionnais ; il refusa de répondre. — Nous entrons dans le plus dur de la montagne, me dit-il, il ne faut pas causer, ce n'est ni commode ni prudent. Quand nous serons chez moi, je vous raconterai toute mon histoire, qui est assez drôle, et vous verrez! A présent mettez vos pieds où je mets les miens, ou plutôt — je n'ai pas le pied grand — mettez mes espadrilles par-dessus vos bottines; vous n'êtes pas chaussé comme il faudrait.

— Et tu iras pieds nus?
— Je n'en marcherai que mieux!

Je refusai, il insista; je m'obstinai et je le suivis, piqué un peu dans mon amour-propre..Je dois avouer pourtant que j'eus quelque mérite à m'en tirer sans accident. Nous escaladions à pic des talus pénibles pour descendre des ravins glissants. Nous traversions des neiges qui cachaient des cailloux polis roulant sous le pied. Le pire était de suivre des versans tourbeux sur des sentiers tracés, c'est-à-dire défoncés par les troupeaux.

Enfin nous débouchâmes tout à coup, après une dernière escalade des plus rudes, sur un bel herbage qui offrait une large voie ondulée entre de fraîches collines surmontées de contre-forts hardiment dessinés. Nous étions dans le cœur, ou pour mieux dire, dans les clavicules de la montagne, dans ces régions mystérieuses que renferment les grands escarpements, et où l'on se croirait dans les doux vallons d'une tranquille Arcadie, si çà et là une échancrure du rempart ne vous laissait apercevoir une dentelure de glacier à votre droite ou un abîme formidable à votre gauche.

— A présent que nous voici *dans le pli*, me dit Miquelon, nous pouvons causer. Vous êtes chez moi, ce vallon m'appartient tout entier. Il n'est pas large, mais il est assez long, et la terre est bonne, l'herbe délicieuse. Tenez, vous pouvez voir là-bas mes cabanes et mon troupeau. Nous habitons cela une partie de l'année, et l'hiver nous descendons dans la vallée.

— Tu dis *nous*, tu es donc en famille?

— Je ne suis pas marié. J'ai mes deux jeunes sœurs avec moi ; je ne suis pas encore assez à l'aise pour avoir femme et enfants avant qu'elles ne soient établies. Ça viendra sans doute, rien ne presse ; nous vivons en paix. Je vous les présenterai, ces petites que vous avez vues si misérables. Ah dame! elles aussi sont changées! mais voyez d'abord mes belles vaches en passant.

— Certainement; elles font honneur à ton pâturage; cependant il ne doit pas être facile de les faire descendre d'ici?

— C'est très-aisé au contraire. A l'autre bout de mon petit bien, il y a un sentier que j'ai rendu très-praticable. Celui où je vous ai rencontré n'est pas le bon; il fallait bien le suivre ou vous faire faire un trop grand détour.

— J'allais au hasard: mais toi, tu avais un but, et je te l'ai fait manquer?

— Et j'en suis bien content, j'aurais voulu avoir quelque chose à sacrifier au plaisir de vous voir; mais l'affaire que j'avais à Lesponne peut être remise à demain.

Nous arrivions à l'enclos en palissade qui était comme le jardin de l'habitation. A vrai dire, les légumes n'étaient pas variés, je crois qu'il n'y avait que des raves; le climat, à cette hauteur, est trop froid pour mieux faire; en revanche, les plantes sauvages étaient intéressantes, et je me promis de les examiner le lendemain matin. Miquel me pressait d'entrer dans sa demeure, qui, au milieu des chalets de planches destinés au bétail, avait un air de maison véritable. Elle était bâtie tout en marbre rougeâtre brut, avec une forte charpente très-basse, couverte de minces feuillets de schiste en guise de tuiles; elle pouvait braver les deux mètres de neige sous lesquels elle était ensevelie tous les hivers. A l'intérieur, des meubles massifs en sapin, deux bonnes chambres bien chauffées. Dans l'une, les sœurs couchaient et travaillaient à la confection des repas; dans l'autre, Miquel avait son lit, un vrai lit, sans draps il est vrai, mais garni de couvertures de laine fort propres, une armoire, une table, trois escabeaux et une douzaine de volumes sur un rayon.

— Je vois avec plaisir que tu sais lire, lui dis-je.

— Oui, j'ai appris un peu avec les autres, et davantage tout seul. Quand la volonté y est! mais permettez que j'aille chercher mes sœurs.

Il me laissa seul après avoir jeté dans l'âtre une brassée de branches de pin, et je regardai ses livres, curieux de voir en quoi consistait la bibliothèque de l'ex-mendiant. A ma grande surprise, je n'y trouvai que des traductions de poëmes de premier choix: la Bible, l'*Iliade* et l'*Odyssée*, la *Luisiade*, *Roland furieux*,

Don Quichotte et *Robinson Crusoé*. A la vérité, pas un seul de ces ouvrages n'était complet; leur état de délabrement attestait leurs longs services. Quelques feuillets brochés contenaient en outre la légende populaire des quatre fils Aymon, diverses versions espagnoles et françaises sur le thème de la chanson de Roland, enfin un petit traité d'astronomie élémentaire très-éraillé, mais complet.

Miquel rentra avec ses sœurs Maguelonne et Myrtile, deux grandes filles de dix-huit et vingt ans, admirablement belles sous leurs capulets de laine écarlate, et très-proprement endimanchées pour me recevoir. Après avoir rentré leurs vaches, elles s'étaient hâtées de faire cette toilette en mon honneur; elles n'en firent pas mystère, n'y ayant point mis de coquetterie. Après que nous eûmes renouvelé connaissance, bien que l'aînée seule se souvînt vaguement de moi, l'une s'empressa d'aller mettre le cuissot d'isard à la broche, tandis que l'autre dressait la table et arrangeait le couvert. Tout était fort propre, et le repas me parut excellent, le gibier cuit à point, les fromages exquis, l'eau pure et savoureuse, le café passable, — car il y avait du café; — c'était le seul excitant que se permît le patron; il ne buvait jamais de vin.

Je trouvai les sœur charmantes de naturel et de bon sens. L'aînée, Maguelonne, avait l'air franc et résolu; Myrtile, plus timide, avait une douceur touchante dans le regard et dans la voix. Plus occupées de nous bien servir que d'attirer l'attention, elles parlèrent peu, mais toutes leurs réponses furent sages et gracieuses. Quand le couvert fut enlevé : — Êtes-vous fatigué ? me dit Miquel ; voulez-vous dormir, ou apprendre mon histoire ?

— Je ne suis pas fatigué. Je veux ton histoire ; je l'attends avec impatience.

— Eh bien donc ! reprit-il, je vais vous la dire, — et se tournant vers ses sœurs, — vous la connaissez de reste, vous autres.

— Nous ne la connaissons pas assez, répondit Maguelonne.

— C'est-à-dire, ajouta Myrtile, ça dépend... Nous la connaissons toute d'une manière ; mais de l'autre... tu ne la contes jamais autant que nous voudrions.

Mes yeux étonnés demandaient à Miquel l'explication de cette réponse profondément obscure ; celui-ci, s'adressant à Maguelonne : — Fais comprendre cela à notre hôte, dit-il. La petite ne parle pas mal ; mais toi, tu parles mieux, étant l'aînée.

— Oh ! je ne saurai pas expliquer la chose, s'écria Maguelonne en rougissant.

— Si fait, lui dis-je, je vous prie d'expliquer, et je vous promets des questions, si je ne comprends pas tout de suite.

— Eh bien ! répondit-elle, un peu confuse, voilà ce que c'est : mon frère ne raconte pas mal quand il dit les choses comme elles sont pour tout le monde ; mais, quand il les dit comme il les a vues et comme il les entend, il est plus amusant, et il y a des jours où on ne se lasse pas de l'écouter. Dites-lui d'avoir confiance, peut-être qu'il trouvera au bout de sa langue des imaginations comme il en lit dans ses livres.

Je priai Miquel de se livrer à son imagination, puisque l'imagination devait jouer un rôle dans son récit. Il se recueillit un instant, tout en attisant le feu, regarda ses sœurs avec un bon et fin sourire, et tout à coup, l'œil brillant et le geste animé, il parla ainsi.

II

— Il y a sur les flancs du Mont-Aigu, à cent mètres au-dessus de nous, — je vous montrerai cela demain, — un plateau soutenu par un contre-fort de rochers et creusé en rigole, comme celui où nous sommes, avec de beaux herbages, quand la neige est fondue. Il y fait plus froid, l'hiver y est plus long, voilà toute la différence. Ce plateau a un nom singulier : on l'appelle le plateau d'Yéous. Pourriez-vous me dire ce que ce nom-là signifie ?

Après avoir réfléchi un instant : — J'ai ouï dire, lui répondis-je, que beaucoup de montagnes des Pyrénées avaient été consacrées à Jupiter ou *Zeus*, dont il faut, je crois, prononcer le nom *Zéous*...

— Vous y êtes! reprit Miquel avec joie. Vous voyez, mes sœurs, que je n'ai pas inventé cela, et que les gens instruits me donnent raison. A présent, monsieur mon ami, dites-moi si vous vous souvenez de la phrase qui terminait toujours la complainte de mon pauvre père demandant l'aumône.

— Je me la rappelle très-bien. « Le géant, disait-il, s'est couché sur moi. »

— Alors vous allez comprendre. Mon père était un *poëte;* il avait été élevé par les vieux bergers espagnols sur les hauts pâturages de la frontière, et tous ces hommes-là avaient des idées, des histoires, des chansons, qui ne sont plus du temps où nous vivons. Ils savaient tous lire, et plusieurs savaient du latin, ayant étudié pour être prêtres; mais ils n'en avaient pas su assez, ou ils avaient commis quelque faute contre les règlements, ou bien encore ils avaient été compromis dans des affaires politiques : tant il y a que c'est une race à peu près perdue, et qu'on ne croit plus, dans nos pays, à toutes les choses qu'ils enseignaient, à leurs secrets et à leur science. Mon père y croyait encore, et, comme il avait l'esprit tourné aux choses merveilleuses, il m'avait élevé dans ces idées-là. Ne soyez donc pas étonné s'il m'en reste.

Je suis venu au monde dans cette maison, c'est-à-dire dans l'emplacement qu'elle occupe, car c'était alors une simple cabane comme celle où j'abrite mon bétail. Mon père était propriétaire d'une partie de cet enclos, qu'il appelait sa *rencluse.* Plus haut il y a la rencluse d'Yéous, où il me menait quelquefois pour voir, d'après l'état des neiges, si nous devions prolonger ou abréger notre séjour dans la montagne. Or, toutes les fois que nous passions devant le géant, c'est-à-dire devant une grande roche dressée qui, vue de loin, avait un peu l'air d'une statue énorme, il faisait un signe de croix et m'ordonnait de cracher en me donnant l'exemple. C'était, selon lui, faire acte de bon chrétien, attendu que ce géant Yéous, qui donnait son nom au plateau, était un dieu païen, autant dire un démon ennemi de la race humaine. Longtemps le géant, ainsi expliqué, me fit peur; mais à force de cracher en l'air à son intention, voyant qu'il souffrait ces insultes sans bouger, j'arrivai à le mépriser profondément.

Un jour, — j'avais alors huit ans, je me souviens très-bien, — c'était vers midi, mon père travaillait dans notre petit jardin, ma mère et mes sœurs, — Maguelonne, qui déjà savait traire et soigner les vaches, Myrtile, qui commençait à marcher seule, — étaient au bout de la rencluse avec les animaux ; moi, j'étais occupé à battre le beurre à deux pas de la maison. Voilà qu'un bruit comme celui de la foudre court sur ma tête avec un coup de vent qui me renverse, et je tombe étourdi, assourdi, comme assommé, bien que je n'eusse aucun mal. Je reste là immobile pendant un bon moment sans rien comprendre à ce qui m'arrive.

Des cris affreux me réveillent. Je me lève, et, me trouvant en face de la maison, je ne la vois plus : elle est effondrée sur le sol, écrasée sous des pierres énormes qui, poussées par d'autres, commencent à s'ébranler et à rouler vers moi. Je comprends que c'est quelque chose comme une avalanche, et je me sauve, éperdu, sans savoir où je vais. J'arrive auprès de ma mère et de mes sœurs, qui m'appelaient avec des cris de désespoir. Je me retourne alors, l'écroulement s'est arrêté ; le géant Yéous n'est plus sur son contrefort de rochers, il s'est abattu sur notre maison et couvre de sa masse disloquée notre jardin et la plus grande partie de notre enclos. Alors ma mère : — Ton père ? où est ton père ?

— Mon père ? je ne sais pas.

— Malheur ! il est écrasé ! Reste là, garde les petites ; moi, je cours ! — Et ma pauvre mère de courir vers ces masses encore mal assises et menaçantes. Ne pas la suivre était bien impossible. Je range les enfans dans un gros repli du terrain, je leur défends de bouger et je cours aussi à travers l'éboulement, cherchant et appelant mon père. Je dois dire à l'honneur de ces deux filles que voilà qu'elles firent semblant de m'obéir, et qu'un moment après elles couraient, comme moi, dans les débris, la grande traînant la petite, cherchant et appelant comme elles pouvaient. De temps en temps, nous suspendions nos cris pour écouter ; cela dura bien une bonne heure ; enfin j'entends une faible plainte, je m'élance, et je trouve mon pauvre père étendu sous une masse et ne pouvant se dégager. Comment il n'avait pas été broyé entièrement, c'est un hasard peu ordinaire : la roche formait voûte au-dessus de sa tête et de son corps. Le choc lui avait brisé les os de la jambe et du bras droit, voilà pourquoi il ne pouvait se relever et sortir de là. Il avait fait tant d'efforts inutiles et douloureux qu'il était épuisé et qu'il s'évanouit en nous voyant. Nous parvînmes à le retirer. Ma mère était comme folle. Que devenir avec un homme à moitié mort dans ce désert où il ne nous restait pas un abri, pas un pouce de terr qui ne fût couvert de débris, pas un meuble qui ne fût brisé ?

Maguelonne ne perdit pas la tête ; elle me montra les cabanes de la rencluse, c'est-à-dire de l'étage de terre végétale qui est au-dessous de nous, et se mit à courir comme un chamois de ce côté-là. Je compris qu'elle allait chercher du secours et je commençai à rassembler des morceaux de bois pour faire un brancard. Quand les habitants des cabanes d'en bas accoururent, ils n'eurent qu'à les lier ensemble, et mon père fut transporté chez eux aussi vite que possible. Le médecin fut appelé, et mon père fut bien soigné ; mais il avait fallu du temps pour avoir ces secours : l'enflure avait fait des progrès, le bras fut très-mal remis, et la jambe avait été si déchirée qu'il fallut la couper. Voilà comment ce brave homme tomba dans la misère et dut abandonner le travail, acheter un âne et mendier sur les chemins avec sa famille. Nous avions bien, au bas de la vallée, non loin de Pierrefitte, une petite maison d'hiver ; mais le plus clair de notre revenu, c'était nos vaches, et nous n'avions plus de quoi les nourrir. Il fallut vendre les deux qui nous restaient : les trois autres, épouvantées par la chute du géant, s'étaient tuées et perdues dans les précipices.

Ma mère répugnait beaucoup à la mendicité. Elle eût voulu chercher quelque travail à la ville et garder mon père au coin du feu ; mais il ne pouvait souffrir l'idée de rester tranquille, et il regardait l'exhibition de son malheur comme un travail devant lequel il ne devait pas reculer pour nourrir sa famille. C'était bien une sorte de travail en effet que d'être sans cesse et par tous les temps sur les chemins. Pour ma mère, qui avait à traîner et à porter souvent la petite, c'était même assez pénible ; pour moi, qui n'avais qu'à conduire et à soigner l'âne, c'était une vie de loisir et de paresse. C'était aussi la tentation de mal faire et la possibilité de devenir bandit ; mais je vous ai dit que mon père était poëte, et je me sers de ce mot parce que, dès ce temps-là, et sans savoir encore ce qu'il signifiait, je l'entendais dire par des gens de belle apparence qui l'écoutaient émerveillés de son langage et de ses idées. Vous étiez très-occupé, vous, jamais vous n'avez eu le temps de l'interroger un peu ; vous eussiez été étonné de son esprit comme les autres.

C'est l'esprit de mon père qui m'a retenu dans le bon chemin. Il m'enseignait à sa manière tout en causant avec moi, et il me faisait voir toutes choses en grand ou en beau, si bien que, quand je vis le mal passer à côté de moi, je le trouvai laid et petit et je lui tournai le dos. Il est vrai pourtant que mon père eût pu m'apprendre à lire et qu'il n'y songeait pas. Cette vie de voyages continuels ne porte pas à l'attention, et je ne désirais pas me donner la peine d'étudier. Puis il faut que vous sachiez que depuis son accident mon père était devenu très-exalté, et qu'il n'avait plus le calme qu'il faut pour enseigner. Il ne nous instruisait que par des histoires, des chansons et des comparaisons, de telle sorte que, mes sœurs et moi, nous avions beaucoup d'entendement sans connaître ni *a* ni *b*. Notre pauvre mère n'en savait pas plus que nous.

Nous parcourions la montagne pendant toute la saison des eaux. Nous allions à Bagnères de Bigorre, à Luchon, à Saint-Sauveur, à Cauterets, à Baréges, aux Eaux-Bonnes, partout où il y a des étrangers riches. L'hiver, nous nous rabattions sur Tarbes, Pau et les grandes vallées. A ce métier-là, recevant beaucoup et dépensant peu, car nous étions tous sobres, nous eûmes en peu d'années regagné plus que nous n'avions perdu. Alors ma mère, qui avait le cœur haut placé, essaya de persuader à mon père que nous n'avions plus le droit d'exploiter la charité publique, que j'étais d'âge à gagner ma vie, et que, quant à elle, elle se faisait fort, aidée de Maguelonne, d'entretenir le reste de la famille par son travail de blanchisseuse. Mon père ne l'écouta pas. Il avait pris goût à cette vie errante, non pas tant parce qu'elle était lucrative que parce qu'elle l'amusait et lui faisait oublier son infirmité. Je pensais comme ma mère; mais nous dûmes céder, et cette vie durerait peut-être encore, si mon pauvre père n'eût pris une fluxion de poitrine dont il mourut en peu de jours. Ce fut pour nous tous un profond chagrin. Encore qu'il contrariât nos désirs, il était si bon, si respectable et si tendre que nous l'adorions.

Après ce malheur, nous revînmes à Pierrefitte, et ma mère, ayant refait là une petite installation, me prit à part et me dit : — Mon enfant, je te dois rendre compte de notre position. Ton père nous a laissé quelque chose. Les pauvres gens comme lui ne font point de testament; il s'est fié à moi, me laissant libre d'agir comme je l'entendrais dans l'intérêt de ses enfants. Je veux que tu saches que nous possédons entre nous quatre environ trois mille francs. J'en ai fait deux parts égales, une pour moi et tes deux sœurs, et l'autre pour toi. — Cela n'est pas juste, lui répondis-je; je n'ai droit qu'à un quart. — Il n'est pas question de droit, reprit-elle. Il s'agit de vos besoins, dont j'ai souci et dont je suis meilleur juge que vous. Mon travail est assuré. Les petites m'aideront, et nous nous tirerons très-bien d'affaire avec la petite réserve que nous gardons; mais tu es un garçon, et c'est à toi de gagner ta vie honnêtement. Je ne compte pas te nourrir et t'entretenir, ce serait te pousser à la lâcheté et à la fainéantise. Avise à te faire un état; je vais te donner cent francs pour que tu puisses chercher ton occupation et la bien choisir. Il sera donc très-juste que dans la suite, quand tu te seras tiré d'affaire sans notre aide, tu en sois dédommagé par une part plus grosse que celle de tes sœurs. Sache qu'à vingt et un ans tu peux revenir chercher ici quatorze cents francs. Si j'étais morte, tu trouverais la somme quand même, puisque je vais la placer en ton nom, et d'ailleurs dans ce temps-là tes sœurs, dont je sais le bon naturel, comprendront la chose et approuveront ce que j'aurai fait.

J'embrassai ma mère et mes sœurs en pleurant, et, mes meilleurs habits au bout d'un bâton sur l'épaule, mes cent francs en poche, je partis, bien triste de quitter ma famille, mais résolu à faire mon devoir.

III

Jusqu'à présent, continua Miquel, je vous raconte les choses comme elles sont; je vous demande la permission de vous les dire maintenant comme elles me sont apparues à partir de ce moment-là, c'est-à-dire à partir du moment où je me trouvai seul au monde, livré à moi-même à l'âge de quinze ans. Ma mère m'avait pourtant donné une direction à suivre. Elle m'avait engagé à aller voir des parents et des personnes qui s'intéressaient à nous et qui me donneraient conseil, assistance au besoin; mais j'avais une idée, une idée d'enfant si vous voulez, mais bien obstinée dans ma cervelle. Je voulais revoir notre pauvre recluse abandonnée, notre cabane détruite, la place où j'avais vu mon père estropié, se débattant sous la roche. Il m'avait si souvent reparlé de cette catastrophe, il en avait tant de fois raconté les détails dans son langage imagé pour attirer l'attention et pour exciter l'intérêt des clients, que je n'avais rien oublié. Je crois même que je me souvenais de plus de choses que je n'en avais remarqué, et que j'avais bâti dans ma tête... Au reste vous verrez tout ce qu'il y avait dans cette tête-là; pas n'est besoin de vous le dire d'avance.

Je marchais droit sur le Mont-Aigu. Nous avions fait tant d'allées et de venues dans nos pèlerinages de mendiants, que je savais bien où j'étais; mais, quand il fut question de quitter les fonds, je fus vite égaré, je ne me souvenais plus. Je grimpai au hasard, et après bien du chemin inutile je me trouvai enfin dans notre rencluse, bien reconnaissable par l'écroulement encore frais qui la couvrait. C'était toujours notre propriété; nous n'avions pas plus songé à la vendre qu'on n'avait pensé à nous l'acheter. Elle n'avait plus aucune valeur. Tout au plus eût-on pu faire paître quelques jours dans l'intervalle des débris; cela ne valait pas la peine et la dépense d'une nouvelle installation.

La perte récente de mon père avait ravivé la tristesse de mes souvenirs, et quand je vis le colosse brisé en mille pièces, mais immobile, paisible et comme triomphant de notre désastre, j'entrai dans une grande colère. — Affreux géant, m'écriai-je, stupide bête d'Yéous, je veux venger mon père, je veux t'insulter et te maudire. Bien des fois, quand j'étais petit, j'ai craché en l'air à ton intention; à présent que je suis grand et que te voilà étendu à mes pieds, je veux te cracher au visage! — Et je m'en allais cherchant dans ces débris celui qui avait pu être la tête du géant. Je crus l'avoir trouvé, je crus reconnaître la roche creuse sous laquelle mon père avait été enseveli, et qui s'ouvrait comme une large bouche, essayant de mordre la terre. Je lui assénai de toute ma force un coup de mon bâton ferré, et alors... alors, croyez-moi si vous voulez, j'entendis une voix sourde qui rugissait comme un tonnerre souterrain et qui disait: — Est-ce toi? que me veux-tu? — J'eus une si belle peur que je me sauvai, croyant à une nouvelle avalanche; mais je revins au bout d'un moment. Je n'avais pas craché, je voulais cracher sur la figure du géant, dût-il m'engloutir, et je lui fis résolûment cette insulte sans qu'il parût s'en apercevoir. — C'est cela, lui dis-je; tu es toujours aussi lâche! Eh bien! je veux te faire rouler dans le torrent pour que tu te brises tout à fait! — Et me voilà poussant cette grosse roche et m'évertuant à l'ébranler.

J'y perdis mon temps et ma sueur, et, quand je vis que je ne gagnais rien, j'essayai de la briser en lui lançant d'autres pierres. J'eus au moins le plaisir de voir que ce n'était pas une roche bien dure, et que mes coups lui faisaient des entailles que je prenais pour des blessures et des plaies. Quand je me fus bien fatigué, je voulus revoir de près les débris de notre cabane, et je fus surpris d'y trouver un petit coin où l'on pouvait s'abriter en cas de pluie; même ce petit coin avait été renfermé par un bout de mur relevé depuis peu par quelque chevrier, mais abandonné après un séjour plus ou moins long, car il n'y avait pas de trace de passage sur l'herbe qui poussait, haute et drue, tout autour de la ruine. Comme le soleil se couchait, je résolus d'y passer la nuit. Je relevai quelques pierres, je bouchai l'entrée, afin de n'être pas surpris par les loups, et, m'asseyant sur un reste de plancher, j'entamai un morceau de pain que j'avais dans mon havre-sac de toile. Puis, me sentant las et ennuyé de la solitude, je m'étendis pour dormir; mais j'avais comme de la fièvre pour avoir trop marché et m'être trop démené;

d'ailleurs je n'étais plus habitué à ce grand silence de la montagne qui ne ressemble à rien et que ne semble pas interrompre le bruit continu des torrents. Je n'étais pas non plus des mieux couchés, et, bien que je ne fusse pas difficile, je me retournais d'un côté sur l'autre sans trouver moyen de m'étendre, tant mon refuge était resserré. Je pris le parti de m'asseoir sur mes talons, et, comme je manquais d'air, je poussai une des pierres que j'avais amoncelées pour me garantir, et regardai dehors pour me désennuyer.

Quelle fut ma surprise de voir que tout était changé dans la rencluse depuis que la lune s'était levée ! Elle était toute verte, toute herbue, et s'il y avait encore quelques roches éparses, elles n'étaient ni plus grosses ni plus nombreuses qu'un petit troupeau de moutons. Je fus si étonné que je sortis de mon refuge pour toucher la terre et l'herbe avec mes pieds et m'assurer que je n'étais plus dans un éboulement, que je foulais la belle prairie d'autrefois et que ce n'était point un rêve. Je me réjouissais encore plus que je ne m'étonnais, lorsque tout à coup, en me retournant, je vis derrière moi, haut comme une pyramide, le géant, dont la base occupait tout le fond de la rencluse à ma gauche. D'abord il me parut tel qu'autrefois, quand il se dressait au bord de la rencluse d'Yéous, au-dessus de la nôtre ; mais, à mesure que je le regardais, il changeait d'apparence : sa base se rétrécissait comme une gaîne, son corps prenait un air de forme humaine, sa tête se dessinait comme une boule. Il ne lui manquait que des bras, et, quand je l'eus encore mieux regardé, je vis qu'il en avait, seulement ils étaient collés à son corps, et rien de tout cela ne bougeait. C'était une vraie statue, mais si haute que je ne pouvais pas distinguer sa figure.

J'aurais dû avoir peur devant une pareille chose ; eh bien ! expliquez cela comme vous voudrez, je n'eus que de la colère. Mon premier mouvement fut de ramasser une pierre et de la lancer au géant. Je ne le touchai pas. J'en lançai une seconde qui effleura sa cuisse, et une troisième qui l'atteignit en plein ventre et rendit un son comme si elle eût frappé une grosse cloche de métal, en même temps qu'un cri rauque, furieux, sauvage, semblait sortir de sa poitrine, répété par tous les échos de la montagne. Ma colère en augmenta, et je le criblai de toutes les pierres qui m'avaient servi à me renfermer. Devenant à chaque essai plus fort et plus adroit, je l'atteignis enfin au beau milieu du visage ; sa tête tomba aussitôt et vint rouler à mes pieds. Je m'élançai dessus pour tenter encore de la briser avec mon bâton ; mais je fus arrêté par une voix grêle qui partait de cette tête monstrueuse et qui faisait entendre un rire sec comme celui d'un petit vieillard édenté. — Est-ce toi, brute, lui dis-je, qui as cette façon ridicule de rire ou de pleurer ? Je vais bien te faire taire ; attends un peu ! — Et j'allais redoubler mes coups, lorsque la tête disparut et se trouva replacée sur les épaules du géant sans que je pusse voir comment il s'y était pris pour la ramasser. Je devins furieux. Je recommençai à l'attaquer à coups de pierres. Je le touchai au bras gauche ; le bras tomba, mais il se trouva replacé au moment où je touchais et faisais tomber le bras droit. Alors je l'attaquai aux jambes, à ses vilaines jambes collées ensemble, et alors le colosse se rompit à la base et s'étendit de tout son long par terre, brisé en mille pièces : alors aussi je reconnus que j'avais fait la plus grande sottise du monde, car la belle prairie avait de nouveau disparu sous les débris, et les premières lueurs du jour me montrèrent la triste recluse engloutie et poudreuse, telle que je l'avais trouvée la veille en arrivant.

J'étais si fatigué, si surmené par la rage de ce combat, qui avait duré toute la nuit, que je me laissai tomber là où je me trouvais, et m'endormis aussi profondément que si j'eusse été moi-même changé en pierre. Quand le soleil, déjà haut et chaud, m'éveilla, je pensai que j'avais fait un rêve terrible, et me pris à réfléchir, tout en mangeant un reste de pain et cueillant ces baies noires qu'on appelle chez nous *raisins d'ours*. Mon rêve, si c'en était un, devait signifier pour moi quelque chose; mais quelle chose? Je cherchais et ne trouvais pas. Il n'y en avait qu'une dont je ne pusse pas douter, c'est que le géant pouvait m'apparaître tant qu'il voudrait, je n'avais pas eu, je n'aurais jamais peur de lui. Je le haïssais pour le mal qu'il avait fait à mon père, et je n'avais qu'une idée: me venger de lui et l'humilier autant qu'il me serait possible.

Au grand jour, je m'assurai que toutes choses autour de moi étaient dans l'état où nous les avions laissées huit ans auparavant, que la maison était bien ruinée, hors de service, la prairie bien écrasée par une montagne de rochers, de pierrailles et de sable, et qu'il n'y avait plus aucun moyen de l'utiliser. En outre, les glaces du plateau d'Yéous, qui autrefois ne descendaient pas jusqu'à nous, s'étaient ouvert un passage l'hiver précédent. On en voyait la trace le long du rocher, la chute du géant ayant creusé une large rigole par où elles glissaient sur notre terrain avec la neige, et cette circonstance était une nouvelle cause de dévastation.

Malgré tant de sujets de découragement, une idée fixe me brûlait la tête. Je voulais reconquérir ma propriété et mettre le géant dehors. Comment? par quels moyens? je ne m'en doutais pas; mais je le voulais.

Tout en rêvassant, je ramassais des pierres et je les jetais les unes sur les autres, essayant de déblayer un coin, ne fût-il grand que comme mon corps. Je voulais voir si le sol était ensablé trop profondément pour recouvrer son ancienne fertilité. Je fus surpris de trouver de l'herbe très-épaisse dans les endroits où la pierre ne portait pas à plat. Cette herbe n'était même que trop vigoureuse, car elle pourrissait dans l'humidité, les eaux n'ayant plus d'écoulement et formant partout des flaques ou de petits marécages. La terre étant humide et légère, j'y pus plonger mes mains profondément et m'assurer que c'était toujours de la bonne terre, susceptible de bien produire, si elle pouvait être assainie par des rigoles bien dirigées.

En une heure, je déblayai à peu près un mètre. Je

me reposai un instant et repris mon travail avec plus d'ardeur. Vers le soir, je mesurai mon ouvrage, j'avais nettoyé environ six bons mètres de terrain. Il est vrai que c'était à l'endroit le moins épais et dans la pierre menue. — C'est égal, pensai-je, qui sait ce que je pourrais faire avec le temps?

La faim me pressait : je descendis à la rencluse de Maury, celle qui est au-dessous d'ici et qui est habitée presque toute l'année. Ses cabanes avaient changé de maîtres. Je n'y connaissais plus personne et personne ne m'avait jamais connu; mais j'avais de l'argent, et, bien que pour me donner le souper et le couvert on ne me demandât rien, je parlai de payer ma dépense. Je tenais à n'être pas à charge, comptant m'installer là pour quelques jours.

Le père Bradat, maître berger des troupeaux de cette rencluse, était un vieux brave homme qui, tout en m'accueillant avec beaucoup de bonté, s'étonna de mon idée, d'autant plus que je me gardais bien de lui en dire le fond. — Tu cherches donc de l'ouvrage chez nous? me dit-il. Par malheur, mon enfant, j'ai le monde qu'il me faut et ne puis t'employer.

— Je ne cherche pas d'ouvrage pour le moment, lui dis-je, j'en ai; j'ai aussi quelque argent pour attendre, et, comme je vois que vous me prendriez peut-être pour un vagabond qui veut se cacher dans la montagne avec l'idée de faire ou de cacher quelque sottise, je vais vous dire tout de suite qui je suis. Avez-vous entendu parler de Miquelon?

— Oui, c'est un nom connu ici, parce que le plateau qui est au-dessous de nous, et qui s'appelait, m'a-t-on dit, la Verderette, a pris le nom de rencluse à Miquelon, depuis l'accident arrivé à ce pauvre homme. Je ne suis ici que depuis quatre ans, on m'a raconté la chose.

— Eh bien! ce pauvre homme était mon père, et cette pauvre rencluse est ma propriété. J'ai été élevé dans cet endroit-là. Je ne l'avais pas revu depuis l'âge de huit ans, et j'ai un plaisir triste à m'y retrouver. J'y ai passé la nuit dernière et je voudrais y retourner demain, peut-être après-demain encore.

— Si c'est comme cela, dit le vieillard, tu resteras chez moi la semaine et davantage, si tu veux, et je ne recevrai pas de paiement, car je suis ton débiteur.

— Comment?

— C'est comme cela. J'ai envoyé souvent mes chèvres pâturer dans ta rencluse, et je n'avais pas ce droit-là ; seulement, l'endroit étant abandonné, je pensais ne faire tort à personne en ne laissant pas perdre le peu d'herbe qui y pousse encore ; c'est bien peu ; mais enfin c'est quelque chose, et je me disais que, si quelqu'un venait réclamer, j'étais prêt à lui payer la petite dépense de mes bêtes. Te voilà, c'est pour le mieux ; reste et garde ton argent. Je suis content de m'acquitter.

Je dus accepter. Il me donna place à la soupe et à la paille au milieu de ses gars. J'étais las, je dormis bien, et au petit jour je me mis en route pour ma rencluse, avec du pain et un morceau de lard pour ma journée.

Ce jour-là je ne travaillai que de mon esprit. Je

voulais calculer, chose bien impossible, combien il me faudrait d'heures de travail pour déblayer ma rencluse. Si j'avais su, comme je le sais aujourd'hui, mettre des chiffres sur du papier les uns au-dessous des autres, l'entreprise n'eût pas été absolument déraisonnable ; mais je ne savais que les mettre dans ma tête les uns au bout des autres, et j'en eus pour longtemps. Je ne m'y pris pourtant pas trop mal, je mesurai patiemment avec mon bâton la superficie du terrain, et, gravant mes nombres avec la pointe de mon couteau sur une roche tendre, inventant des signes à mon usage pour remplacer les chiffres, par exemple une croix simple pour 100, une croix double pour 200, et ainsi de suite, je parvins dans la journée non à savoir, mais à supposer sans trop d'erreur, combien de mètres je possédais en long et en large. Les jours suivants, il s'agit de calculer combien je mettrais de temps pour faire l'ouvrage facile. Je trouvai deux ans, à cinq mois de travail par an, vu que la neige n'en permet pas davantage. Il s'agissait ensuite d'évaluer la durée du travail difficile, et pour cela il fallait l'entreprendre.

J'empruntai à mon hôte une masse de fer, et j'attaquai les grosses pièces. C'était de la roche calcaire pas trop dure, et je fis ce travail de cantonnier sans m'apercevoir de la fatigue. J'étais heureux et fier de mettre en miettes le gros ventre du géant. Je voulais faire mon mètre dans la journée, je le fis. Alors je me trouvai si las que je ne songeai point à descendre et résolus de passer encore la nuit chez moi, afin d'être tout rendu le lendemain.

J'étais à peine endormi sous mon reste de hangar, que je fus réveillé par le géant, qui cette fois se promenait tranquillement de long en large. Avant de l'examiner, je regardai le sol, et je le vis absolument déblayé et couvert de sa belle verdure. Il faisait encore un peu jour, le couchant était encore un peu rouge, et les neiges du haut montaient toutes roses dans le ciel bleu. Je me mis à observer le monstre, dont le pas ébranlait la terre; il ne paraissait pas faire attention à moi et je me tins coi pour surprendre ses habitudes. J'étais décidé à ne pas agir follement comme la première fois et à savoir s'il ne lui prendrait pas fantaisie de s'en aller de lui-même, puisque maintenant il avait le pouvoir de marcher. Il devait être ennuyé des coups que je lui avais donnés dans la journée.

En effet, il voulait s'en aller, et il essaya de remonter le plateau d'Yéous; mais il s'y prenait fort mal: au lieu de faire un détour, il prétendait escalader le plus rapide du rocher et suivre la même route qu'il avait prise autrefois pour descendre. Il n'eut pas fait deux enjambées le long de l'escarpement, qu'il tomba sur ses genoux, le nez par terre, en rugissant et en criant d'une voix formidable : — Personne ne viendra donc m'aider à remonter chez moi? — En deux sauts, je fus près de lui, et, saisissant son épouvantable main accrochée à une pointe de rocher : — Voyons, lui dis-je, tu sais bien que je suis ton maître; obéis-moi, prends un autre chemin, et va-t'en !

— Eh bien ! relève-moi, répondit-il, prends-moi sur tes épaules et porte-moi là-haut.

— Vous manquez de raison, je ne pourrais pas seulement soulever un de vos doigts; mais je vous tourmenterai si bien...

— Ne peux-tu me laisser tranquille, petit? Je me trouve bien ici, j'y reste. Seulement je veux dormir sur le dos; aide-moi.

Je lui allongeai un coup de pied dans les reins, et, en se retournant, il me montra sa grosse vilaine figure toute couverte d'un lichen blanchâtre. Le voyant ainsi à ma merci, je sentis se rallumer toute la haine que je lui portais, et ne pus résister au désir de lui plonger mon bâton dans la gueule. Il ne parut pas s'en apercevoir; mais une petite voix imperceptible sortit de cette caverne qui lui servait de bouche, et, prêtant l'oreille, j'entendis que cette voix disait:
— Oh! le méchant garçon qui déchire ma toile et qui a manqué m'écraser!

— Qui es-tu? dis-je en retirant mon bâton avec précaution et en appliquant mon oreille sur la bouche du géant.

— Je suis la petite araignée des mousses, répondit la voix. Depuis que j'existe, je demeure ici; je travaille, je file, je chasse; pourquoi me déranges-tu?

— Va-t'en filer et chasser ailleurs, ma mie; le monde est assez grand pour toi.

— Je pourrais t'en dire autant, reprit-elle. Pourquoi tourmenter ce rocher qui m'appartient? N'y a-t-il pas place ailleurs pour ta personne?

En ce moment, le géant, que je recommençais à chatouiller avec ma trique, éternua et chassa au loin l'araignée, tandis que, poussé comme par l'ouragan, je dégringolais au bas du rocher.

Quand je fus là, je rentrai en moi-même. Puisque cette petite araignée avait vécu toute sa vie dans la gueule du géant sans s'inquiéter de ses caprices, et qu'elle y eût vécu toujours, si je ne l'eusse dérangée, pourquoi ne m'arrangerais-je pas pour vivre à côté de mon ennemi, sans exiger qu'il allât plus loin ? N'était-il pas fort bien là étendu sur son dos, les pieds appuyés sur les blocs qui avaient été jadis son piédestal, et le corps placé de manière à arrêter la glissade des neiges? Je remontai vers lui, et me plaçant contre une de ses larges oreilles, car ma voix devait lui sembler aussi faible que m'avait semblé celle de l'araignée : — Tu prétends, lui dis-je, que tu es bien là, et que tu veux y rester ?

— Oui, répondit la formidable voix qui paraissait lui sortir du ventre; j'y resterai quand tu m'y auras fait mon lit.

— Ah ! vraiment, il faut un lit à monsieur ! repris-je en éclatant de rire, un lit de duvet peut-être ?

— Je me contenterai d'un bon lit de sable; mais il faut un creux pour ma tête, un creux pour chacun de mes membres, et surtout un grand creux pour mes reins, afin que je puisse dormir sans glisser. Allons, vite, arrange-moi ça, et tâche que je sois bien, sinon je retournerai m'étendre dans ton pré, où, sauf que tu me chatouilles de temps en temps en essayant de me travailler, je ne me trouve point mal.

— Il est de fait, dit une voix humaine à côté de

moi, que la chose la plus raisonnable à faire, serait de le mettre là et de l'y asseoir de la bonne manière. Il servirait de digue aux glaces d'en haut, et je ne sache pas d'endroit où il te gênera moins, car de le reporter à son ancienne place, tu n'y peux songer, et de le sortir autrement de ta recluse, tu n'en as pas le droit.

— Comment? répliquai-je sans me soucier de savoir qui me parlait de la sorte, je n'en ai pas le droit? Il a donc le droit, lui, de s'emparer de mon terrain?

— Il n'avait que le droit du plus fort, reprit la voix; mais tu ne l'as pas, toi, car la loi est plus forte que l'homme, et si tu te débarrassais de ton ennemi pour le faire rouler chez tes voisins, tu en serais empêché ou puni.

— Et si je le poussais aux abîmes?

— Il n'y a pas d'abîme qui ne soit la propriété de quelqu'un, et d'ailleurs, au fond de tout abîme, il y a une eau courante qui est la propriété de tout le monde, et que tu n'as pas le droit d'arrêter ou de détourner. Il faut donc que tu gardes ton géant, et puisque ce revers de montagne t'appartient, c'est là qu'il faut le porter pierre à pierre. De cette façon, il te deviendra utile au lieu de te nuire.

J'allais répondre qu'il n'était pas nécessaire de l'y porter, puisqu'il s'y était mis de lui-même, lorsqu'une clarté se fit dans mes yeux, et je reconnus que j'étais assis dans la cabane de mon vieil hôte, devant la cheminée, et que c'était lui qui causait avec moi. — Allons, dit-il, tu parles un peu comme un garçon qui rêverait tout éveillé; cependant, quoique tu dises drôlement les choses, tu as d'assez bonnes idées. Viens souper, tu es rentré tard, mais je t'ai attendu, et nous causerons encore avant de dormir.

Je ne savais plus où j'en étais, et je me sentais trop honteux pour rien dire. Avais-je rêvé, tout en revenant au gîte, que j'étais aux prises avec le géant, qu'une petite araignée m'avait parlé, que le géant m'avait fait ses conditions, et avais-je eu la sottise de raconter tout cela au père Bradat? Ou bien toutes ces choses m'étaient-elles arrivées au coucher du soleil, et le géant, qui à coup sûr était magicien, m'avait-il transporté à la cabane Bradat sans que je me fusse aperçu de rien?

Quand j'eus un peu mangé : — Qu'est-ce que nous disions donc tout à l'heure? demandai-je au vieux berger.

— Voyons, tu t'endors? répondit-il; tu ne t'en souviens déjà plus? Tu te fatigues trop après ce rocher. Tu es trop jeune pour faire tout seul un si gros ouvrage.

— Combien donc pensez-vous qu'il faudrait de monde pour en venir à bout?

— Ça dépend du temps que tu voudrais y mettre. En deux saisons, je pense qu'une douzaine de bons ouvriers en viendraient à bout.

— Une douzaine? Êtes-vous sûr? Je pensais qu'à moi tout seul...

— Tu rêvais! Il en faut bien douze, et en beaucoup d'endroits il faudra faire jouer la mine pour faire éclater les grosses roches.

— Faire jouer la mine? m'écriai-je. Voilà une idée

qui me plaît. Oui, oui, lui mettre le feu sous le ventre,... il faudra bien qu'il s'en aille.

— Sans doute, car il ne s'en ira pas tout seul.

— Il s'en ira, vous dis-je! c'est un paresseux qui ne veut pas s'aider ou un imbécile qui ne sait ce qu'il fait; mais quand il sentira la poudre...

— C'est un rocher : il se fendra; mais il faudra tout de même faire une manière de chaussée avec les morceaux, et cela coûtera beaucoup d'argent. Est-ce que tu es riche?

— J'ai cent francs.

Le père Bradat se prit à rire. — Ce n'est pas assez, dit-il; il t'en faudrait au moins dix fois autant.

— J'aurai cela un jour.

— Eh bien! attends ce jour-là.

— Vous pensez donc que ce ne serait pas une folie de vouloir reprendre mon domaine à ce géant?

— Dame! la terre est une chose bonne et sainte; quand on l'a, c'est dommage d'être forcé d'y renoncer. Dieu n'aime pas qu'on l'abandonne tant qu'on peut la disputer à la glace et à la pierre.

— C'est-à-dire aux méchants esprits! Eh bien! je la disputerai à ce démon bête et cruel qui a voulu massacrer mon père et qui m'a détruit ma maison. C'est lui qui m'a fait mendiant, errant sur les chemins pendant toute mon enfance, pendant que lui, le brutal, l'idiot, il dormait son lourd sommeil sur notre prairie. Il en sortira, je vous dis! Je le déteste trop pour le souffrir là, à présent que je commence à être un homme, et quand j'y mangerais ce que j'ai, ce que je dois avoir, quand mon bien ne vaudrait pas ce qu'il me coûtera, tant pis! Il y a sept ans que je maudis ce géant; je mettrai, s'il le faut, sept ans à le châtier et à le chasser!

— Tu es un drôle de garçon, dit le vieux berger. Comme tu te montes la tête, toi! Je ne hais pas cela, j'y vois que tu aimais ton père, que tu as de la fierté et du courage : nous reparlerons de ton idée. Si je pouvais t'aider,... mais je suis trop pauvre et trop vieux.

— Vous pouvez m'aider : vendez-moi votre masse de fer.

— Je te la prête pour rien. Je n'en ai pas besoin. Elle est lourde, laisse-la dans ta rencluse, où personne n'ira la dérober pendant la nuit. On a trop peur du géant.

— On en a peur? Voilà ce que je ne savais pas! On sait donc qu'il se relève la nuit et qu'il marche?

— On le dit; moi, je ne le crois point. J'ai servi en Afrique et j'ai fait la guerre, c'est te dire qu'habitué à ne point craindre le canon, je ne m'amuse point avoir peur des pierres.

— Mais je n'en ai pas peur non plus, père Bradat! Je suis bien sûr que ce géant est un diable, et c'est pour cela que je suis décidé à lui faire la guerre, comme vous l'avez faite aux Bédouins.

— Allons, reprit le vieux berger, c'est comme tu voudras. Il se fait tard, il faut dormir.

Le jour suivant, comme je montais à ma rencluse, j'entendis qu'il m'appelait. — Ne va pas si vite! me dit-il, je veux aller avec toi. Je marche doucement, mais j'arrive tout de même, et je veux voir ce fameux géant. Je ne monte pas souvent là-haut, et n'ai jamais fait grande attention à cette pierraille; peut-être te donnerai-je un bon avis.

Quand il eut tout examiné : — Il y a, dit-il, dix fois plus d'ouvrage que je ne pensais. Ce n'est pas en deux saisons que dix bons ouvriers pourraient déblayer cela. Il faudrait aussi une quantité de poudre... Si tu veux m'en croire, tu y renonceras; tu y mangerais tout ce que tu as, et tu ne serais pas payé de tes peines.

— N'avez-vous pas ouï dire pourtant, père Bradat, que l'herbe de ce pâturage était le meilleur échelon de la montagne? Mon père me l'a tant répété que je le crois.

— Je ne dis pas non. Le peu qui y pousse encore est de première qualité; mais quand tu auras déblayé, je suppose, il faudra fumer, et pour fumer il faut un troupeau; il faut même bien vite un fort troupeau, car l'ancien engrais est tout perdu, et c'est un pâturage à recommencer en terre vierge. Si tu es bien riche, si tu as quatre mille francs par exemple...

— Je n'en ai pas la moitié.

— Alors n'entreprends pas cela, ce serait ta ruine. Qu'est-ce que c'est que ces chiffres-là sur le rocher?

— C'est moi qui les ai inventés pour calculer...

— Ah! je compreds. Tu ne sais donc pas écrire?

— Ni lire non plus.

— C'est un malheur. Tu devrais apprendre, ça t'aiderait plus que tous tes coups de masse sur la pierre.

— Je ne dis pas non! Si vous vouliez m'apprendre...

— Je n'en sais pas long; mais c'est mieux que rien, et quand tu voudras...

Je commençai le soir même en devançant d'une heure ma rentrée à la cabane de Bradat. Le plus grand des gars qui servaient le vieux berger, voyant que j'avais bon vouloir, m'enseigna aussi, et je dois dire que, s'il était moins patient que le vieux, il en savait davantage. C'est comme cela que je commençai à en comprendre assez pour être à même de m'exercer tout seul. J'emportai bientôt un livre avec moi, et en prenant, sur le midi, une heure de repos, j'étudiais avec une grande attention et un entêtement aussi solide que celui qui m'attachait au travail de ma rencluse.

Le père Bradat, voyant que ses prudents conseils n'avaient rien changé à ma résolution, prit son parti de ne plus m'en détourner; seulement il se moquait un peu de moi quand je me laissais aller à parler du géant comme d'un méchant diable, et cela me rendit plus circonspect. Je n'en parlai plus que comme d'un tas de pierres, sans démordre pour cela de mon idée et de ma haine. Les autres gars pensaient pourtant un peu comme moi, qu'il y avait de l'enchantement dans ces maudites roches. Ils avaient ouï parler, en d'autres pâturages de montagne, de certains éboulements qu'on avait voulu endiguer, mais où le démon défaisait chaque nuit la besogne des ouvriers les plus habiles. Ils venaient quelquefois me voir travailler, car je travaillais avec rage, et ils se hasardaient par amitié pour moi à me donner un coup de main; pourtant ce n'était pas sans un peu de crainte, et même il y en eut un qui, ayant rêvé du géant, jura qu'il n'y voulait plus toucher. Je n'insistai pas. Je savais bien que, si je leur avais voulu payer du vin le dimanche, ils auraient eu plus de courage ; mais je ne voulais pas les détourner de leur devoir : c'eût été mal payer l'hospitalité que m'accordait le père Bradat.

Je n'en eus pas moins la compagnie de l'un ou de l'autre de temps en temps. Le père Bradat consentait à me garder et à me nourrir moyennant que ses chèvres consommeraient le peu d'herbe qui poussait chez moi, et l'enfant chargé de les conduire s'amusa, pendant que je piochais, à construire, pour se garer de la pluie, une baraque assez solide avec les restes de l'ancienne et beaucoup de pierres et de broussailles qu'il agença très-adroitement. J'eus donc un refuge pour la nuit, et je m'en servis plusieurs fois afin d'avancer mon ouvrage.

IV

Chaque fois que je dormis là, je revis le géant, et chaque fois je le vis plus remuant et plus agité. Il devenait certain pour moi qu'il se sentait tracassé, et qu'il se faisait plus léger et plus désireux de s'en aller ; mais je crois aussi qu'il devenait toujours plus imbécile, car, au lieu d'aller dormir où je lui conseillais d'être, il essayait toute sorte d'installations impossibles. Je tâchais de le raisonner dans son intérêt et dans le mien, lui promettant de le laisser tranquille quand il serait où je voulais le voir. Il ne comprenait rien, ou bien il me répondait de telles grossièretés que j'étais forcé de le battre, et, sitôt battu, il s'effondrait et recommençait à dévaster ma prairie. Voyant qu'il n'y avait pas moyen de causer avec cette brute, j'y renonçai. Je le laissai faire ses lourdes extravagances, qui n'aboutissaient à rien, et bien souvent je m'endormis au bruit sourd de son pas inégal : il devenait de plus en plus boiteux. Je vis bien que le plus sage était de continuer à lui casser les pieds, et qu'il ne s'en irait que par force, en menus morceaux.

J'étais là depuis trois mois. Je devenais fort comme un jeune taureau, et j'apprenais très-vite à lire assez pour comprendre ce que je lisais. Le père Bradat qui ne comprenait pas tous les mots et toutes les idées de ses livres, était surpris de me voir les lui expliquer. C'est que mon père, en ne m'enseignant rien, m'avait appris beaucoup de choses, et il arriva bientôt que les habitants de la cabane me regardèrent comme un savant qui cachait son jeu. Ils ne me détournèrent plus de mon projet, et je résolus d'en hâter l'accomplissement par quelque dépense.

Je descendis la vallée de Lesponne, et j'allai aux carrières de marbre de Campan pour embaucher des ouvriers. Je n'en trouvai point. C'était la belle saison où les étrangers occupent toute la population ; on me demandait un prix insensé. Je parvins à me procurer un peu de poudre, et je revins consolé en songéant à la petite fête que j'allais donner à monseigneur Yéous.

Dès le matin suivant, je courus tout préparer après avoir averti mes hôtes de ne pas s'étonner du bruit ; je creusai ma petite mine avec l'instrument que je pus trouver. Je ne m'y pris point mal ; j'avais assez vu opérer ce travail sur les routes de montagne. Le cœur me battait d'une joie cruelle quand j'allumai la mèche ; j'avais mis toute ma poudre, l'explosion fut belle et faillit m'être funeste, j'étais trop fier pour avoir bien pris mes précautions ; mais la gueule du géant éclata jusqu'aux oreilles, car je m'étais attaqué à sa face, et il resta béant avec une si laide grimace que j'en tombai de rire, tout sanglant et blessé que j'étais moi-même. Je n'avais rien de grave, je me relevai vite. — Bois mon sang ! dis-je à mon ennemi en me penchant sur sa hure calcinée. Voilà ! c'est entre nous duel à mort. Tu ne sais pas saigner, toi, mais j'espère que tu souffres comme tu as fait souffrir mon père.

En ce moment, je vis une chose qui me ramena à la pitié. L'explosion avait envoyé au diable une pauvre fourmilière installée dans une oreille du géant. Ce petit monde éperdu ne s'amusait pas à compter ses morts et à fuir ; il remontait avec courage à l'assaut des ruines pour emporter ses larves et les mettre en sûreté ailleurs. — Ma foi, je vous demande pardon, leur dis-je, j'aurais dû vous avertir ; mais je vais vous aider à sauver vos enfants. — Je pris sur ma pelle de bois un gros paquet de cette terre si bien triturée et creusée de logettes et de corridors où reposaient les larves, et je la portai à quelque distance. Je regardai les adroites fourmis qui, après m'avoir suivi, retournaient sans se tromper faire le reste de leur déménagement. Elles s'avertissaient, elles se parlaient certainement, elles s'entr'aidaient. Personne ne paraissait consterné ni découragé. — Petites fourmis, leur dis-je, vous me donnez là une grosse leçon ! Dût mon travail s'écrouler sur moi, je ne l'abandonnerai pas.

Mais j'étais tous seul, moi, et toutes mes idées se portèrent à la résolution d'avoir de l'aide. Je n'avais pas encore donné de mes nouvelles à ma mère, bien que je fusse fort près d'elle. J'avais craint avec raison qu'elle ne me blâmât de perdre mon temps à caresser des chimères au lieu de chercher une place. Je commençai à me tourmenter de l'inquiétude qu'elle devait avoir, et j'allai la trouver.

Elle était inquiète en effet, et me gronda quand elle apprit que je n'avais rien gagné encore; mais, quand elle sut que j'avais presque appris à lire et que je n'avais presque rien dépensé, elle se calma, forcée de reconnaître que je n'avais point fait le vagabond. Alors je lui ouvris mon cœur, je lui racontai l'emploi de mon temps et lui confiai mes espérances. Elle fut très-surprise et très-émue, mais très-effrayée aussi. Elle me parla comme m'avait parlé le père Bradat et me supplia de ne point risquer mon avoir dans une entreprise si déraisonnable. Pourtant je gagnai ceci sur elle, qu'elle me laissa voir son attachement pour ce coin de terre où elle avait été plus heureuse qu'ailleurs et où elle m'avoua être retournée bien des fois en rêve. Je ne voulus pas me trop obstiner, espérant que peut-être avec le temps je la persuaderais. Je lui promis d'utiliser l'hiver, car je devais quitter les hauteurs très-prochainement, et je lui tins parole. Ma saison finie dans les pierres, je fis présent au père Bradat d'une bonne capuche de laine de Baréges, et à ses gars de divers petits objets achetés à leur intention. Nous nous quittâmes bons amis, avec promesse de nous retrouver l'année suivante, et je m'en allai chercher fortune du côté de Lourdes, dans les carrières et sur les routes. J'avais toujours mon idée, je voulais apprendre à combattre le rocher et à m'en rendre maître le plus vite et le plus adroitement possible. On ne me faisait faire qu'un métier de manœuvre, mais, tout en le faisant, je regardais le travail des ingénieurs et je m'efforcerais de me rendre compte de tout. Je gagnais bien peu de chose au-delà de ma nourriture et de mon entretien. Ce surplus, je l'employais à prendre des leçons de calcul, car, pour la lecture, je m'en tirais déjà tout seul avec lenteur et patience ; quant à l'écriture, je m'en faisais une moi-même en copiant. J'employais à tout cela une ou deux heures le soir et presque tout mon dimanche. On me regardait comme un grand bon sujet, raisonnable comme pas un de mon âge ; au fond, j'étais un entêté, rien de plus.

Aussitôt que le printemps eut fondu les neiges, je quittai tout pour courir voir ma mère et acheter une brouette, un pic, de la poudre, une tarière, une masse, tout ce qu'il me fallait enfin pour attaquer mon ennemi de plus belle. J'obtins de ma mère la promesse de me donner cent francs encore quand j'aurais dépensé ce que j'avais en réserve, si mon travail, vérifié, méritait d'être encouragé; pour se prononcer à cet égard, elle s'engageait à venir le voir dans le courant de la belle saison.

J'avais embauché à Lourdes deux gars de mon âge, qui, m'ayant promis de me rejoindre à Pierrefitte, s'y trouvèrent en effet au jour dit. C'était de bons compagnons, aimant le travail et point vicieux. Tout alla bien au commencement. Ceux-là n'avaient point peur du géant Yéous et ne se gênaient pas pour lui briser les côtes et lui élargir la mâchoire. Nous nous construisîmes une cabane plus grande et plus solide, l'hiver ayant détruit celle que j'avais, et, comme le père Bradat allait toutes les semaines à la provision dans les vallées, nous le chargeâmes d'acheter et de rapporter la nôtre sur son âne.

Tant qu'il s'agit de faire sauter les roches, mes compagnons furent gais; mais, quand il fallut charger et mener la brouette, l'ennui les prit. Ils étaient de la plaine, la montagne les rendait tristes, et je ne pouvais plus les distraire de l'ennui des soirées et du bruit agaçant des cascades. Ce que je trouvais si beau, ils le trouvaient triste à la longue, et un beau matin je vis que la peur les avait pris. La peur de quoi? Ils ne voulurent pas le dire. J'avais peut-être fait l'imprudence de trop parler par moments de ma haine pour ce rocher, et, bien que je n'eusse rien raconté de ses apparitions nocturnes, auxquelles souvent j'assistais encore en silence pendant que les autres dormaient, peut-être fut-il aperçu ou entendu par l'un d'eux. Quoi qu'il en soit, ils me déclarèrent qu'ils avaient assez de cette solitude, et ils me quittèrent de bonne amitié, mais en cherchant à me décourager.

Ils n'y réussirent pas. Après avoir pour mon compte embauché d'autres compagnons, qui avancèrent encore un peu la besogne, mais sans donner des résultats bien apparents, je fus encore laissé seul, sous le prétexte que j'avais entrepris une folie, et que c'était me rendre service que de m'abandonner.

Pour la première fois, j'eus un accès de découragement. Je ne pus dormir la nuit, et je vis le géant plus entier, plus solide, plus vivant que jamais, assis sur un bloc au milieu d'autres blocs que j'avais réussi à isoler. Au clair de la lune un peu voilée, on eût dit d'un berger gardant un troupeau d'éléphants blancs. J'allai à lui, je parvins à grimper sur ses genoux, et, m'accrochant à sa barbe, je me haussai jusqu'à son visage, que je souffletai de ma masse de fer. — Petit berger, me dit-il avec sa voix rugissante, allez chercher un autre herbage. Celui-ci est à moi pour toujours, — et me montrant les blocs épars, — vous m'avez donné ces brebis, je prétends les nourrir à vos frais jusqu'à la fin des siècles.

— C'est ce que nous verrons, repris-je. Tu crois triompher parce que tu me vois seul; eh bien! tu sauras ce que peut faire un homme seul!

Dès le lendemain, je m'attaquai aux blocs avec tant d'emportement que quinze jours après le géant, n'ayant plus une seule brebis, essaya encore de s'en aller, et fit un pas vers la digue où je le voulais parquer.

Ma mère vint me voir un dimanche avec mes sœurs. J'avais déblayé entièrement la place où mon père avait été brisé; l'herbe, assainie par une rigole, y poussait au mieux, et de belles ancolies bleues se miraient dans le filet d'eau. J'avais planté une croix de bois à l'endroit même de l'accident et j'y avais établi un banc de pierre. Ma mère fut très-touchée de ce soin, elle pria et pleura à cette place, et, regardant ensuite notre petit domaine, dont un bon quart était nettoyé et bien verdoyant, elle m'avoua qu'elle ne s'attendait pas à me voir si avancé; mais quand, après s'être un peu reposée, elle entra dans la partie plus épaisse du dégât, quand elle vit tout ce qui me restait à faire, elle fut effrayée et me supplia de me contenter de ce qui était fait. — Tu peux, dit-elle, louer ce bout de pâturage à tes voisins d'en bas, à présent qu'il a une petite valeur. Ce sera une mince ressource, mais cela vaudra mieux qu'une folle dépense.

Je ne cédais pas; ma mère se fâcha un peu et me menaça de ne plus m'avancer d'argent. Maguelonne, qui commençait à être une grande fille, pleura à ma place. Elle prenait mon parti, elle m'approuvait. Elle eût voulu être garçon et avoir la force de m'aider. Rien ne lui semblait plus beau que les hauteurs; elle jurait de ne se jamais marier dans une ville. Elle n'avait jamais oublié sa montagne; c'est là qu'elle rêvait de retourner vivre dès qu'elle en trouverait le moyen. La petite Myrtile ne disait rien, mais elle ouvrait ses yeux bleus et courait comme une gelinotte dans les rochers, ivre d'une joie qu'elle sentait et montrait sans pouvoir l'expliquer.

J'avais préparé un petit goûter de fraises avec la meilleure crème du père Bradat. Nous mangeâmes ensemble sur les ruines de notre maison. Nous étions tous attendris, tristes et joyeux en même temps. Ma mère me quitta sans me rien promettre, mais en m'embrassant beaucoup et sans pouvoir se décider à me blâmer. Je travaillai donc seul jusqu'à la fin de la saison. Plus ma tâche avançait, plus je m'assurais de la difficulté que je trouverais à transporter cette montagne de débris. Je travaillais d'autant plus. Je ne descendais plus aux cabanes qu'un instant le dimanche. Puisque j'avais une espèce de logement, je m'y tenais, et je mettais à profit les soirées pour lire, écrire et compter. J'avais fait, en fouillant les décombres, une découverte précieuse ; j'avais retrouvé intact un vieux coffre qui contenait divers outils, quelques ustensiles de ménage et les livres tout dépareillés de mon père. Je les lus et relus avec un grand plaisir, ne me dépitant pas quand ils me laissaient au milieu d'une aventure, que je continuais à ma fantaisie. Ils étaient pleins d'exploits merveilleux qui me montaient la tête et enflammaient mon courage. Je ne m'ennuyais point seul. J'apprenais à calculer par chiffres l'étendue et la durée de mon travail. Je vis que j'en pourrais venir à bout par moi-même en plusieurs années, et, quoi qu'on pût dire, je m'y acharnai. Le géant était si bien émietté qu'il n'essayait plus de rassembler ses os pour se promener. Il me laissait dormir tranquille, sauf que de temps en temps je l'entendais geindre avec la voix d'un bœuf qui s'ennuie au pâturage. Je lui imposais silence en le menaçant d'employer la poudre. Je savais que c'était ce qu'il détestait le plus. Alors il se taisait, et je voyais bien qu'il était vaincu et se sentait absolument en mon pouvoir.

L'hiver venu, je fis comme l'année précédente, et je gagnai davantage. J'avais déjà dix-sept ans; j'avais grandi et pris des muscles de première qualité. Malgré mon jeune âge, je fus payé comme un homme fait. Un des messieurs qui conduisaient les travaux me remarqua, prétendit que j'étais plus intelligent, plus persévérant que tous les autres, et me prit en amitié. Il me confia dès lors en toute occasion l'ouvrage qui pouvait le mieux m'instruire, et il me fit faire un bon petit profit en me donnant place dans son logement et à sa table; cela fit qu'au printemps je n'avais presque rien dépensé. Il s'en allait du pays et désirait m'emmener comme serviteur et compagnon, me promettant de me faire faire mon chemin dans l'emploi; mais rien ne put me décider à abandonner ma recluse. J'y retournai aussitôt que la neige me permit d'y poser les pieds.

V

Tout était à peu près cassé. Je n'avais plus que le travail de la brouette. Ce n'était pas le plus dur, mais ce fut le plus ennuyeux. J'y passai toute cette saison-là, et la suivante, et celle d'après encore. Enfin, au bout de cinq années, je vis un beau soir tout le corps dépecé du géant transporté sur le flanc déchiré de la montagne et formant une belle digue capable de retenir les glaces des plus rudes hivers, avec tous les sables qu'elles entraînent, lesquels, en rencontrant un point d'appui, tendaient à s'amonceler et à augmenter la puissance de la digue. Ma prairie, que j'avais drainée à mesure avec des rigoles de pierre, portait toutes ses eaux vers la coulisse du torrent et se passait d'engrais pour être magnifique. Il n'y avait que trop de fleurs ; c'était un vrai jardin. Les chèvres n'y venaient plus, car j'avais replanté, dès la seconde année, tous les hêtres que l'éboulement avait détruits, et mes jeunes sujets étaient déjà forts et bien feuillus. Jour par jour aussi, j'avais arraché les fougères et les autres herbes folles qui m'avaient envahi ; je les avais brûlées, et la cendre avait détruit la mousse. J'en étais à ma dernière brouettée, peut-être la quatre millième, quand je m'arrêtai et la laissai sur place, voulant donner à ma sœur Maguelonne le plaisir de la soulever et de dire qu'elle avait mis la dernière main à mon ouvrage.

Alors je me mis à genoux du côté du soleil pour remercier Dieu du courage qu'il m'avait donné et de la santé qu'il m'avait permis d'avoir pour mener à bonne fin cette tâche, que l'on m'avait dit devoir prendre toute la vie d'un homme. Et je n'avais que vingt et un ans ; j'entrais dans ma majorité, et la tâche était faite ! J'avais devant moi tout mon âge d'homme pour jouir de ma propriété et recueillir le fruit de mon labeur.

Le soleil se couchait dans une gloire de rayons d'or et de nuages pourpres, c'était comme un grand œil divin qui me regardait et me souriait. Les neiges du pic brillaient comme des diamants, la cascade chantait comme un chœur de nymphes; un petit vent courbait les fleurs, qui semblaient baiser ma terre avec tendresse. Du monstre qui m'avait tant ennuyé, il n'était plus question; il était pour jamais réduit au silence. Il n'avait plus forme de géant. Déjà en partie couvert de verdure, de mousse et de clématites qui avaient grimpé sur la partie où j'avais cessé de passer, il n'était plus laid; bientôt on ne le verrait plus du tout.

Je me sentais si heureux que je voulus lui pardonner, et, me tournant vers lui : — A présent, lui dis-je, tu dormiras tous tes jours et toutes tes nuits sans que je te dérange. Le mauvais esprit qui était en toi est vaincu, je lui défends de revenir. Je t'en ai délivré en te forçant à devenir utile à quelque chose; que la foudre t'épargne et que la neige te soit légère!

Il me sembla entendre passer, le long de l'escarpement, comme un grand soupir de résignation qui se perdit dans les hauteurs. Ce fut la dernière fois que je l'entendis, et je ne l'ai jamais revu autre qu'il n'est maintenant.

Dès le matin, je préparai la petite fête que je voulais donner; j'allai inviter le père Bradat, qui avait toujours été un bon voisin, un brave ami pour moi, à se rendre chez moi vers midi avec tous ses gars et tous ses animaux, auxquels je voulais donner l'étrenne de mon pré; puis je courus à Pierrefitte chercher ma mère et mes sœurs.

— Me voici, leur dis-je, j'ai fini, et je n'ai rien dépensé de l'argent que vous me réserviez pour ma majorité. Il me le faudra maintenant pour acheter un troupeau et bâtir une vraie maisonnette; mais j'entends que tout soit commun entre nous quatre jusqu'au jour où mes sœurs voudront s'établir; alors nous ferons de toutes choses des parts égales. En attendant, venez; j'ai là une cariole et un cheval pour vous conduire jusqu'au pied de la montagne, avec quelques provisions pour le déjeuner. Je veux que vous plantiez le bouquet sur la rencluse à Miquelon.

Quand elles entrèrent dans notre petit vallon, elles crurent rêver; la cantine était dressée et envoyait dans les airs son long filet de fumée bleue. Le père Bradat, aidé de quelques femmes et filles des environs que j'avais requises en passant, préparaient le repas, les perdrix de montagne, que vous appelez lagopèdes et qui sont toutes blanches l'hiver, les coqs de bruyère et les fromages de crème. J'apportais le vin, le sucre, le café et le pain tendre. Le troupeau de Bradat était épars sur mon herbage et l'attaquait à belles dents comme pour prouver qu'il était bon. Les gars mettaient la table et dressaient les siéges avec des billes de sapin et des planches à peine équarries; mais tout cela, couvert de feuillages et de fleurs, avait un air de fête. Le bouquet de rhododendrons et d'œillets sauvages était pendu à une corde pour être hissé par ma mère à une perche. Quant à moi, j'eus aussi la surprise d'une musique à laquelle je n'avais point songé. Le père Bradat avait convié un de ses amis, joueur de tympanon, à venir nous faire danser. Après le déjeuner, nous eûmes le bal, mes sœurs s'en donnèrent à plein cœur et à pleines jambes. Ma pauvre mère pleura de joie en hissant le bouquet, Maguelonne se couvrit de gloire en enlevant lestement la dernière brouettée et en la jetant sur le tas. Tout le monde fut gai, par conséquent amical et bon. Personne ne se grisa, bien que je n'eusse point épargné le vin. Nos montagnards sont sobres et polis, vous le savez.

Le soir venu, je reconduisis ma famille; ma mère me bénit et me remit l'argent pour bâtir la maison que vous voyez et acheter le bétail. Elle consentait à vivre l'été avec moi à la recluse; mes sœurs s'en faisaient une fête et une joie.

L'année suivante, au moment où nous étions prêts à nous installer, nous eûmes une grande inquiétude. Ma mère fut malade, et nous crûmes la perdre; mais dès qu'elle fut hors de danger, elle se fit transporter dans notre montagne, où le bon air l'eut bientôt guérie. Si vous ne la voyez point aujourd'hui avec nous, c'est que la brave femme, qui ne se trouve pas assez occupée ici et qui veut toujours gagner de l'argent pour nous, est à Cauterets, où elle blanchit et repasse les jupes et les affiquets des belles baigneuses, sans parler des fines chemises des beaux messieurs. On la demande partout parce qu'elle est bonne ouvrière et très-aimable. Quant à nous, vous voyez, nous sommes bien ici, et c'est toujours un regret quand nous y finissons notre saison d'été, c'est toujours avec plaisir que nous y refaisons notre installation aux premiers beaux jours. La chasse est bonne, le gibier ne manque pas. Monseigneur l'ours, quand il s'aventure de notre côté, est bien reçu au garde-manger. Les loups nous ont un peu tourmentés au commencement; mais ils ont eu leur compte et se le tiennent pour dit. Notre rencluse est redevenue meilleure qu'elle n'avait jamais été. J'ai fait de bonnes affaires avec mes vaches grasses, que je vais vendre en pays de plaine chaque automne pour en racheter de maigres au printemps, si bien que j'ai pu doubler mon terrain en achetant le morceau d'à côté. Il était à l'abandon, je ne l'ai pas payé cher. A présent il vaut autant que l'autre, et l'an qui vient je doublerai mon troupeau, c'est-à-dire mon capital de roulement.

Voilà mon histoire, mon cher hôte, dit Miquelon en terminant. Si elle vous a ennuyé, je vous en demande pardon. J'ai été un peu intimidé, d'abord par la crainte de n'être pas pris au sérieux, et ensuite par le sérieux avec lequel vous m'écoutiez.

— Mon cher Miquel, lui répondis-je, savez-vous à quoi je songeais en supputant dans mon esprit le nombre de vos coups de masse et de vos brouettées de pierres? D'abord je regrettais qu'un homme de votre valeur n'eût pas été appelé par la destinée à exercer sa persévérante volonté sur un plus vaste champ d'action, — et puis je me suis dit que, quel que fût le théâtre, nous étions tous des casseurs de

pierres, plus ou moins forts et patients. L'homme
capable de reconquérir son domaine comme vous
l'avez fait n'est pas ordinaire, et ce qui me frappe le
plus en ceci, ce n'est pas seulement cette obstination
du paysan, qui est pourtant digne de respect, c'est
que vous avez été mû par un sentiment plus élevé
que l'intérêt, l'amour filial et la lutte pour la fécon-
dité de la terre, envisagée comme un devoir humain.

— Bien, merci! reprit Miquelon. Il y a eu cela;
pourtant il y avait aussi quelque chose que vous
devez blâmer, la croyance aux mauvais esprits dans
la nature.

— Oh! ceci, vous n'y croyez plus, je le vois bien.

— A la bonne heure! vous me comprenez. J'étais
un enfant nourri de rêveries et sujet aux hallucina-
tions... Et puis je ne comprenais pas le fin mot des
croyances. J'ai lu depuis, j'ai vu qu'il n'y avait qu'un
Dieu, et que Zeus ou Jupiter n'était qu'un de ses
prénoms. Celui qui a mis la foudre dans les nuées
n'en veut pas au rocher qu'il frappe, et le rocher
qui s'écroule n'en veut pas au pauvre homme qu'il
broie. Aussi... vous verrez demain, sur le haut de
ma digue, où la terre s'est amoncelée et amendée,
que j'ai planté comme un petit bois sacré d'andro-
sèmes et de daphnés sauvages en signe de respect
pour les lois de la nature, dont les anciens dieux
étaient les symboles.

Je passai une très-bonne nuit sous le toit de
Miquelon, et je n'attendis pas le lever du soleil pour
aller visiter la rencluse. Miquelon était déjà dans
son étable: mais, devinant que j'avais plaisir à être

un peu seul, il eut la discrétion de me laisser errer à ma guise. Je trouvai de beaux échantillons de plantes, des anémones à fleurs de narcisse, des primevères visqueuses, des saxifrages de diverses espèces rares et charmantes; mais j'examinai surtout le géant, ce monument qu'il eût fallu dédier à la divinité qui fait d'incontestables miracles pour l'homme, la patience! J'y fis une récolte de mousses très-précieuse; j'y contemplai les savants travaux des fourmis et la chasse habile et persévérante de la petite araignée. J'aurais bien souhaité entendre un peu le râle du géant par curiosité; mais je n'entendis que la voix harmonieuse et fraîche d'une charmante cascade qui tombait tout près de là, et dont l'eau, bien dirigée par les soins de Miquelon, caressait la prairie en chantant un *allegro* très-gai.

Miquelon me fit faire encore un bon repas et me remit dans mon chemin par d'agréables sentiers. Il ne voulut accepter pour remercîment de son hospitalité que des graines de fleurs sauvages recueillies par moi sur d'autres montagnes. Quand je lui appris qu'un des plaisirs du botaniste était de semer en divers endroits les plantes belles et rares pour en conserver l'espèce, en vue des recherches des autres botanistes, il me parut touché et frappé de cette idée, et se promit de suivre désormais mon exemple dans ses courses. Il avait, comme tous les montagnards en contact avec les amateurs et les touristes, quelques notions d'histoire naturelle. Il voulut me conduire à sa maison de Pierrefitte pour me donner des échantillons de plantes et de minéraux, de belles cristallisations enlevées sur le géant même, des renoncules *glacialis* et des ramondies superbes cueillies près des glaciers. — N'est-ce pas, me disait-il, que nos montagnes sont le paradis des botanistes? Vous y avez à la fois les fleurs et les fruits de toutes les saisons. Au fond des vallées, c'est l'été et l'automne; vous montez à mi-côte, vous trouvez le printemps; plus haut encore, et vous reculez dans la floraison que vous ne trouveriez ailleurs qu'aux premiers jours de mars. Ainsi vous pouvez récolter dans la même journée les orchis des premiers beaux jours, et ceux de l'arrière-saison. C'est la même chose pour tout, pour l'air et la lumière. Vous avez en un jour, à mesure que vous montez, l'éclat du soleil sur les lacs, la brume d'automne sur les hautes prairies, et la majesté des hivers sur les cimes. Comment pourrait-on s'ennuyer de la vue des plus belles choses ainsi rassemblées? Une pareille richesse vaut bien d'être achetée par sept mois d'exil dans la plaine. C'est pourquoi nous aimons tant notre montagne et lui pardonnons de nous chasser tous les ans. Nous comprenons qu'elle appartient à quelque chose qui est plus que nous, et qu'il faut nous contenter des beaux sourires qu'elle nous fait quand nous y rentrons.

Miquelon voulut encore m'héberger et me servir à Pierrefitte. J'étais honteux d'être ainsi comblé par un homme pour qui j'avais fait si peu. — Souvenez-vous, me dit-il quand nous nous séparâmes, que vous avez dit jadis devant moi à mon père : « Il ne faut pas que cet enfant mendie plus longtemps; il a dans les yeux quelque chose qui promet mieux que cela. » J'ai recueilli votre parole, et qui sait si je ne vous dois pas d'avoir voulu être un homme?

Nohant, mars 1873.

FIN

TABLE

	Pages
LE CHATEAU DE PICTORDU.	1
LA REINE COAX.	117
LE NUAGE ROSE.	157
LES AILES DE COURAGE.	203
LE GÉANT YÉOUS.	315

www.ingramcontent.com/pod-product-compliance
Lightning Source LLC
Chambersburg PA
CBHW050546170426
43201CB00011B/1590